U0856257

广视角 · 全方位 · 多品种

皮书系列为"十二五"国家重点图书出版规划项目

皮书系列

皮书系列

皮书系列

皮书系列

权威 · 前沿 · 原创

皮书系列

皮书系列

皮书系列

皮书系列

皮书系列

中国社会科学院创新工程学术出版资助项目

中国金融发展报告（2012）

ANNUAL REPORT ON CHINA'S FINANCIAL DEVELOPMENT(2012)

主　编／李　扬　王国刚
副主编／王松奇　殷剑峰　郭金龙

社会科学文献出版社
SOCIAL SCIENCES ACADEMIC PRESS (CHINA)

图书在版编目(CIP)数据

中国金融发展报告. 2012/李扬，王国刚主编. —北京：社会科学文献出版社，2012.5
（金融蓝皮书）
ISBN 978 - 7 - 5097 - 3362 - 2

Ⅰ.①中… Ⅱ.①李… ②王… Ⅲ.①金融事业 - 经济发展 - 研究报告 - 中国 - 2012 Ⅳ.①F832

中国版本图书馆 CIP 数据核字（2012）第 083545 号

金融蓝皮书
中国金融发展报告（2012）

主　　编 / 李　扬　王国刚
副 主 编 / 王松奇　殷剑峰　郭金龙

出 版 人 / 谢寿光
出 版 者 / 社会科学文献出版社
地　　址 / 北京市西城区北三环中路甲 29 号院 3 号楼华龙大厦
邮政编码 / 100029

责任部门 / 财经与管理图书事业部（010）59367226　　责任编辑 / 高　雁
电子信箱 / caijingbu@ ssap. cn　　责任校对 / 师旭光
项目统筹 / 恽　薇　高　雁　　责任印制 / 岳　阳
总 经 销 / 社会科学文献出版社发行部（010）59367081　59367089
读者服务 / 读者服务中心（010）59367028

印　　装 / 北京季蜂印刷有限公司
开　　本 / 787mm × 1092mm　1/16　　印　　张 / 18.75
版　　次 / 2012 年 5 月第 1 版　　字　　数 / 249 千字
印　　次 / 2012 年 5 月第 1 次印刷
书　　号 / ISBN 978 - 7 - 5097 - 3362 - 2
定　　价 / 59.00 元

主要编撰者简介

李　扬　1981 年、1984 年、1989 年分别于安徽大学、复旦大学、中国人民大学获经济学学士、硕士、博士学位。1998～1999 年，美国哥伦比亚大学访问学者。

现任中国社会科学院党组成员、副院长。中国社会科学院首批学部委员，研究员、教授、博士生导师。清华大学、北京大学、中国人民大学、复旦大学、南京大学、上海交通大学、中国科技大学、中央财经大学、上海财经大学、安徽大学等大学兼职教授。

中国人民银行货币政策委员会第三任专家委员（2002～2004 年）。中国金融学会副会长、学术委员会委员。中国国际金融学会副会长。中国财政学会副会长。中国科学院自然科学和社会科学交叉研究中心学术委员会委员。

北京、上海、西藏、安徽等省、市（自治区）政府金融顾问。

1992 年，获“国家级有突出贡献中青年专家”称号。1993 年，享受国务院“政府特殊津贴”。1997 年，被选为人事部等国家 7 部委首批“百千万工程第一、二层次人选”。2002 年，被国家科技部授予“全国杰出专业技术人才”称号。

1990 年以来，曾 5 次获得“孙冶方经济科学”著作奖和论文奖，4 次获得中国社会科学院优秀成果奖。

主要研究领域为：货币理论与政策、国际金融、宏观经济、资本市场、财政理论与政策等。

王国刚　1955年11月出生，江苏无锡人。1988年毕业于中国人民大学，获经济学博士。研究员、博士生导师、注册会计师。现任中国社会科学院金融研究所所长。曾任江苏兴达证券投资服务有限公司总经理、江苏兴达会计师事务所董事长、华夏证券有限公司副总裁等职。支持了青岛海尔、江苏春兰等近40家企业的股份制改组、股票发行和股票上市工作。

主要从事金融市场、公司金融和经济体制改革等问题研究，曾参与《公司法》、《证券法》、《信托法》等法律法规及有关政策的研讨。已出版著作近40部、论文600余篇，主持和参加30多项国家级和国际合作课题的研究，获得10多项国家级、省部级教学奖和科研奖，被十几个政府部门聘为经济顾问，40多家企业聘为投资顾问。

摘　要

《中国金融发展报告（2012）》是中国社会科学院金融研究所组织编写的年度性研究报告，对2011年度中国金融发展与改革的各个方面进行了全面、系统的总结和分析，全书采取总分报告体例，简洁明快地展现了中国金融业在过去一年发展的全貌。总报告呈现了2011年中国金融发展的概貌，十一个分报告分别完整地介绍和总结了中国银行业、证券业、保险业、金融监管改革、货币市场、债券市场、股票市场、期货市场、银行理财产品市场、外汇市场和国际收支等各方面的发展、改革与变化。

本报告是系统阐述年度中国金融发展与改革的权威之作。中国社会科学院金融研究所对《中国金融发展报告》的写作持续了近十年的时间，具有丰富的写作经验，举全所之力、集全所智慧于一体。书中既有翔实的资料展示，又有深入的剖析和逻辑解构，是读者快速了解、管窥和掌握中国金融体系发展与改革现状的必要参考书。

Abstract

Annual Report on China's Financial Development (2012), as the annual report of the Institute of Finance and Banking, Chinese Academy of Social Sciences, aims to summarize and analyze the various aspects of China's financial developments and practices in 2011. The report consists of a general report and 11 sub – reports. The general report presents a panorama of China's financial system in 2011 while the sub – reports give more specific details on the reform and development in the sectors of banking industry, securities industry, insurance industry, financial regulation, monetary market, wealth management market, debt market, stock market, future market, FX market, balance of payments.

The report is one of the authorities in annual summary of China's financial reform and development. With her ten years of experience in the compilation of China Financial Development Report, the Institute of Finance and Banking, Chinese Academy of Social Sciences is adept in integration of the stylized facts of China's financial development with precise analysis. It is an indispensable reference for anyone who wants to have either a quick view or a deep understanding of China's financial system.

前言

《中国金融发展报告（2012）》，是中国社会科学院金融研究所组织编写的年度性研究报告，旨在对2011年中国金融发展和运行中的各方面主要情况进行概括和分析，对所发生的一些主要金融事件进行研讨和评论。

与往年的《中国金融发展报告》相比，本报告在结构、内容和篇幅等方面有了重大调整，主要成因有三：一是中国社会科学院对出版蓝皮书有了新的要求，提出了更高的标准，“精练、精作、精品”成为其中的应有之义。鉴此，我们将过去《中国金融发展报告》中“宏观经济运行分析”部分和“专题分析”部分舍去，集中对金融运行情况进行分析，使得本报告的内容更加突出。二是本报告的出版社从读者的需求出发，要求全书尽可能压缩，既方便读者阅读，也适应读者的支付能力。三是通过多年编写，我们感到，皮书系列已向专业化方向发展，有关问题已有专门的皮书予以分析了，因此，我们的编写不必面面俱到，只需专门分析中国的金融运行情况。

在体例上，此次选择了“总报告”和“分报告”的格式，改变先前的分“章”结构，以方便读者的阅读选择，同时，也利于突出各报告的特色。

通过几年来编写《中国金融发展报告》的实践，我们深感中国金融发展和改革是一个复杂庞大且持续展开的系统工程。我们的概括、分析和探讨只是其中的有限视角、有限方面和有限内容，因此，要比较系统地了解把握中国金融发展和改革的脉络、规律及走势，一方面需要更加系统地参看其他文献和资料；另一方面，需要将各年的《中国金融发展报告》和其他相关文献作为一个连续的整体，通过对比分析，探究各种变化的内在机理和机制。中国的经济和金融发展是人类社会历史中有自己特点的实践过程，在解读和认识中国经济和金融运行走势中，切忌简单按照西方教科书的原理以“对号入座”方式理解中国实践中的各种现象和数据。

本报告是中国社会科学院金融研究所的集体研究成果，作者主要由金融研究所的研究人员、博士后研究人员和博士生等构成，由李扬、王国刚对报告全文进行统编、修改和定稿。各部分的执笔人分别为：总报告（彭兴韵、费兆奇），分报告1（曾刚），分报告2（尹中立），分报告3（郭金龙、胡宏兵），分报告4（尹振涛），分报告5（蔡真），分报告6（段雅丽、范丽君、黄国平、孙志燕、王伯英、王琪、王增武），分报告7（安国俊、杨辉、屈庆、张骏超、杨丰），分报告8（张跃文），分报告9（杨涛），分报告10（汤柳、余维彬），分报告11（宣晓影、余维彬）。刘戈平和罗滢对本报告的格式等进行了编辑加工。

我们一如既往地期盼着各种批评建议。

编　者

2012年4月3日

目录

𝔹 Ⅱ 下篇 金融市场运行

皮书数据库阅读使用指南

CONTENTS

B II The Second Part State of China s Financial Markets

B.1

总报告

2011年货币政策与金融走势分析

一 2011年货币政策的实体经济背景

2011年，欧债危机持续恶化，第四季度之前，国内采取了多方面的宏观紧缩措施，以抑制不断上升的通胀率。在国内外多重因素的影响下，2011年中国的经济增长率逐季下降，但仍然是全球增长率最高的经济体，全年实现GDP达471564亿元，按年末人民币与美元之间的汇率计算约为74840亿美元。2011年，按可比价格计算，GDP同比增长9.2%。其中，第一至第四季度经济累计增长率分别为9.7%、9.6%、9.4%和9.2%，经济增长率呈逐季下降的趋势。从三次产业来看，第一、第二和第三产业增加值全年分别为47712.0亿元、220591.6亿元和203260.1亿元，分别较上年增长4.5%、10.6%和8.9%。中国经济总量在全球的地位于2010年就发生了重大变化，超过日本成为全球第二大经济体，但是，中国的人均GDP依然较低，人均收入水平赶超发达国家的水平、实现共同富裕仍需要相当长一段时间。

在拉动经济增长的总需求构成中，2011年全社会完成固定资产投资311022亿元，增长23.6%，名义增长率较2010年回落了0.2个百分点，扣除价格因素后的实际投资增长率为15.9%，较2010年19.2%的实际投资增长率下降了约4个百分点。因此，相比较而言，2011年的投资有所降温。2011年，固定资产投资增长率下降，是货

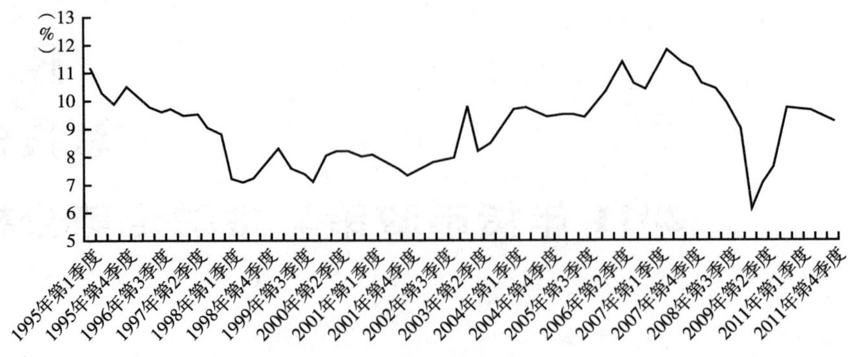

图 1　中国 GDP 增长率

资料来源：中国国家统计局网站。

币政策、房地产调控政策调整及地方融资平台整顿等多种因素综合作用的结果。虽然投资增长率略有下降，但投资占 GDP 的比重在 2011 年超过了 60%，这表明，在过去应对全球金融危机而保增长的过程中，中国的投资与消费之间的不平衡局面进一步加剧了。在消费需求方面，2011 年全年实现社会零售总额 183919 亿元，较 2009 年名义增长 17.1%，扣除价格因素后实际增长率为 11.6%，消费增长率仍明显低于投资增长率。在进出口方面，2011 年全年实现进出口总额 36421 亿美元，比上年增长 22.5%，较 2010 年的 34.5% 下降了 10 余个百分点。其中，出口 18986 亿美元，增长 20.3%；进口 17435 亿美元，增长 24.9%；全年实现贸易顺差 1551 亿美元，比 2010 年 264 亿美元贸易顺差的失衡大有改观。

经济增长率、投资、消费与进出口增长率均出现了不同程度的下降，这表明，2011 年经济活动与 2010 年相比有降温的迹象，这是中国主动进行宏观经济调控的结果。2009 年大规模的信贷投放与货币供应增长率刺激的经济增长对物价总水平的影响，在 2010 年开始显现，2011 年第二季度以后进一步提高，2011 年的物价指数较 2010 年出现了明显的上涨。2008 年金融危机后，受国际大宗商品价格急剧

下跌及对经济衰退的担忧等诸多因素的影响，很多人担心会出现通货紧缩和经济衰退。我们曾指出，鉴于 2009 年中国出现了信贷膨胀，这与亚洲金融危机期间及之后物价水平的持续下跌和信贷紧缩不同，因此，2009 年的物价下跌不属于费雪意义上的通货紧缩。实际上，21 世纪以来，中国以房地产为代表的资产市场成为超额货币与信贷投放的主要场所和机制，就信贷与货币扩张相对于实质经济增长而言，2009 年中国就出现了物价上涨（通胀）的压力。2008 年底和 2009 年为应对金融危机而采取的无节制的扩张政策，带来了 2010 年至 2011 年 8 月现实的通胀压力的上升，如图 2 所示，无论是 CPI 还是 PPI 2010 年以来各月均保持了持续上升的势头，CPI 在 2011 年中期达到了短期周期的一个峰值。2011 年 7 月，中国 CPI 一度达到 6.5%；8 月之后，在对货币供应与信贷增长率下降的滞后反应后，中国的 CPI 增长率开始有所回落，到 2011 年 12 月，CPI 上涨率回落至 4.1%。

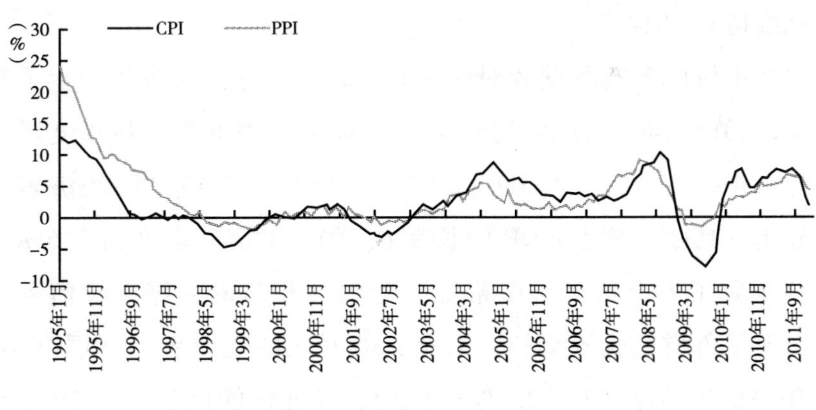

图 2　中国的 GPI 与 PPI

资料来源：国家统计局网站。

国际经济环境方面。2011 年美国经济增长率明显回升，各季度的增长率分别为 0.4%、1.3%、1.8% 和 2.8%。2011 年美联储继续实行量化宽松政策，尤其是进行了“扭转”操作，以降低长期利率，并刺激住房需求。在过去几年的财政刺激和宽松货币政策下，2011年美国就业明显增加，虽然失业率仍处于较高的水平，但全年失业率明显下降，到2011年12月，失业率已下降到8.5%，较2010年末的9.4%下降了近1个百分点。2009年美国的贸易逆差较之前的几年呈现大幅下降。2011年美国财政赤字达到1.3万亿美元，与GDP之比达到了8.7%，虽然较2010年略有下降，但仍处于高位水平，这直接导致评级机构降低了美国主权债务的信用评级。在美国为应对金融危机而采取宽松货币政策的影响下，2009年以来，美国各季度的CPI环比折年率曾出现较大幅度的上涨，分别达到了2.2%、3.3%、2.5%和3.3%，虽然较高的通胀率在2010年并没有延续，2010年美国CPI上涨1.5%，但在2011年，美国通胀率仍处于较高的水平，12月的CPI上升到了3%。但美联储将短期政策的重点放在了进一步促进经济复苏、降低失业率方面，忽略了超宽松货币政策导致通胀压力的上升，因此，美联储宣布将超宽松货币政策一直维持到2014年。

欧洲主权债务问题继续对欧元区2011年的宏观经济产生了很大的影响，2011年欧元区各季度GDP增长率逐季下降，各季度增长率分别为2.4%、1.6%、1.3%和0.7%。欧元区各成员国经济表现出明显分化。其中，德国GDP增长率在2011年第三季度为2.6%，较2010年下降了1个百分点，希腊、爱尔兰和西班牙等主权债务危机国则出现了负增长或零增长。但是，欧元区的失业率仍然居高不下，2011年底的失业率高达10.4%；同时，欧元区的通胀率在2011年全年均高于欧洲央行2%的目标值，年末欧元区CPI为2.7%。受大地震的冲击，日本经济在2011年第一、第二季度均出现了负增长，尤其是在第一季度，日本增长率为-3.7%，但进入第三季度后，日本GDP增长率开始上升，第三季度GDP增长率达到了5.6%。受地震后重建的影响，日本财政支出大幅增加，这使得日本政府债务余额继

续攀升，其债务余额与GDP之比上升到了近200%的高水平。日本的通胀率仍然保持在非常低的水平，全年有9个月的CPI出现了轻微的负增长，全年通胀率为-0.2%。失业方面，2010年日本的失业率全年在4.5%上下波动，年末失业率为4.5%，较2010年的5.1%有明显下降。

2010年，新兴经济体表现较强劲，但在2011年，新兴经济体的经济增长明显放慢，政策调整面临着维持经济增长与控制通胀的双重挑战。无论是巴西还是印度，其经济增长率连续数个季度下行。同时，受欧债危机及美国经济相对复苏的影响，2011年下半年国际资本总体上从新兴经济体流出，新兴经济体货币出现了一定的贬值。当然，在一定程度上，新兴经济体货币贬值，有助于其出口的增长，并能缓解短期经济波动的不利影响。

二　2011年中国货币政策与金融运行

（一）货币供应量增长率大幅下降

货币供应量是中国人民银行的重要货币政策中介目标，货币供应量的波动又与经济的周期波动具有较密切的关系。2011年，中国人民银行采取了多种手段实施紧缩性的货币政策，试图抑制不断上涨的CPI增长率，同时，经济增长率放缓，货币需求相对下降，加之外汇储备增长率的下降，使得2011年中国货币供给增长率大幅下降。2010年底，广义货币M2的增长率为19.7%，狭义货币M1的增长率为21.2%，而在2011年底，中国广义货币M2的余额为85.2万亿元，较2010年底增长13.6%；狭义货币M1的余额为29万亿元，较2010年底增长7.9%。可见，两个层次的货币供应量，均在经历了2009年和2010年的大幅增长后，2011年增长率明显回落，M2和M1

的增长率2011年分别较2010年下降了6.1个和13.3个百分点。进一步比较来看，到2011年，M2和M1的增长率已略低于过去十多年的平均值（见图3）。这表明，单就紧缩货币供应量而言，2010年以来央行所采取的紧缩性货币政策，还是收到了明显的成效。2011年中国货币供应量增长率大幅下降，在经历滞后反应后，通胀率在第三季度之后逐渐回落。由于货币供应量增长率仍处于较低水平，中国通胀率在未来数月内仍然保持在相对较低的水平。

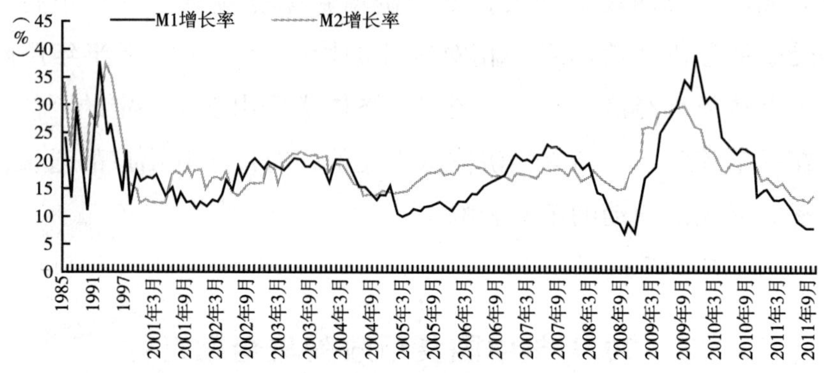

图3　中国两个层次货币供应增长率的变化

资料来源：根据中国人民银行网站数据整理。

（二）基础货币

基础货币是决定货币总量的一个基本因素。到2011年底，中国基础货币余额达到了22.5万亿元，较2010年底的18.53亿元增长了21.4%，基础货币增长率较2010年的28.7%明显下降。2011年基础货币总量增加，主要受央行提高法定存款准备金率及中国人民银行公开市场操作变动的影响。2011年，央行先后6次提高法定存款准备金率，且扩大了缴存准备金的存款范围。由于法定准备金是基础货币的一个重要组成部分，商业银行持有的中央银行票据并不计入基础货币，因此，多次提高法定存款准备金率自然地增加了基础货币的

总量。从图 4 和图 5 中可以看出，2010 年各月基础货币增长率呈上升趋势，但 2011 年基础货币增长率有所下降。不过，鉴于法定存款准备金率在中国人民银行的货币政策操作中占据了极为重要的地位，提高法定存款准备金率而导致的基础货币的上升，并不意味着中国货币政策是宽松的，金融体系的流动性供给充裕；恰恰相反，由于过高的法定存款准备金率，商业银行的超额准备金减少了。因此，高法定存款准备金导致了高基础货币余额，反而表明货币政策是趋紧的，货币市场利率、金融机构贷款加权利率均因法定存款准备金率的上升而上升。

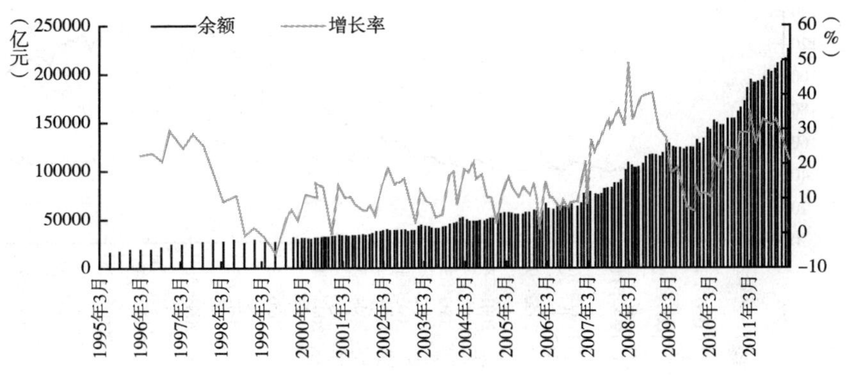

图 4　中国基础货币余额及增长率的变化

资料来源：根据中国人民银行网站数据整理。

照例可从央行资产负债的资产方和负债方来分别考察引起基础货币变动的原因。根据基础货币方程式，央行资产的增加和负债项目的减少会扩张基础货币；反之，则会紧缩基础货币。在中国人民银行的资产方，到 2011 年底，中国的外汇占款余额达到了 232388.73 亿元，较 2010 年底的 206766.71 亿元净增近 25622.02 亿元，较 2010 年底增长了 12.4%。从图 6 中可以看出，外汇占款与央行总资产之比在经历了 20 世纪末至 2006 年前后的大幅上升之后，最近 5 年左右再没有呈大幅上升之势；相反，自 2009 年以来，该比率还呈明显下降之

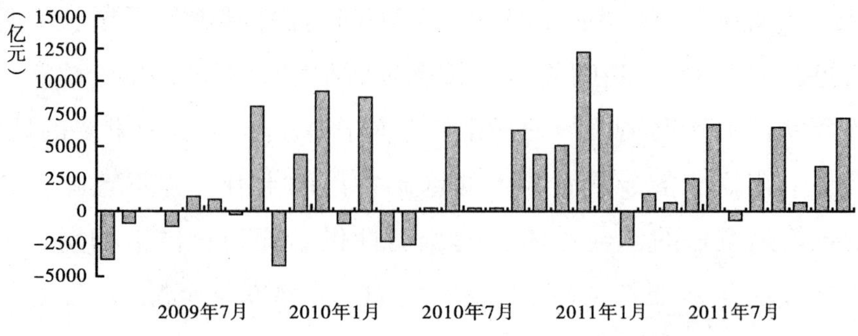

图5　2009～2011 年基础货币月环比增加额

资料来源：根据中国人民银行网站数据整理。

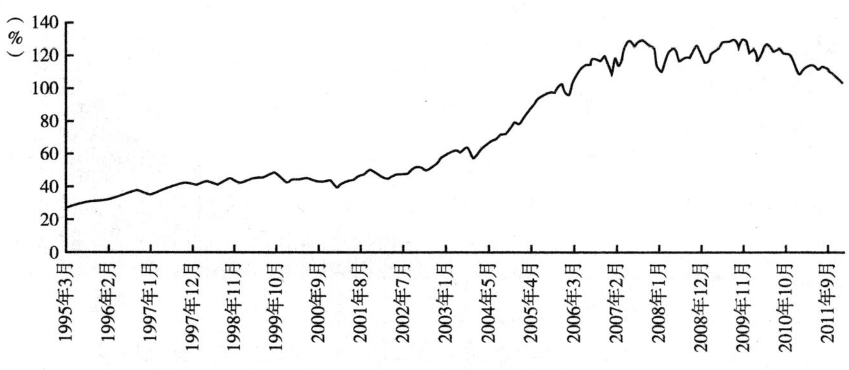

图6　外汇占款与基础货币之比

资料来源：根据中国人民银行网站数据整理。

势，这表明，虽然外汇占款仍是影响中国基础货币供给的主要因素，但其影响的力度在减弱。在对政府债权方面，到 2011 年底，央行对政府的债权为 15399. 73 亿元，较 2010 年底的 15421. 11 亿元减少了 21. 38 亿元，变化并不明显。这表明，通过卖出政府债权来回笼基础货币的公开市场操作，在 2011 年依然没有发挥什么作用，这与其他国家中央银行主要依赖政府债券进行公开市场操作的货币政策体系存在明显的区别。对存款货币银行债权，2011 年底的余额为 10247. 54 亿元，较 2010 年底的 9485. 70 亿元增加了约 800 亿元，对基础货币供给的增长

有轻微的影响。2011 年底，对其他金融机构债权余额，则较 2010 年底减少了约 700 亿元，相应地减少了等额基础货币供给（见表 1）。

表 1　中国人民银行资产负债表

单位：亿元

科　目	2009 年 12 月	2010 年 12 月	2011 年 3 月	2011 年 6 月	2011 年 9 月	2011 年 12 月
国外资产	185333.00	215419.60	226277.48	234697.86	241200.76	237898.06
其中:外汇	175154.59	206766.71	217476.46	226386.73	233853.55	232388.73
对政府债权	15661.97	15421.11	15404.83	15404.83	15399.73	15399.73
对存款货币银行债权	7161.92	9485.70	9561.47	9678.04	9556.6	10247.54
对其他金融机构债权	11530.15	11325.81	11318.75	11253.94	11244.81	10643.97
其他资产	7799.46	7597.67	6230.52	7018.94	7485.33	6763.31
资产总额	227530.45	259274.89	268818.05	278078.61	284912.22	280977.60
货币发行	41555.80	48646.02	49272.52	48815.89	52203.22	55850.07
金融机构存款	102429.20	136665.06	143292.86	154653.99	160000.93	168791.68
发行债券	42064.21	40497.23	31160.33	27266.12	22451.01	23336.66
国外负债	761.72	720.08	4579.94	4866.43	4671.93	2699.44
政府存款	21226.35	24277.32	27289.03	34542.09	35711.77	22733.66
自有资金	219.75	219.75	219.75	219.75	219.75	219.75
其他负债	18648.64	7592.23	12025.18	6911.74	8793.05	6437.97
总负债	227530.45	259274.89	268818.05	278078.61	284912.22	280977.60

资料来源：根据中国人民银行网站数据整理。

在央行资产负债表的负债方。货币发行与金融机构存款是基础货币的基本构成部分。负债方其他科目的变化对基础货币供给的影响正与资产变动的影响相反。就中国人民银行的资产负债表而言，负债方的主要项目包括：政府存款、发行债券、国外负债等。在负债中，政府存款增加自动地冲销了央行资产增加造成的基础货币扩张，政府存款减少，则会增加基础货币的供给。从政府存款过去变动的一般性规律来看，政府存款的变化存在明显的季度波动性，通常是，在第一至第三季度，政府存款大幅增加，第四季度政府存款余额则突然减少，

政府存款对基础货币的供给也存在明显的季节性特征。这即表明，通常在第一至第三季度，政府存款会起到自动回笼基础货币的作用，而在第四季度，尤其是在每年的 12 月，它对基础货币供给具有明显的扩张功效。2011 年，第二、第三季度的政府存款余额较第一季度大幅增加，第三季度末的政府存款余额为 35711. 77 亿元，较 2010 年底的 24277. 32 增加了 11434. 45 亿元，同样起到了收缩流动性的作用。在 2011 年第四季度，政府存款余额下降到了 22733. 66 亿元，较 2010 年末的 24277. 32 亿元下降了 1543. 66 亿元。政府存款的变动体现了财政资金的变化对中国货币调控及对宏观经济的影响，央行完全处于被动的地位，有时，为了应对政府存款的变化，央行甚至不得不被动调整货币政策进行冲销操作。在央行负债方，真正体现央行主动性的是中央银行债券。2003 年以来，央行票据就一直是中国人民银行冲销操作的主要工具，外汇储备的增加直接导致了中央银行票据余额的急剧增加，央行还通过设计多种期限结构的央行票据、发行定向票据等手段，降低金融机构的流动性，或者直接对信贷扩张过快的金融机构给予惩罚，它不仅具有基础货币总量调控之功效，而且还具有窗口指导的功能，应当说，它较好地传达了央行货币调控的意图。但是，2006 年之后，由于法定存款准备金率在流动性冲销操作中的作用更加突出，央行票据便日趋式微。这种趋势，在 2011 年更加突出。例如，2011 年末，央行债券余额为 23336. 66 亿元，较 2010 年底的 40497. 23 亿元大幅减少 17160. 57 亿元。2011 年央行票据净额减少，表明央行实际上通过公开市场操作在提供流动性，而不再是冲销由外汇占款扩张的基础货币供给。因此，纵观 2011 年中国人民银行资产负债表的变化，我们便可以说，2011 年中国货币调控的一大特点是：一方面，在外汇占款增加继续扩张基础货币的同时，中国人民银行通过提高法定存款准备金而冻结流动性；另一方面，又通过央行票据净投放基础货币，以利用法定存款准备金率的提高对

市场流动性的紧缩加以微调，这是中国人民银行一种新的货币政策工具的调控组合。

（三）信贷

1. 信贷总量及增长率的变动

信贷在中国宏观调控中具有举足轻重的作用。虽然早在1998年中国就改革了货币调控机制，试图通过公开市场操作、法定存款准备金率等手段来调控货币供应量，达到保持物价稳定并以此促进经济增长的目的，但事实上，信贷在政府的宏观调控中的地位和作用并没有因此而削弱，信贷总量仍是中国人民银行进行货币调控的重要中介目标，形成了央行既调控货币供应又调控信贷总量的独特货币政策操作目标。信贷总量的变化也在一定程度上为中央银行的货币政策操作提供了反馈信息，货币政策操作的方向和力度不仅取决于通胀、GDP增长之类的真实变量，还取决于商业银行的信贷行为与总量的变化。例如，信贷总量的变化与货币供应量的变动趋势总体上是一致的，它既会影响总需求，也会影响物价总水平，信贷高增长之后，往往就会出现物价总水平上升，通胀压力加大，随后央行又会采取紧缩性的货币政策。2011年末，中国金融机构人民币贷款余额为54.79万亿元，较2010年底增加7.47万亿元（见图7）。但信贷增长率大幅回落，2011年人民币贷款同比增长15.8%，较2009年最高约35%的信贷增长率下降了近20个百分点（见图8）。2011年信贷增长率的大幅回落，主要是2010年以来央行紧缩性货币调控的结果。与历史数据相比较，2011年15.8%的信贷增长率，处于相对正常的水平，信贷增长率围绕这一比率小范围的波动，可以使经济增长率与通胀率实现较好的平衡。

2. 信贷结构

可以从多个角度来考察信贷结构。从贷款投向的部门结构来看，中国信贷主要分为居民户贷款和对非金融部门贷款两类。

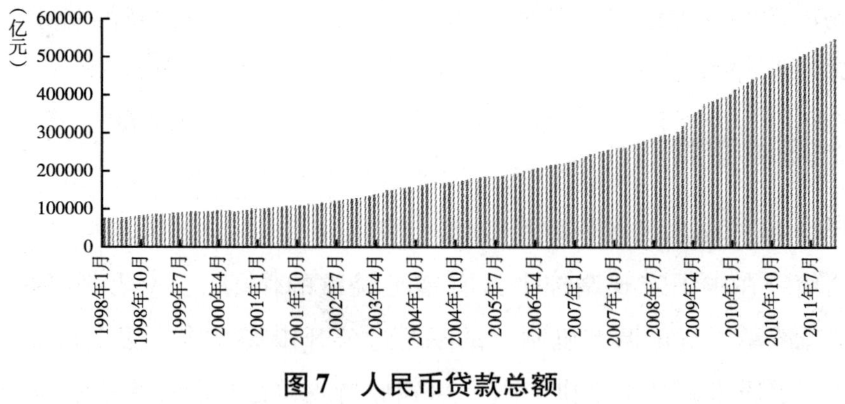

图7　人民币贷款总额

资料来源：根据《中国人民银行统计季报》、中国人民银行网站数据整理。

图8　人民币贷款同比增长率

资料来源：根据《中国人民银行统计季报》、中国人民银行网站数据整理。

先看对居民户的贷款。过去相当长一段时间里，金融机构并不热衷于居民户贷款，形成了居民户单向地向金融机构提供存款，而难以从金融机构获得贷款从而实现跨期消费的最优化组合的局面，可以说，中国金融体系并没有很好地实现金融对资源的时间配置的功效。21 世纪以来，这种状况得到了极大的改观，对居民户贷款成了各金融机构拓展业务的重点。2008 ~2011 年，对居民户贷款余额分别为 57057.92 亿元、81786.90 亿元、112542.09 亿元和 136013.70 亿元，2010 ~2011 年分别较上一年增加了 30755.19 亿元和 23471.61 亿元左右，同比分别增长 37.6% 和 20.86% 。2011 年，居民户贷款增长大幅回落近 17 个百

分点。在这些年份中，居民户贷款增长率明显高于同期所有贷款的增长率。在居民户贷款中，2011 年消费性贷款和经营性贷款余额分别为 88720.24 亿元和 47293.46 亿元，分别较上年增长了 13656.6 亿元和 9815 亿元，其中，2011 年中长期消费贷款增长了 9665 亿元，较 2010 年的 16541 亿元少增 6876 亿元（见表 2）。尽管 2011 年对居民户的贷款增长率较 2010 年大幅回落，但对居民户的贷款增长率仍明显高于总体的贷款增长率，这表明金融机构对零售贷款业务的竞争仍是商业银行业务拓展的重点。2011 年，对居民户贷款增速的回落和同比少增，主要是紧缩货币政策及政府对房地产市场综合调控的结果，由于信贷增长是对新的有效需求的创造，因此，2011 年对居民户贷款增长率的下降，表明居民对房地产的有效需求得到了一定程度的抑制。

表 2　人民币信贷（部门结构）

单位：亿元

科　目	2009 年 12 月	2010 年 12 月	2011 年 3 月	2011 年 6 月	2011 年 9 月	2011 年 12 月
各项贷款	399684.82	479195.55	494740.7	514025.54	529118.34	547944.94
1. 居民户贷款	81786.90	112542.09	119405.49	126401.19	131863.02	136013.70
(1)消费性贷款	55333.65	75063.64	78008.81	81795.66	85319.43	88720.24
短期消费性贷款	6377.85	9566.80	10110.51	11222.53	12473.37	13557.91
中长期消费性贷款	48955.79	65496.84	67898.3	70573.13	72846.06	75162.33
(2)经营性贷款	26453.25	37478.45	41396.67	44605.53	46543.59	47293.46
短期经营性贷款	19549.96	24780.54	26958.12	28977.57	30031.73	30196.81
中长期经营性贷款	6903.30	12697.91	14438.55	15627.96	16511.86	17096.65
2. 非金融性公司及其他部门贷款	317897.92	366434.38	373897.45	386077.98	395757.95	410382.8
(1)短期贷款及票据融资	144222.41	146700.57	150276.04	157654.94	164223.42	174504.66
短期贷款	120372.09	131886.04	137886.32	144064.5	149278.16	159380.20
票据融资	23850.32	14814.52	12389.72	13590.44	14945.26	15124.45
(2)中长期贷款	166500.94	210735.69	220384.02	224825.85	227614.46	231547.54
(3)其他贷款	7174.57	8998.13	3237.39	3597.19	3920.08	4330.61

资料来源：中国人民银行网站。

再看对非金融性公司企业和其他部门贷款。过去相当长的一段时间里，在中国的正规金融安排中，对居民户贷款一直被排斥在信贷体系之外，金融机构的贷款活动基本上完全集中于对非金融性企业及其他部门的贷款。虽然对居民户贷款不断增长，但对非金融性企业及其他部门贷款仍然占据中国银行业信贷资产的80%左右，对这些部门信贷增长的变化对宏观经济的影响相对于居民部门信贷更大。2011年，对非金融企业及其他部门的贷款余额为410382.8亿元，较2010年底的366434.38亿元增加了43948.42亿元，对非金融企业及其他部门贷款同比增长13.9%，明显低于贷款的总体增长率。2011年金融机构新增贷款中，对非金融企业的贷款与对居民户贷款之间的比率进一步发生重要变化，对居民户新增贷款占全部新增贷款的比重大幅上升了。另外，对“三农”和中小企业的贷款支持有所增强。2011年末，金融机构本外币涉农贷款余额为14.6万亿元，占所有贷款的比重为25.1%，占各项新增贷款的比重约为34.1%；金融机构小企业贷款余额为10.8万亿元，对小企业贷款的增长率比对大企业和中型企业的贷款增长率分别高14.2个和12.5个百分点，这表明，2011年对小企业的贷款支持力度有所上升。

2003年底，自中国对国家控股的银行进行治理结构改革以来，国家控股的商业银行的行为目标开始多元化，作为商业机构，它们是利润最大化者；作为国家控股的金融机构，它们仍然承担着一部分国家宏观调控的任务，但总体来看，对利润的追求是这些银行的主要目标。在现阶段中国银行业的赢利模式下，其利润主要来自存贷款利差，在其他因素不变时，贷款的扩张便是实现更多利润的最直接途径，而且，从多过去若干年的经验来看，“早放款、早受益、抢指标”支配着这些银行放款的时间分布，因此，大多数情况下，每年第一、第二季度的新增贷款要占全年贷款的绝大部分。2011年各季度新增贷款分别为2.4万亿元、1.6万亿元、1.5万亿元和1.8万亿

元。相对于过去而言，2011 年各季度的贷款分布相对均匀，但还是体现出了第三季度的淡季特征。

在贷款的主体结构方面，2011 年中资全国大型银行新增贷款 37461 亿元，较 2010 年的 40822 亿元少增 3361 亿元；中资全国中小型银行新增贷款 22583 亿元，较 2010 年的 23456 亿元少增 873 亿元；中资区域小型银行新增贷款 7329 亿元，较 2010 年的 5290 亿元多增 2039 亿元；农村合作金融机构新增贷款 10014 亿元，较 2010 年的 9655 亿元多增 359 亿元；外资银行新增贷款 779 亿元，同比少增 849 亿元（见表 3）。可见，在 2011 年的贷款主体结构中，中资全国大型银行、中资全国小型银行和外资金融机构新增贷款同比都大幅下降了，而中资区域小型银行的新增贷款却大幅增加了。

表 3　分机构人民币贷款新增额

单位：亿元

年份 \ 类别		中资全国大型银行	中资全型中小型银行	中资区域小型银行	农村合作金融机构	外资金融机构
2010	新增额	40822	23456	5290	9655	1628
	同比多增	-12899	-1704	-2017	-72	1610
2011	新增额	37461	22583	7329	10014	779
	同比多增	-3361	-873	2039	359	-849

资料来源：中国人民银行《2011 年第四季度货币政策执行报告》，中国人民银行网站。

3. 贷款利率

在一个完全市场化的利率体制下，贷款利率完全由信贷资金的供给与需求决定，中央银行的货币政策只能通过调整中介目标利率而间接地影响银行贷款利率。在中国现行利率体制下，贷款利率仍然受到一定程度的管制，贷款利率依然是中国人民银行的一个货币政策工具。商业银行的贷款利率在中国人民银行确定的基准利率之上浮动的上限虽然完全放开了，但对一般工商业贷款可只下浮 10%，因此，

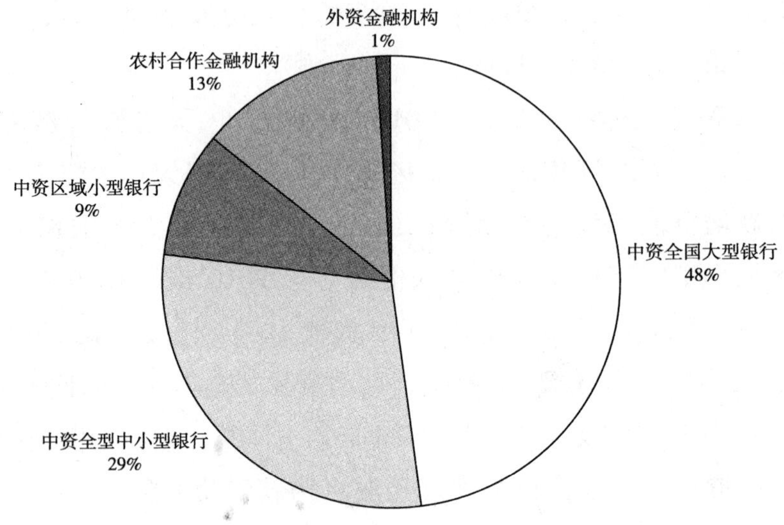

图 9　2011 年各类银行新增贷款占全部新增贷款的比重

资料来源：根据中国人民银行《2011 年第四季度货币政策执行报告》整理。

中国人民银行调整贷款基准利率就对商业银行发放贷款实际的利率水平有直接的影响。当中国人民银行上调贷款基准利率后，商业银行贷款加权平均利率也随之上升；反之，贷款加权利率则会相应的下降。这表明，中国人民银行调整贷款基准利率，实际上还是能够直接影响贷款者的融资成本的。2011 年，受央行提高法定存款准备金率和提高存贷款基准利率的影响，金融机构贷款加权利率大幅上升，2011 年 9 月，贷款加权利率一度达到 8.06%，到 2011 年底，金融机构人民币贷款加权平均利率为 8.01%，较 2009 年 3 月的 4.76% 上升了 3.25 个百分点。2011 年底，一般贷款加权利率为 7.8%，较 2010 年底上升了约 1.5 个百分点，票据融资利率在 2011 年第三季度一度高达 9.55%，到 2011 年底票据融资利率为 9.06%。2011 年贷款加权利率大幅上升，极大地增加了企业的融资成本，按照一般贷款加权利率和 2011 年底的贷款余额计算，由于贷款加权利率上升，2011 年借款者从金融机构获得的贷款增加的利息支出就达 8000 亿元（见图 10、图 11）。

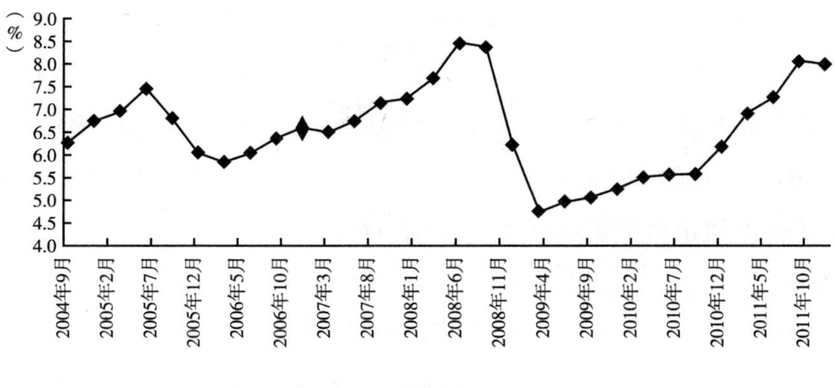

图 10　贷款加权利率

资料来源：根据《中国人民银行货币政策执行报告》整理。

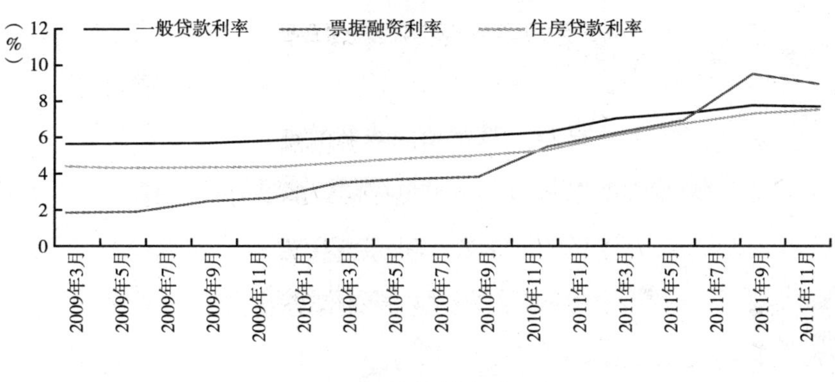

图 11　各类贷款加权利率

资料来源：根据《中国人民银行货币政策执行报告》整理。

虽然中国的贷款利率还受到一定的管制，存贷款基准利率仍是中国人民银行的一个货币政策工具，但其市场化程度已然达到了较高的水平。中国利率市场化的成果之一，就是金融机构在发放贷款时的利率灵活性也有所增强，商业银行会根据借款者的风险与总体的资金供求状况确定不同的利率，不同借款者所支付的利率可能与贷款基准利率相同，也可能高于或低于贷款基准利率。图 12 和图 13 显示了 2005 年以来金融机构贷款利率浮动占比的变化。2011 年，与贷款加权利率大幅上升相对应，金融机构按照基准利率发放贷款的占比明显下降，执行基准利率的占比为26.96%。在贷款基准利率之上下浮的占比，则由2010年3月的30.05%下降到了2011年底的7.02%，相反，在贷款基准利率之上上浮的占比则由2010年3月的41.04%上升到了2011年底的66.02%。这也表明了央行流动性紧缩政策对商业银行发放贷款定价的影响。

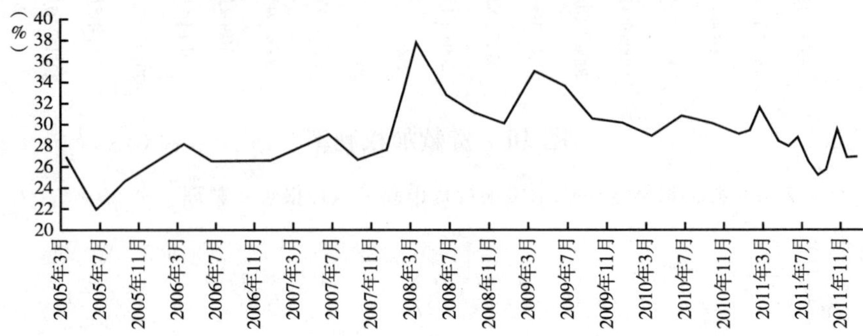

图12　按基准利率贷款占比

资料来源：根据《中国人民银行货币政策执行报告》各期整理。

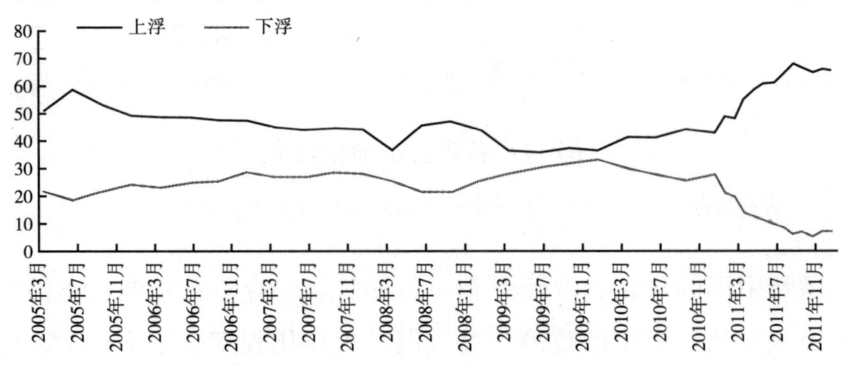

图13　金融机构贷款利率浮动情况

资料来源：根据《中国人民银行货币政策执行报告》整理。

4. 信贷资产质量

2011年，商业银行各季度末的不良资产总额分别为4333亿元、4229亿元、4078亿元和2279亿元，各季度不良贷款率分别为1.1%、

1.0%、0.9%和1.0%，不良贷款率保持在低水平。商业银行拨备覆盖率分别达到了230.2%、248.9%、270.7%和268.1%，资本充足率分别为11.8%、12.2%、12.3%和12.7%，这些指标表明，中国商业银行自身抗风险和吸收损失的能力得到了极大的提高。

（四）金融机构存款增长率大幅下降

金融机构存款不仅是金融机构资产运用的主要资金来源，也是中国货币统计的主要构成部分。作为一个内生变量，金融机构存款的变动，不仅反映了居民收入与支出的变动，而且也反映了经济中的资金供给状况。2011 年末，全部金融机构本外币各项存款余额为826701.35 亿元，较 2010 年的 733382.03 亿元增长 12.72%；金融机构人民币各项存款余额 809368.33 亿元，较 2010 年的 718237.9 亿元增长 12.69%。从图 14 中可以看出，自 2008 年以来，中国金融机构存款增长率经历了倒 V 形变动，2008 年初至 2009 年第一季度，金融机构存款增长率大幅上升，之后，存款增长率就大幅下降。由于金融机构存款增长率大幅下降，这直接导致了统计上的货币供应量增长率也大幅回落。在金融机构存款增长率大幅回落的情况下，央行依然数

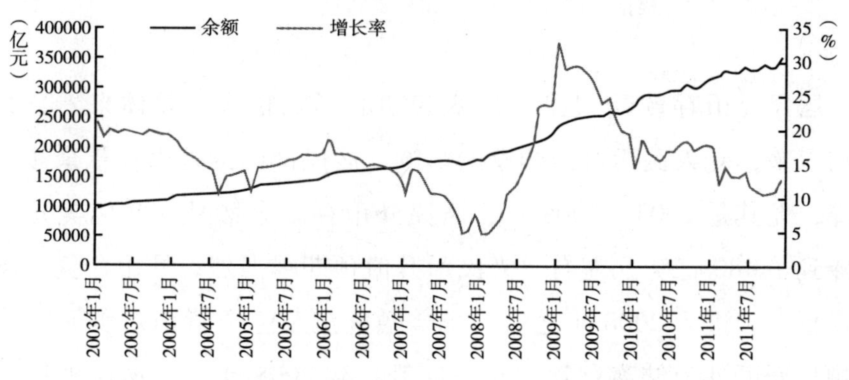

图 14　中国居民储蓄存款余额及增长率

资料来源：根据中国人民银行网站数据整理。

次提高法定存款准备金率，这直接加剧了市场的流动性紧张局面。从环比增长来看，2011 年的金融机构存款月度环比增加额波动性较大，与往年明显的季节性波动有明显区别。例如，在过去几年里，居民存款环比增长率季节性波动的规律性较强，而 2010 年以来，就一改以往的波动特征，基本呈现锯齿状的波动，波动性明显上升（见图 15）。金融机构存款增长率的这种无规律变动，加大了金融机构流动性管理的难度。

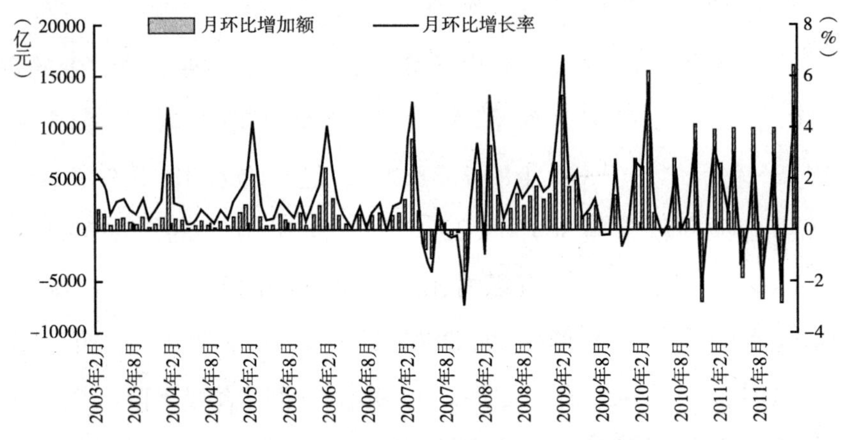

图 15　中国居民储蓄存款环比增加额及增长率

资料来源：根据中国人民银行网站数据整理。

居民外币存款受人民币汇率变动的影响很大。总体来看，2003 年初以来，受人民币升值预期的影响，居民部门的外币存款余额不断下降，尤其是 2003～2008 年，居民外币存款余额从 900 亿美元左右下降到了 480 亿美元左右。人民币升值预期越强烈，外币存款余额下降得越多。进入 2008 年之后，受金融危机及主要货币对美元贬值的影响，居民外币储蓄存款增长率回升。到 2008 年底，居民外币储蓄存款增长率上升到了 10% 左右。不过，到 2009 年年中，随着金融危机的逐步缓和，人民币升值的预期又逐步增强，在资本流入增加的同

时，居民外汇存款增长率也明显下降了。2010 年 6 月，人民币汇率又重拾升势，为了规避汇率升值的损失，虽然外汇存款余额没有像 2003 年到 2008 年初那样急剧下降，但外币存款的增长率大幅下降了。但是在 2011 年，受美元升值的影响，居民外币存款又有所增加，2011 年底的居民外币存款余额为 620.7 亿元，较 2010 年底增长 4.82%。但是，需要注意的是，2011 年前三季度，居民外币存款在人民币升值预期的影响下不断减少，一直到第四季度，受人民币短期汇率变动预期的影响，居民外币存款利率才有明显增加（见图 16）。总的来看，中国居民外币存款在其资产组合中所占的比重很小，其变动对金融机构的流动性也没有太大的影响，但是，无论如何，汇率变动的预期对居民外币存款余额变动的影响日益突出，这表明，人民币汇率的变动不仅影响国际收支平衡表的经常项目和资本项目，而且也会影响中国国居民的资产组合。

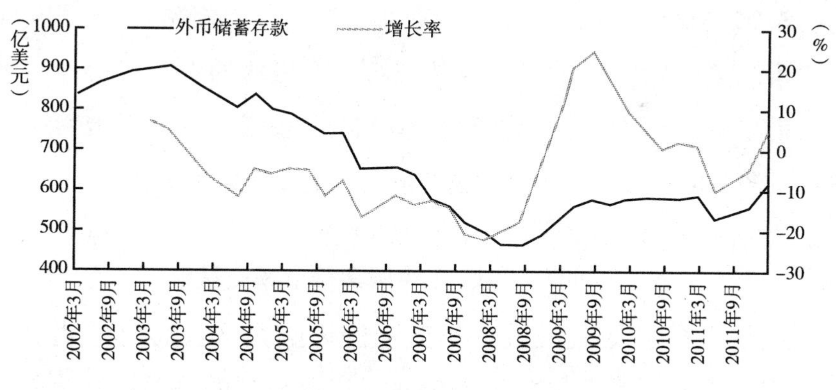

图 16　中国居民外币存款余额及增长率

资料来源：根据中国人民银行网站数据整理。

（五）货币市场交易继续大幅增加，市场利率继续大幅上升

货币市场不仅是金融机构进行流动性管理的重要场所，其在货币政策传导中也发挥着重要的作用。随着票据市场的发展，货币市场在

企业产品销售、资金回笼和加快资金周转速度、提高企业的资金利用效率方面的地位也日益突出。2011 年中国货币市场继续稳定发展，无论是同业拆借市场、债券回购市场还是票据市场，都得到了长足的发展，成交量不断扩张，进一步发挥了货币市场在调剂金融机构之间的资金余缺、融通企业短期资金需求的积极功效。2011 年，银行间债券回购交易 99.5 万亿元，较 2010 年的 87.6 万亿元增长 13.58%；2011 年，同业拆借交易量为 33.4 万亿元，较 2010 年的 27.9 万亿元增长了 19.71%。2011 年，商业汇票累计签发额达 15.1 万亿元，较 2010 年的 12.2 万亿元增长 23.77%；未到期的商业汇票在 2011 年末达到了 6.7 万亿元，较 2010 年的 5.64 万亿元增长了 18.79%；2011 年商业银行累计贴现为 25 万亿元，较 2010 年的 26 万亿元减少了 1 万亿元；2011 年末贴现余额为 1.5 万亿元，与 2010 年持平（见表 4）。需要注意的是，2011 年货币市场交易量的大幅增加，是在央行于第一至第三季度采取了较为严厉的紧缩性货币政策的背景下展开的，货币政策的紧缩减少了企业从银行金融机构的资金可得性，因而对商业汇票的融通需求大幅上升。这实际上表明，货币政策紧缩会加剧脱媒的现象。

表 4　2007 ~ 2011 年中国票据市场交易量

单位：亿元

类别 / 年份	商业汇票签发		贴现累计		再贴现累计	
	当年累计	未到期金额	当年累计	余额	当年累计	余额
2007	58700	24400	101100	12800	138.35	57.43
2008	71000	32000	135000	19000	109.7	—
2009	103000	41000	232000	24000	248.8	181.2
2010	122000	56000	260000	15000	—	—
2011	151000	67000	250000	15000	—	—

资料来源：根据中国人民银行 2007 年和 2011 年《第四季度货币政策执行报告》整理。

在货币市场的资金流动方面，国家控股的商业银行在回购交易中依然是资金的净融出部门，其他商业银行和金融机构、外资金融机构在回购市场上是资金的净融入部门。2011 年，国家控股的商业银行在回购市场上融出的资金量为 192145 亿元，较 2010 年的 237497 亿元有所减少，而在 2009 年，国家控股的商业银行在回购市场上融出的资金量为 254127 亿元，连续两年呈下降趋势。2011 年，其他商业银行通过债券回购市场净融入资金 51817 亿元，2010 年则净融入 84212 亿元，而 2009 年净融出 8636 亿元。2011 年，其他金融机构在回购市场上融入的资金量为 130249 亿元，2010 年则净融入 121228 亿元，略有增加，而 2009 年其他金融机构净融入的资金量为 232790 亿元。进一步看，2011 年证券及基金公司在回购市场上融入的资金量为 66659 亿元，较 2010 年的 74675 亿元有所减少，而 2009 年证券及基金公司的净融入额为 94468 亿元。证券及基金公司净融入额的下降，主要受股票市场行情下跌的影响。保险公司于 2011 年在回购市场上融入的资金量为 24926 亿元，较 2010 年的 21869 亿元有所增加。外资金融机构在回购市场上融入的资金总量 2011 年大幅减少（见表 5）。

在同业拆借市场上，2010 年，国家控股的商业银行是唯一的资金融出部门，全年净融出 23052 亿元，而在 2011 年，国家控股的商业银行又变成了净融入部门，全年共净融入 47331 亿元。2010 年，其他商业银行、证券经营机构与保险公司、外资金融机构则在同业拆借市场上净融入资金，其他商业银行净融入 7286 亿元，其他金融机构在同业拆借市场上净融入 13599 亿元，但在 2011 年，其他商业银行净融出 27958 亿元，恢复了 2007 年和 2008 年在同业拆借市场上资金净融出部门的地位，而在 2009 年和 2010 年，其他商业银行成为净融入部门。同业拆借市场中的外资金融机构在 2011 年也是净融出部门，全年净融出 9571 亿元（见表 5）。可见，在同业拆借市场上，各金融机构在净融出者与净融入者之间不断的转换。

表5　中国货币市场的资金流动

单位：亿元

类别　年份	回购交易			同业拆借		
	2011	2010	2009	2011	2010	2009
国有商业银行	-192145	-237497	-254127	47331	-23052	-17539
其他商业银行	51817	84212	-8636	-27958	7286	4367
其他金融机构	130249	121228	232790	-9802	13599	7030
其中:证券及基金公司	66659	74675	94468	10237	2149	1739
保险公司	24926	21869	40327	—	—	—
外资金融机构	10079	32057	29973	-9571	2617	6142

资料来源：中国人民银行各年第四季度《货币政策执行报告》整理。

在货币市场交易量大幅增加的同时，货币市场利率继续大幅上升。货币市场利率受多种因素的影响。但归结起来，无外乎流动性供给与需求。货币市场流动性供给集中体现在商业银行的超额准备金上，而商业银行的超额准备金又直接受外汇占款、央行冲销操作（法定存款准备金、央行票据等）等诸多因素的影响。流动性需求则受资本市场、金融机构流动性管理需要的影响。过去几年里，资本市场对中国货币市场利率的影响尤为突出，新股发行对货币市场利率的影响更加突出，一遇大盘股发行，货币市场利率就会出现大幅度的上升，新股发行资金冻结期结束后，货币市场利率迅速回落至原水平。而在2010年和2011年，股票市场发行对货币市场利率的影响减弱，一是因为大盘股发行减少了，二是因为新股发行价格较高及二级市场的低迷，所谓“打新”的回报率大幅降低。但由于中国人民银行的紧缩性货币政策操作，金融机构的超额准备金率大幅下降，货币市场可贷资金供给量减少，导致货币市场利率大幅同步上升。2011年，债券回购利率和同业拆借利率均一度达到接近5%的高水平，票据融资利率也一度达到超过9%的高水平（见图17）。与发达经济体的超

低利率相比较，从货币市场利率的表现来看，2011 年中国的货币政策紧缩力度的确是相当大的。货币市场利率处于较高的水平，这改变了货币市场利率与金融机构贷款利率之间的风险结构，对金融机构的资产配置结构产生了重大的影响。因此，要使金融机构更好地发挥支持实体经济发展的作用，中国需要在货币政策操作中扭转被扭曲的利率风险结构。

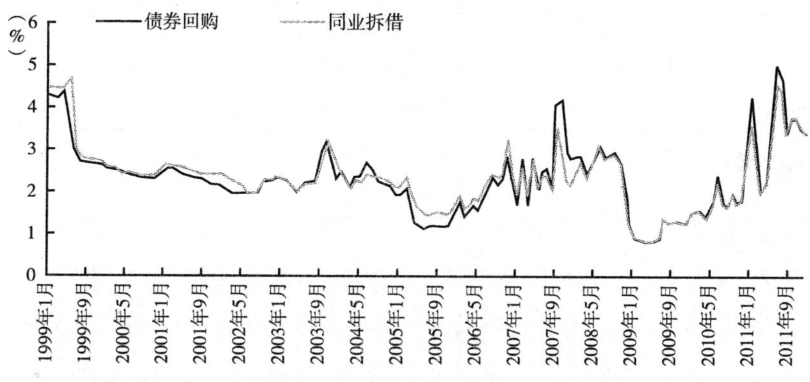

图 17　中国同业拆借与债券回购市场利率变化

资料来源：根据中国人民银行网站数据整理。

（六）资本市场与融资结构

2011 年，中国股票市场差强人意。2011 年上证综合指数（收盘）为 2199 点，全年下跌了 21.4%，股票市场持续低迷，这与中国良好的宏观经济表现再次形成了鲜明的反差。2011 年，中国股票市场下跌可能受诸多因素的影响，归纳起来，主要可能有以下几个方面：第一，中国经济增长率适度回落，固定资产投资增长率也有所下降，总需求增长率放缓；第二，政府加强了宏观经济调控，尤其是密集的房地产市场调控，影响了对房地产及其相关行业的赢利预期；第三，中国人民银行加强了货币紧缩的力度，多次提高法定存款准备金率，收缩流动性，总量资金供给相对于需求有所下降，也直接提高了借款者的融资成本；第四，2011年上半年，通胀预期增强，又使得投资者预期政府会采取进一步的紧缩政策；第五，欧洲主权债权危机引发了中国投资者对经济前景的忧虑，因此，在债务（尤其是希腊）冲击之下，中国股票市场曾出现大幅下挫。不过，虽然中国股票市场的下跌在一定程度上是由政府对信贷总量的紧缩引起的，但由于股票市场的下跌减少了企业的净值，会增加银行放贷面临的道德风险与逆向选择问题，并通过金融加速器机制进一步影响总需求，因而股票市场的差强人意也会反过来在一定程度上抑制银行信贷的扩张，这对于缓解中国因过度信贷与货币扩张而导致的通胀压力，发挥了一定的积极作用。

在融资结构中，贷款仍然是非金融部门融资的主要来源，但较之前几年有所下降。2011年贷款占融资总额的比重由2010年的75.2%进一步下降到63%，2007~2009年，该比重分别为78.9%、83.1%和80.5%。这表明，在中国的融资体系中，对银行的依赖进一步下降，直接融资尤其是债券融资越来越成为企业融资的基本方式之一。虽然2010年中国股票市场的总体表现差强人意，但股票市场融资量达到了6116亿元，增长了21.83%，而2011年，股票市场融资总额为5799亿元，融资量较2010年还是有明显的下降。股票市场融资占融资总额的比重由2010年的5.5%略微下降至5%，但在2011年的股票市场融资中，中小板和创业板占了相当大的比重（见表6）。这与过去股票市场承载着国企改革的重任不同，它不仅为一些中小企业增加了一条新的融资渠道，同时也为创业者的人力资本提供了新的定价和变现的机制，因而从根本上改变了中国创业企业的激励机制，这无疑有利于推动更多的人加入到创业与创新之中，增加了中国经济发展的新动力，使中国股票市场对促进中国经济结构的调整发挥日益重要的作用。

2011年，债券融资总量为40203亿元，较2010年的21448亿元

大幅增长了87.44%，债券融资占融资总量的比重从2009年的15.7%上升到了2010年的19.3%，2011年进一步上升至32%（见表6）。2009年以来，企业发行债券筹集的资金超过了国债的筹资额，表明中国债券市场的内部结构也正在发生深刻变化，债券市场长期发展滞后的不利局面得到了明显的改变，因而过去直接融资与间接融资不协调、直接融资中股权融资与债券融资不协调、债券融资中企业债券与政府债券的不协调发展，在最近几年有了相当程度的改观。由于债权合约与股权合约在克服投资者与融资者之间的信息不对称方面具有不同的功效，债券市场相对于股票市场的快速发展，可以更好地缓解投资者与企业之间的信息不对称问题和通过公开市场债权人约束进一步改善企业的治理结构。

表6　2009~2011年银行信贷、股票与债券的净融资情况

类别＼年份	2009			2010			2011		
	金额	占比（%）	增长（%）	金额	占比（%）	增长（%）	金额	占比（%）	增长（%）
股　票	5020	3.8	37.27	6116	5.5	21.83	5799	5	-5.18
银行信贷	105225	80.5	111.07	83572	75.2	-20.57	79000	63	87.44
债　券*	20502	15.7	216.73	21448	19.3	4.61	40203	32	-5.47
融资总额	130747	100	117.97	111136	100	-15	125002	100	12.48

注：*表示债券包括国债和企业债。

资料来源：2009~2011年中国人民银行《第四季度货币政策执行报告》整理。

（七）外汇市场与外汇储备

随着人民币汇率弹性的增强，中国外汇市场报价活跃，成交量较快增长，同时，远期及掉期等衍生品市场也得到了快速发展。2011年，人民币继续大幅升值，2011年末，人民币兑美元的汇率为6.3009，较2010年底升值5.11%。2011年，人民币名义有效汇率升值4.95%，实际有效汇率升值6.12%。2011年人民币汇率的一大特点就是，双向波动更加明显，在全年240多个交易日中，有140余个交易日升值，100个左右交易日人民币汇率下跌。尤其是在2011年11月中上旬，人民币兑美元汇率曾十余个交易日触及跌停。这充分表明，中国按照主动性、可控性和稳定性原则，人民币汇率机制改革取得了明显的成效。

在人民币汇率机制改革取得稳步进展的同时，2011年，中国外汇市场进一步发展。人民币外汇即期成交35538亿美元，人民币外汇掉期交易累计成交额折合为17710亿美元，同比分别增长16.7%和38%。在掉期交易中，隔夜美元成交10220亿美元。人民币外汇远期累计成交2146亿美元。在外汇市场交易量增长的同时，外汇市场交易主体也进一步增加，截至2011年末，即期市场共有会员318家，73家远期市场会员，掉期会员71家，期权会员27家，即期做市商26家，远期市场做市商20家。

到2011年底，中国外汇储备余额达到了31811.48亿美元，较2010年底的28437亿美元增加了3374.48亿美元，全年外汇储备增长率为11.87%。2007年下半年至2009年初，受国际金融危机、人民币汇率政策调整的影响，中国外汇储备增长率曾大幅下降，这在一定程度上缓解了外汇储备增长对国内货币政策的冲击。2009年下半年之后，发达国家的低利率加上适度宽松的货币政策环境对国际资本流动性的影响开始显现，加之对人民币升值预期的增强，流入中国境内的资本量开始增加，这些因素综合在一起，使得中国的外汇储备增长率在2009年下半年又明显的回升，单月新增外汇储备总量几乎达到了2007~2008年升值预期最为强烈时的水平。2010年1~4月，外汇储备增长率依然保持在20%以上，但随后数月，外汇储备增长率又明显下降。2011年1~8月，中国外汇储备各月均有所增加，但9月、11月和12月，外汇储备余额环比均有所下降，分

别较上月减少 608 亿美元、529 亿美元和 398 亿美元左右（见图 18、图 19）。

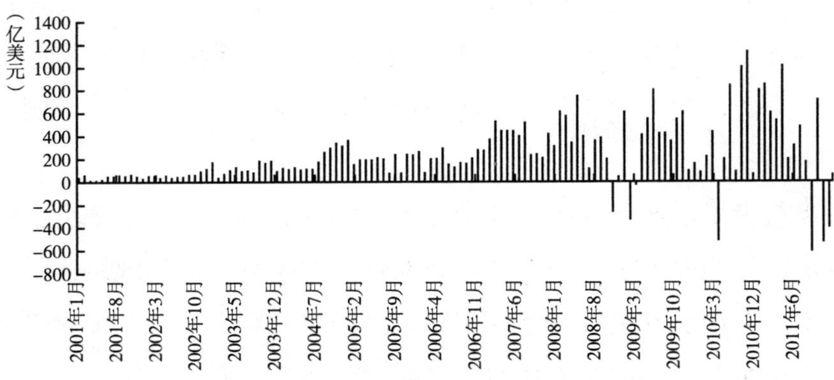

图 18　中国外汇储备月度环比增加额

资料来源：根据中国人民银行网站数据整理。

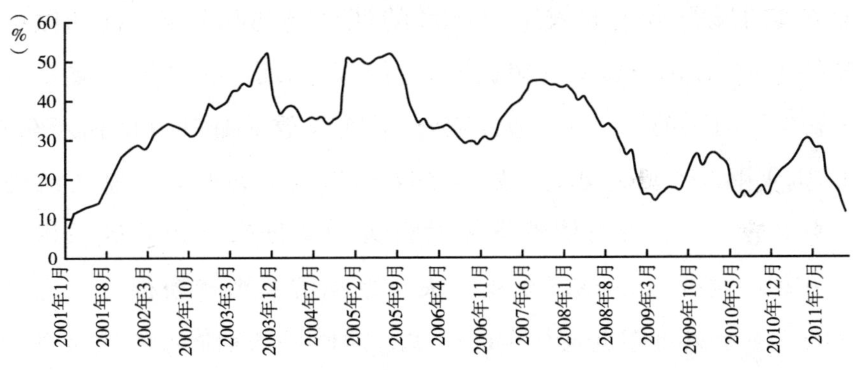

图 19　中国外汇储备同比增长率

资料来源：根据中国人民银行网站数据整理。

三　2011 年的货币政策操作

2011 年的货币政策依然是在货币供应、信贷、投资、进出口贸易增长率有所下降，但通胀率不断上升的背景下展开的，2011 年第四季度前，货币政策操作主要侧重于流动性与稳定通胀（预期）的管理，但到第四季度后，货币政策开始出现微调，防通胀不再是货币政策的主要目标，货币政策的短期目标从防通胀转移到了保增长方面，因此，2011 年的货币政策前后经历了两个阶段的重要变化。

（一）公开市场操作

央行市场操作是最灵活的货币政策工具，它不仅便于中央银行进行货币总量调控，也易于进行反向操作和调整利率的期限结构。2003 年以来，中国公开市场操作的主要工具是央行票据，在很多时候，中国人民银行发行央行票据就是为了冲销流动性、对商业银行进行窗口指导或对货币政策进行微调。例如，在 2009 年，当银行体系的信贷猛增之时，中国人民银行就通过公开市场操作进行了微调，通过增加央行票据的发行量来缩减银行体系的流动性与信贷货币供应总量，2009 年 1 ~4 月，通过央行票据的发行与赎回而净投放的基础货币一直在减少。随后的数月里，央行票据操作投放的基础货币相当有限。转入 2010 年，当提高法定存款准备金率尚未成为抑制膨胀的流动性的主要工具之时，央行依然依靠发行央行票据来冲销基础货币，因此，在 2010 年第一、第二季度，央行票据的发行规模很大。之后的数月里，由于央行票据发行量的减少，净回笼基础货币的数额也在减少。2011 年，央行票据发行量进一步减少，全年共发行央行票据 1.414 万亿元，其中，3 个月期央行票据发行 5350 亿元，1 年期央行票据发行 7550 亿元，3 年期央行票据发行 1240 亿元。由于货币市场利率大幅上升，2011 年的央行票据发行利率也随之大幅上升。2011 年底，发行的 3 个月期和一年期央行票据利率分别为 3.1618% 和 3.4785%，分别较 2010 年末上升了约 114 个基点和 98 个基点（见图 20、表 7）。不过，虽然央行可以通过公开市场操作来影响利率期限结构，但在 2011 年的公开市场操作中，中国人民银行并没有通过该机

制来影响中国的利率结构。2011 年，央行票据发行量大幅减少，公开市场操作的这种变化，也可能是为了配合法定存款准备金率的调整，即为了减轻提高法定存款准备金率对银行体系流动冲击的影响。

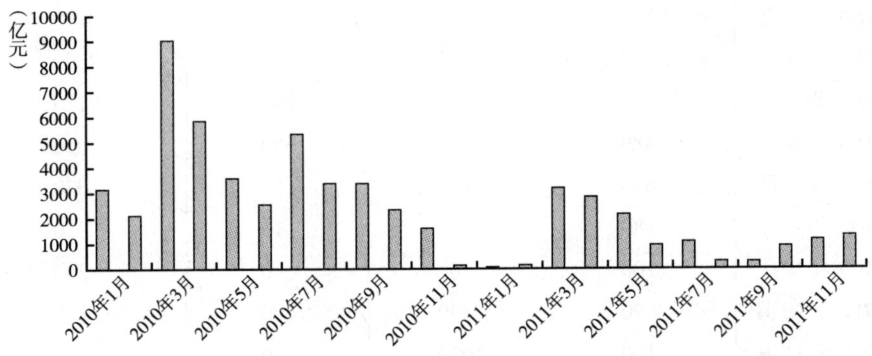

图 20 2010～2011 年各月央行票据发行总量

资料来源：根据中国人民银行网站数据整理。

表 7 2010～2011 年各月各期限央行票据发行量

单位：亿元

月份	3 个月期	1 年期	3 年期	合计
2010 年 1 月	2500	660	0	3160
2010 年 2 月	1620	510	0	2130
2010 年 3 月	5000	3980	0	8980
2010 年 4 月	2610	2200	1050	5860
2010 年 5 月	450	840	2300	3590
2010 年 6 月	200	1050	1280	2530
2010 年 7 月	1570	1090	2670	5330
2010 年 8 月	400	1310	1660	3370
2010 年 9 月	640	1690	1050	3380
2010 年 10 月	1060	1050	220	2330
2010 年 11 月	490	960	110	1560
2010 年 12 月	90	40	0	130
合　计	16630	15380	10340	42350

续表

月份	3个月期	1年期	3年期	合计
2011年1月	40	20	0	60
2011年2月	120	20	0	140
2011年3月	1560	1610	0	3170
2011年4月	970	1830	0	2800
2011年5月	770	950	400	2120
2011年6月	480	60	380	920
2011年7月	830	190	50	1070
2011年8月	180	120	10	310
2011年9月	100	160	0	260
2011年10月	90	390	400	880
2011年11月	100	1020	0	1120
2011年12月	110	1180	0	1290
合　计	5350	7550	1240	14140

资料来源：根据中国人民银行网站数据整理。

从央行票据流动性管理的净效应来看，2008年之前，除了节假日月份外，央行票据总体处于净回笼基础货币状态，但2008年以来，虽然还在不断发行央行票据，但由于到期兑付的央行票据比新发行的多，所以公开市场操作中的央行票据处于净投放基础货币的状况，其间，只有2010年前几个月和2011年最后一个月回笼了基础货币（见图21）。多种原因促成了央行票据在中国货币政策操作中的这一变化，最重要的有两个方面：其一，2006年以来，央行认为，法定存款准备金率对流动性具有深度冻结功能，因此，在以冻结和冲销流动性为主要操作目标的货币政策中，央行票据便让位于法定存款准备金比率；其二，相对于法定存款准备金的利率而言，央行票据利率是市场化的，其利率水平要远远高于法定存款准备金的利率，因此，大量发行央行票据势必直接造成货币政策操作的巨额财务成本，这恰恰是央行所不愿意看到的结果。

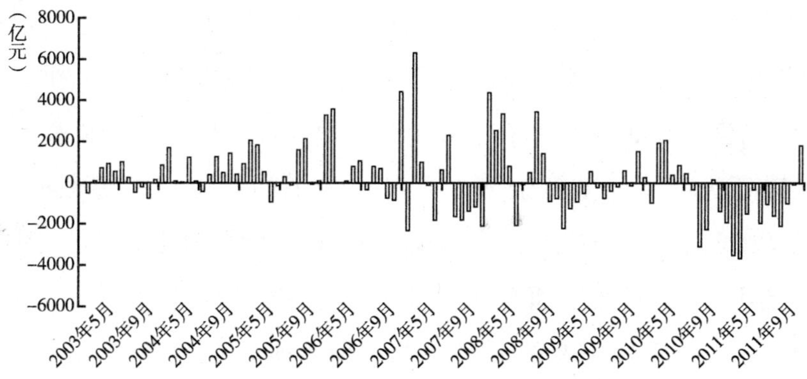

图 21　2003～2011 年央行票据净回笼基础货币

资料来源：根据中国人民银行网站数据整理而得。

除了发行央行票据之外，2011 年，央行还继续采取了国库现金管理的公开市场操作。2011 年全年共开展国库现金管理商业银行定期存款业务 11 次，操作规模总共达到了 4500 亿元，年末余额为 2900 亿元。国库现金管理操作不仅提高了国库资金的回报率，而且也为金融机构增加了相应的流动性，只不过，其规模仍然太小，对整个金融体系的流动性并无太大的影响。

（二）法定存款准备金率的调整

2006 年以来，调整法定存款准备金率就取代了央行票据，成了央行进行冲销流动性的基本手段。在那之后，央行一直认为，发行央行票据只是对流动性的浅层次对冲，提高法定存款准备金率是对流动性的深入冻结。当然，当金融体系流动性不足时，央行也可以降低法定存款准备金率来保障流动性供给。

针对物价指数上升的压力，中国人民银行在 2011 年上半年频繁提高法定存款准备金率，然后，在欧债危机持续恶化、国内经济环境出现转折迹象之时，央行又于第四季度下降了法定存款准备金率。总的来看，央行在 2011 年先后七次调整法定存款准备金率，其中，六次上调存准率，一次下调存准率。表 8 列示了 2011 年法定存款准备金率的调整时间和内容。经过多次提高法定存款准备金率，中国商业银行的法定存款准备金率在 2011 年底达到了 21% 的高水平（见图 22）。提高法定存款准备金率，直接减少了商业银行的超额准备金，抑制其放贷的能力，这对控制通胀无疑有一定的积极功效。到 2011 年第三季度，全部金融机构的超额准备金率已经下降到了 1% 以下（见图 23）。由于超额准备金率已处于低水平，这使得金融体系的流动性略显紧张，货币市场利率高企。

表 8　2010 年中国法定存款准备金率的调整

次数	政策公告时间	实施时间	调整内容
1	1 月 14 日	1 月 20 日	上调存款类金融机构人民币存款准备金率 0.5 个百分点
2	2 月 18 日	2 月 24 日	上调存款类金融机构人民币存款准备金率 0.5 个百分点
3	3 月 18 日	3 月 25 日	上调存款类金融机构人民币存款准备金率 0.5 个百分点
5	4 月 17 日	4 月 21 日	上调存款类金融机构人民币存款准备金率 0.5 个百分点
6	5 月 12 日	5 月 18 日	上调存款类金融机构人民币存款准备金率 0.5 个百分点
7	6 月 14 日	6 月 20 日	上调存款类金融机构人民币存款准备金率 0.5 个百分点
8	11 月 30 日	12 月 5 日	下调存款类金融机构人民币存款准备金率 0.5 个百分点

资料来源：根据中国人民银行公告整理。

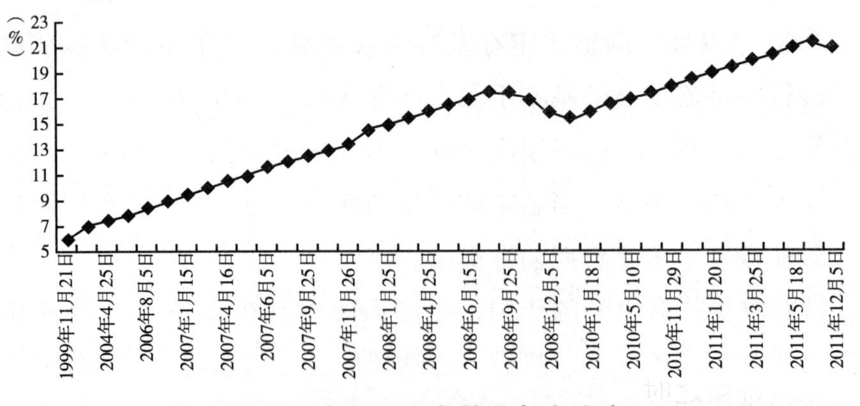

图 22　中国法定存款准备金比率

资料来源：根据中国人民银行网站数据整理。

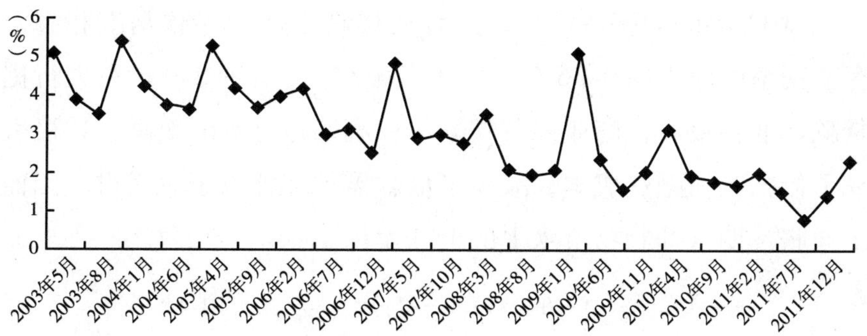

图 23　全部金融机构的超额准备金比率

资料来源：根据中国人民银行《货币政策执行报告》各期整理。

2011 年，中国人民银行在运用存款准备金政策时的一个重要举措，就是引入了差别准备金动态调整机制。所谓差别准备金动态调整机制，就是将信贷投放与宏观审慎要求的资本水平相联系，并考虑金融机构的系统重要性和稳健性状况，以及经济周期的景气状况，引导和激励金融机构自我保持稳健和逆周期调节信贷。根据差别准备金动态调整机制，中国人民银行在 2011 年第四季度根据参数调整，以支持资本充足率较高、资产质量较好、法人治理结构较完善、信贷政策执行有力的金融机构加大对符合产业政策的小型微型企业、“三农”等的信贷投放。

（三）利率政策

2011 年上半年，由于物价指数不断上涨，为了抑制通胀率的上升，央行除了紧缩流动性供给外，还分别于 2 月 9 日、4 月 6 日和 7 月 7 日三次提高存贷款基准利率，以抑制总需求，每一次提高利率的幅度均为 0.25 个百分点，三次共计提高了 0.75 个百分点。经过三次提高存贷款基准利率后，1 年期存款基准利率为 3.5%，1 年期贷款基准利率为 6.56%，5 年期以上的贷款基准利率为 7.05%。除此之外，在2011年的利率调整中，央行还提高了活期存款基准利率，活期存款利率由原来的0.36%提高到了0.5%（见图24）。在央行提高存贷款基准利率后，商业银行贷款加权利率也是水涨船高，这极大地提高了借款者的融资成本，减少了借款需求、抑制了总需求，因而对稳定通胀预期、抑制物价水平的上涨发挥了一定的功效。

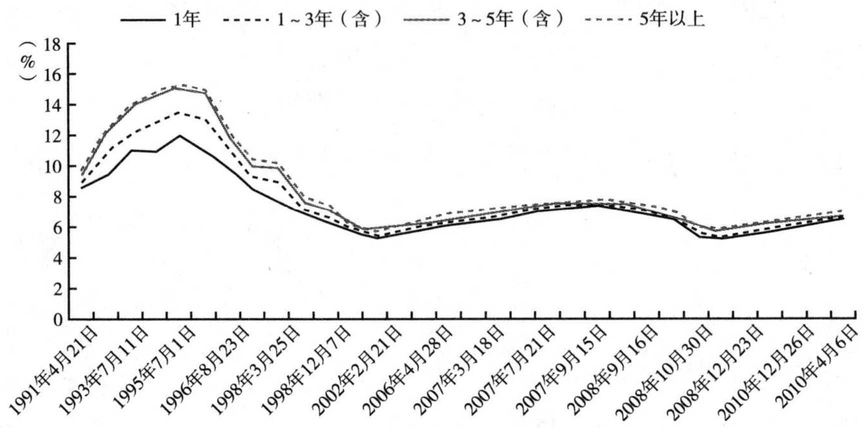

图24　中国贷款基准利率的变动

资料来源：根据中国人民银行网站数据整理。

（四）房地产信贷政策

2011年，从中央到地方，都对房地产市场采取了从财政、货币到行政性限购等多管齐下的强硬调控措施。其中，在房地产信贷调控方面，除了对法定存款准备金率和贷款基准利率进行调整以控制信贷供给和抑制需求外，还出台了一些差别化的住房信贷政策。2011年1月18日，银监会宣布继续实施差别化房贷政策。1月26日，国务院“新国八条”出台，其中，在房地产信贷政策方面，明确指出，对贷款购买第二套住房的家庭，首付比例不得低于60%，贷款利率不得低于基准利率的1.1倍，对差别住房信贷政策执行不力的，要约谈地方政府负责人。8月1日，央行进一步强调，要按照7月22日中共中

央政治局会议“关于房地产调控决心不动摇、方向不改变、力度不放松”的要求，进一步执行好差别化住房信贷政策，督促金融机构对符合条件的保障性住房建设项目及时发放贷款，促进房地产市场健康发展。

（五）窗口指导

窗口指导是央行对信贷总量和投向调控的重要工具之一。2010 年，央行货币调控的窗口指导主要有以下几个方面。

第一，涉农贷款与农信社专项票据。2 月 22 日，中国人民银行办公厅印发《关于安排增加支农再贷款，支持重点地区做好春耕抗旱金融服务工作的通知》（银办发〔2011〕45 号），对河南、山东、河北等受旱灾影响严重的 8 省安排增加支农再贷款额度 100 亿元，积极鼓励和引导金融机构全力做好抗旱救灾金融服务工作，支持粮食稳定增产。3 月 28 日，中国人民银行农村信用社改革试点专项中央银行票据发行兑付考核评审委员会决定，对海南等 4 个省（区）辖内屯昌等 19 个县（市）农村信用社兑付专项票据，额度为 19.9 亿元。11 月 25 日，中国人民银行农村信用社改革试点专项中央银行票据发行兑付考核评审委员会决定，对辽宁省等 6 个省辖内辽阳县等 11 个县（市）农村信用社兑付专项票据，额度为 10.84 亿元。

3 月 31 日，中国人民银行办公厅印发《关于认真组织落实县域法人金融机构新增存款一定比例用于当地贷款激励政策及农村信用社专项票据兑付后续监测考核激励约束政策的通知》，自 2011 年 4 月 1 日至 2012 年 3 月 31 日，对经考核达到新增存款一定比例用于当地贷款政策考核标准的县域法人金融机构，执行低于同类金融机构正常标准 1 个百分点的存款准备金率；对同时达到新增存款一定比例用于当地贷款和专项票据兑付后续监测考核政策标准的 425 个县（市）农村信用社和 16 个村镇银行，安排增加支农再贷款额度 200 亿元。7

月 15 日，中国人民银行发布《关于开展涉农信贷政策导向效果评估的通知》，明确从2011 年开始，人民银行分支机构对县域金融机构开展涉农信贷政策导向效果评估，促进金融机构更好地服务“三农”，着力提高涉农信贷政策导向效果。

第二，小企业信贷政策。7 月 22 日，中国人民银行发布《关于开展中小企业信贷政策导向效果评估的通知》，明确从 2011 年开始，人民银行分支机构对省级及省级以下金融机构开展中小企业信贷政策导向效果评估，促进金融机构进一步改进和提升对中小企业的综合金融服务水平，提高中小企业信贷政策导向效果。

第三，保障性住房信贷支持。8 月 4 日，中国人民银行、中国银行业监督管理委员会联合印发《关于认真做好公共租赁住房等保障性安居工程金融服务工作的通知》，明确和重申公共租赁住房等保障性安居工程信贷支持政策，要求银行业金融机构在加强管理、防范风险的基础上，加大对保障性安居工程建设的信贷支持。

上篇　中国金融业的发展

The First Part　Developments of China's Financial Industries

𝔹.2

分报告 1
2011 年银行业的发展

一　银行业运行概述

受国内外经济环境的影响，从 2010 年下半年开始，中国的宏观经济政策逐渐趋紧。特别是进入 2011 年之后，鉴于通货膨胀水平的提高，监管当局进一步加大了对银行信贷规模管控的力度，同时，多次提高法定存款准备金率以冻结银行资金。在政策调控的影响下，2011 年度中国银行业信贷扩张速度较 2010 年大幅下降，全年新增信贷 7.9 万亿元，同比少增 3779 亿元；同比增速 15.7%，比 2010 年低 4.0 个百分点。贷款额度的趋紧，在很大程度上提高了银行贷款的议价能力，使银行业整体收入保持了较快增速。在宏观经济整体减速、实体经济部门经营出现一定困难的情况下，银行业较高的利润也招致了相当多的非议。

截至2011年12月末，中国银行业金融机构包括政策性银行及国家开发银行3家，大型商业银行5家，股份制商业银行12家，城市商业银行147家，农村商业银行85家，农村合作银行223家，农村信用社2646家，邮政储蓄银行1家，金融资产管理公司4家，外资法人金融机构40家，信托公司63家，企业集团财务公司107家，金融租赁公司17家，货币经纪公司4家，汽车金融公司13家，消费金融公司4家，村镇银行349家，贷款公司9家以及农村资金互助社37家。中国银行业金融机构共有法人机构3769家，营业网点19.6万个，从业人员299.1万人。

截至2011年末，银行业金融机构资产总额113.28万亿元，同比增长18.9%，比上年低1个百分点；负债总额106万亿元，比上年增加18.6%；核心资本5.3万亿元。银行业金融机构资产规模的市场份额进一步发生变化。从机构类型看，资产规模较大的依次为：大型商业银行、股份制商业银行、农村中小金融机构和邮政储蓄银行，占银行业金融机构资产的份额分别为47.3%、16.2%、14.9%。总体上看，大型国有控股商业银行的市场份额占比进一步下降，比上年下降近2个百分点，股份制商业银行、城市商业银行以及农村金融机构的市场份额则有对应上升。

（一）存款

2011年末，全部金融机构（含外资金融机构，下同）本外币各项存款余额为82.7万亿元，同比增长13.5%，增速比上年末低6.3个百分点，比年初增加9.9万亿元，同比少增2.1万亿元。人民币各项存款余额为80.9万亿元，同比增长13.5%，增速比上年末低6.7个百分点，比年初增加9.6万亿元，同比少增2.3万亿元。外币存款余额为2751亿美元，同比增长19.0%，比年初增加494亿美元，同

比多增295亿美元。

从人民币存款的部门分布看，居民户存款增速相对走稳，非金融企业存款增速总体放缓。2011年末，金融机构居民户存款余额为34.8万亿元，同比增长15.7%，增速比上年末低0.8个百分点，比年初增加4.7万亿元，同比多增4297亿元。非金融企业人民币存款余额为30.4万亿元，同比增长9.2%，增速比上年末低12.3个百分点，比年初增加2.6万亿元，同比少增2.7万亿元。2011年末，财政性存款余额为2.6万亿元，同比增长2.6%，比年初减少300亿元。

（二）贷款

2011年末，全部金融机构本外币贷款余额为58.2万亿元，同比增长15.7%，增速比上年末低4.0个百分点，比年初增加7.9万亿元，同比少增3779亿元。人民币贷款增速总体回落。2011年末，人民币贷款余额为54.8万亿元，同比增长15.8%，增速比上年末低4.1个百分点，比年初增加7.47万亿元，同比少增3901亿元。

从人民币贷款的部门分布看，居民户贷款增速有所放缓，非金融企业贷款增速相对趋稳。2011年末，居民户贷款同比增长20.9%，比上年末低16.7个百分点，比年初增加2.4万亿元，同比少增4546亿元。主要是个人住房贷款增长放缓，比年初增加8321亿元，同比少增4618亿元。非住房消费贷款增势较好，比年初增加6485亿元，同比多增558亿元。非金融企业及其他部门贷款同比增长13.9%，比上年末低1.4个百分点，比9月末高0.4个百分点，比年初增加5.0万亿元，同比多增493亿元。其中，中长期贷款比年初增加2.1万亿元，同比少增2.1万亿元，增长继续放缓。票据融资比年初增加112亿元，同比多增9164亿元。分机构看，中资全国性大型银行贷款同比少增较多，区域性中小型银行贷款同比多增较多，大型银行和中小型银行的贷款格局有所改善。

外币贷款增速回落。2011年末，金融机构外币贷款余额为5387亿美元，同比增长19.6%，比上年末略高0.1个百分点，比年初增加882亿美元，同比多增163亿美元。从投向看，贸易融资增加274亿美元，同比多增96亿美元，保持了对进出口贸易的支持力度；境外贷款与中长期贷款增加406亿美元。

二　银行业经营状况分析

根据中国银监会公布的数据，截至2011年底，中国银行业资产规模达到113.28万亿元左右，较2010年增长18.9%；全年累计净利润10412亿元，较2010年增加1421亿元，增长速度为15.8%。资产利润率为1.3%，资本利润率为20.4%。此外，银行业资本充足状况良好，截至2011年末，银行业全部核心资本规模达到5.3万亿元，附属资本1.4万亿元，核心资本充足率和资本充足率分别为10.2%和12.7%。在资产质量和风险拨备方面，2011年底，全部银行业不良贷款余额为4279亿元，不良贷款率为1%。贷款损失准备11898亿元，拨备覆盖率为278.1%。总体上看，银行业经营业绩继续保持强劲增长，在利润持续大幅增长的情况下，整体风险仍处于较低水平。在实体经济部门利润水平下降且前景堪忧的背景下，银行超高的利润水平很自然地招致了诸多关于行业垄断、利差保护以及乱收费等的批评和指责。因此，有必要对银行高赢利背后的各种因素进行更为细致的分析。

纵向比较，自股份制改造完成之后，中国银行业一直维持着快速增长的势头。2005年底，银行业总资产规模为37.47万亿元，到2011年底增长到113.28万亿元，6年增长了2倍多，年复合增长率保持在20%左右，其中，2009年更是达到了26.3%；同时，净利润

也从 2005 年的 1850 亿元增加到 2011 年的 10412 亿元，增长 4.6 倍，年均复合增长率达到 28.96%，其中，2006 年、2007 年、2008 年以及 2010 年的增速都在 30% 以上（见图 1）。

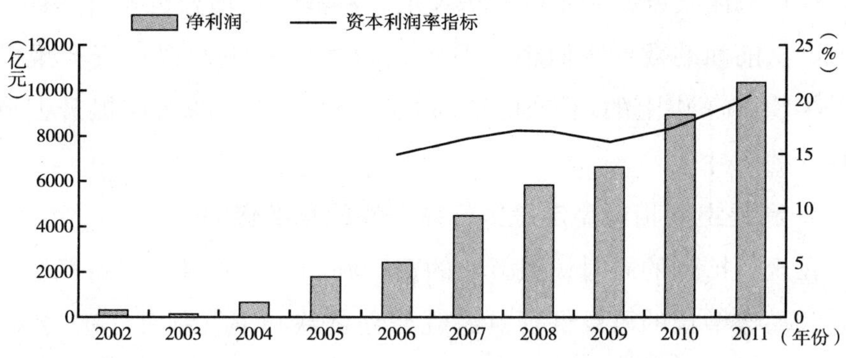

图 1　银行业利润指标（2002 ~ 2011 年）

资料来源：中国银监会。

从资本利润率指标（ROE）来看，2005 ~ 2010 年，银行的资本利润率维持在 15% ~ 17.5% 之间，2011 年则快速上升到 20.4%，这既可能反映了银行业绩在 2011 年的继续增长，也可能说明银行业整体资本充足率较上一年有所下降。2005 ~ 2010 年，资产收益率基本维持在 0.9% ~ 1.0% 的水平，2011 年上升为 1.3%。这说明银行业的资产收益水平在 2011 年有大幅的提升。

在收入结构方面，银行业中间业务收入占比逐渐提高，从 2005 年的 17.5% 提高到了 2011 年的 19.3%。在中间业务收入中，结算、清算业务占比约为 24%，投资银行收入占比为 23%，理财及私人银行收入占比约为 18%，银行卡业务则在 15% 左右。

（一）影响银行业赢利变化的主要原因

什么原因导致银行业在改革前后有如此巨大的变化呢？从纵向数据的比较来看，我们认为应包括以下几个方面的因素：

1. 规模扩张是银行业利润增长的主要动力

在过去的十几年中，高速的规模扩张也成为中国银行业普遍发展的模式。在利差相对稳定的情况下，收入水平与存贷款规模高度相关。银行只需要维持一定的扩张速度，利润高速增长也就自然得到了保证。从前面的数据我们也能看到，2005 年以来，银行资产规模保持了年均 20% 以上的增长速度。这也为银行利润的快速提升创造了最基本的条件。

2. 利差空间相对稳定是银行高利润的重要保障

在规模扩张的同时，银行业的资产利润率水平基本保持稳定，是其利润高速增长的重要保证。这既与存贷款利率管制有一定的关系，也得益于银行资产、负债管理水平的提高。

由于缺乏行业整体的数据，我们用五大国有控股商业银行作为分析对象。从图 2 中可以看到，2005 年以来，五家银行的净利差一直维持在 2% ~3% 之间，2007 年和 2008 年相对处于较高水平。2009 年，各家银行的净利差均出现明显下降，之后逐年回升。当然，由于净利差计算基于所有的生息资产，考虑到 2010 年以来法定存款准备金率（低息资产）大幅提高，银行净利差基本维持稳定，说明其高

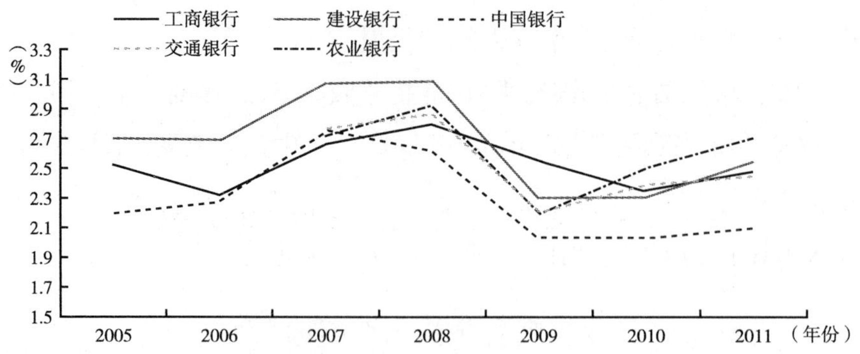

图 2　五家国有控股商业银行的净利差情况（2005 ~2011 年）

资料来源：各银行年报。

利息收入资产（主要是各类贷款）的收益率在2009年之后或有较大上升。

3. 风险成本较低是银行高利润的关键因素

与其他金融机构一样，银行经营对风险具有高度的敏感性。在经济波动时期，不良率上升若超过现行拨备水平，就会对银行利润甚至资本造成冲击。从中国银行业的情况看，2011年底银行业拨备覆盖率为278.5%，占全部贷款的比重为2.1%。假定目前银监会公布的是税后、拨备后利润，那么这意味着，在所公布的2011年的10412亿元净利润中，所暗含的损失率（信用成本）为2.1%。而过去几年，随着大规模坏账的剥离，以及风险管理水平的提高，银行业资产质量得到了彻底的改观。不良贷款余额从2003年的24406亿元减少到2011年的4279亿元，不良率（损失率）也一直处于下降区间，从2003年的17.8%降到2011年的1%，其中，损失率从2003年的5.4%下降到2011年的0.2%（见图3）。

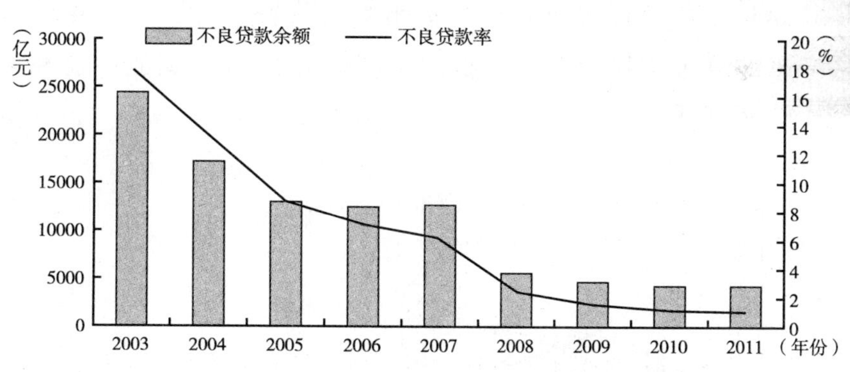

图3　银行业资产质量变化（2003～2011年）

资料来源：中国银监会。

从监管的角度看，出于审慎的考虑，运用逆周期调节手段，在实际不良率较低的情况下有意识加大银行拨备计提的力度（目前，中国银监会要求，拨备计提不得低于贷款余额的2.5%）是非常必要

的。但即便如此，如果未来的实际损失率超过 2.5%，银行现有的高利润就无法维持。具体来说，如果按 2011 年底 54.79 万亿元贷款余额来算，贷款损失率每上升 1 个百分点，银行的风险成本就会增加 5479 亿元。这意味着，在贷款实际损失率达到 4.1% 时，银行的净利润就基本降低为零，如果超过此水平，将会出现亏损，并冲减资本金。

就目前而言，银行业的损失率仅为 0.2%，为历史最低水平，与 4.1% 还有相当的距离。不过，银行风险具有一定的滞后性，历史数据往往很难准确反映未来的情况，特别是经济环境存在重大不确定性时。实体经济层面的减速终究会传递到银行部门并反映为不良贷款的增加，并侵蚀银行的利润。从过去 10 年的数据来看，4.1% 或以上的损失率对中国银行业也并非遥不可及。2002 ~ 2007 年，中国银行业每年的损失类贷款基本在 5000 亿 ~ 6000 亿元，损失类贷款占比也在 5% 以上。随着国有控股商业银行坏账剥离的完成和股份制改造的结束，2008 年之后，银行损失类贷款存量才迅速下降到 600 亿元左右的规模。有鉴于此，我们认为，由于难以准确评估未来的风险，目前基于较低风险成本得出的利润或许会高估银行的实际赢利状况。

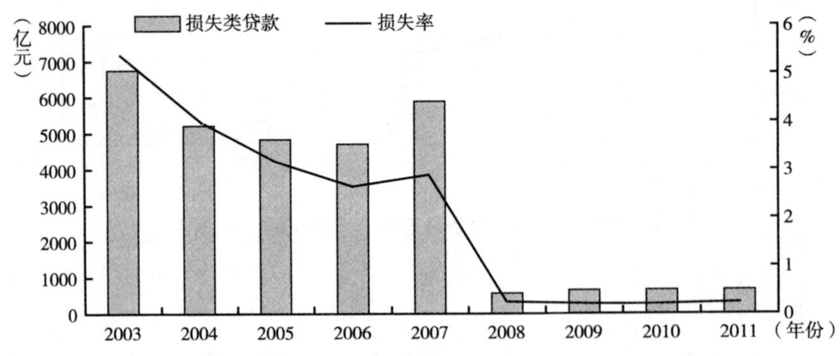

图 4　商业银行贷款损失情况（2003 ~ 2011 年）

资料来源：中国银监会。

4. 经营管理水平提升的影响

除去前面几个主要因素外，商业银行在经营管理方面的一些改进对业绩提升也起到了一些作用。比如，收入结构的持续优化，中间业务占比稳步提升；成本控制能力上升，成本收入比呈稳步下降趋势；等等。

在收入结构调整方面，从五家大型国有控股商业银行的数据看，2005年以来，几家银行的中间业务收入占比都呈稳步上升的趋势，逐渐成为银行利润增长的重要来源（见图5）。在成本控制方面，各家银行的成本收入比均呈稳步下降趋势，对利润增长也作出了一定的贡献（见图6）。

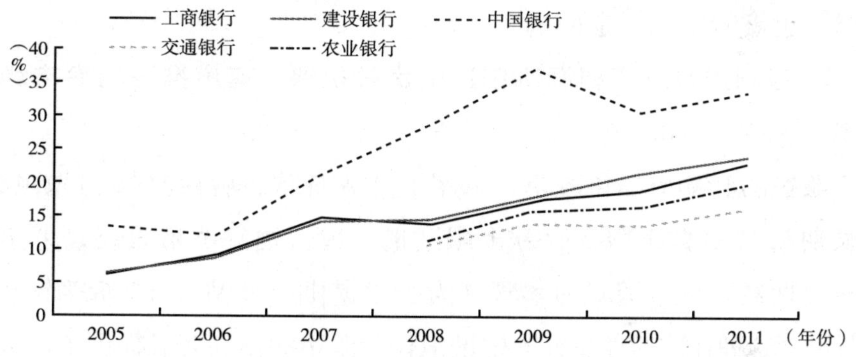

图5　五家国有控股商业银行的中间业务收入占比

资料来源：各银行年报。

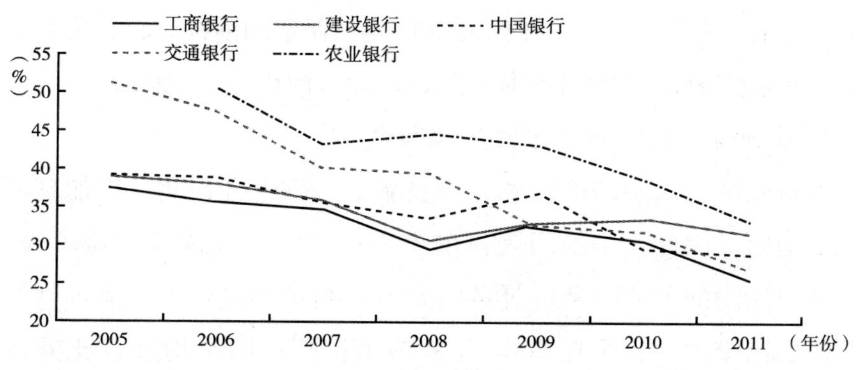

图6　五家国有控股商业银行成本收入比变化

资料来源：各银行年报。

（二）主要结论

总结以上的分析，我们对当前银行高利润问题有如下几点看法和建议。

1. 银行高利润与外部环境紧密相关

利率管制固然给银行提供了保护，但在该管制早已有之的情况下，银行利润在近几年的暴增显然与宏观经济的快速增长有直接的关系。不出意外的话，未来几年，随着宏观经济的减速以及信贷规模控制力度的减弱，银行的议价能力以及规模扩张冲动都会有所下降，利润增长也可能出现一定回落。

2. 应利用银行高利润所创造的良好机遇，有序推进利率市场化改革

既往的利率市场化改革，采用了“先贷款、后存款”，“先短期、后长期”，“贷款下限、存款上限”的步骤。这种改革思路，事实上是将早期经由存、贷款利率管制为企业提供的补贴，改变成为银行提供补贴。这种补贴的存在，为中国银行业改革的顺利完成提供了极大的支持，同时也有效地维护了银行体系的稳定。但是，在商业银行的改革基本完成之后，这种补贴的继续存在，有过度保护之嫌。建议在未来的利率市场化改革或调整中，在保证银行体系稳定的前提下，有意识地压缩银行的利差空间，以优化整体经济的产业结构和收入分配结构。

3. 要充分认识银行业经营的风险性

银行业绩对风险高度敏感，不良率的些许上升，就可以使高额利润化为泡影。因此，不能因为目前不良率较低以及拨备覆盖率较高，就忽视对风险的关注。从国外的实践看，西班牙是全世界拨备计提最为严格的国家之一，早在2004年，该国银行业的平均拨贷比就达到了2.5%，拨备覆盖率更是高达500%；到2009年，拨贷比更是上升到了2.75%。即使如此，随着欧债危机的升级，西班牙银行业的损

失依然超过了其拨备，导致利润大幅下滑，资本金全线告急。以此为鉴，在当前银行业账面利润丰厚的时期，必须要高度重视各种潜在风险，除应继续提高拨备要求外，还应通过限制分红等手段，促使赢利转增资本，提高银行应对风险的能力。

此外，银行经营的风险性也意味着，不能把目前银行的高利润当成可以长期存在的现象，相关领域的改革应有足够的前瞻性，充分考虑未来可能出现的变化以及行业的承受能力，对利率市场化等基础性改革来说，认识到这一点尤其重要。

4. 银行的增长方式转型已迫在眉睫

如果说，在过去几年中，规模扩张、利率管制以及风险较低是银行业利润持续强劲增长的主要因素的话，在未来，这样的发展模式可能会遇到越来越大的阻力。资本约束不断强化，筹资难度也越来越大，资本损耗型的规模扩张将难以为继；同时，利率市场化的推进以及市场竞争的不断升级，也会导致银行利差空间的收窄。进一步优化收入结构，增加中间业务收入占比是银行未来发展的必由之路。

仅从数据看，2011年底，全部银行业中间业务收入占比已达到19.3%，较前几年已有了显著提高。但若考虑到其中含有的一些水分，以及发展不平衡的情况（中间业务收入主要集中在几家大银行，多数中小银行的中间业务收入占比都在10%甚至5%以下），中国商业银行在优化收入结构方面还有一定的空间。不过，需要看到的是，目前有关银行收费的争议颇多，规范和完善工作才刚刚起步。要真正实现转型，银行业还有很长的路要走。

三　银行业经营的政策与监管环境

（一）货币信贷政策

2011年，在物价持续上涨、通胀压力加大的情况下，货币政策从

"适度宽松"正式转为"稳健"。上半年，中国人民银行先后6次上调法定存款准备金率，累计上调3个百分点，冻结银行体系资金超过2万亿元（见图7）。此外，还3次上调金融机构人民币存贷款基准利率。其中，1年期存款基准利率由2.75%提高到3.50%，累计上调0.75个百分点；1年期贷款基准利率由5.81%提高到6.56%，累计上调0.75个百分点（见图8、图9）。从实际操作看，货币政策稳中偏紧。

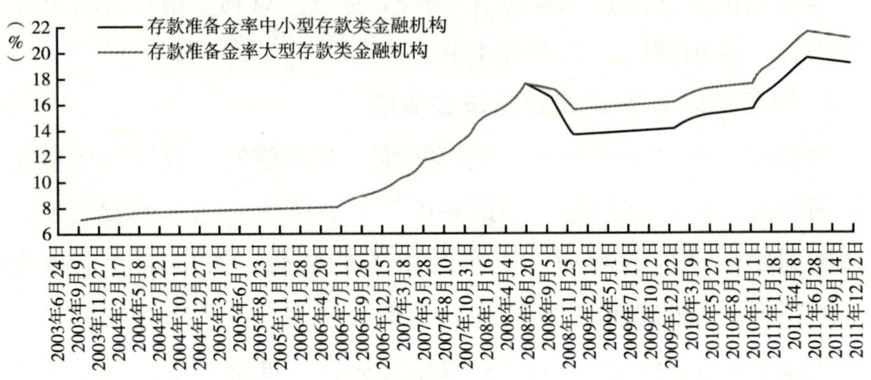

图7　法定存款准备金率变化趋势

资料来源：Wind资讯。

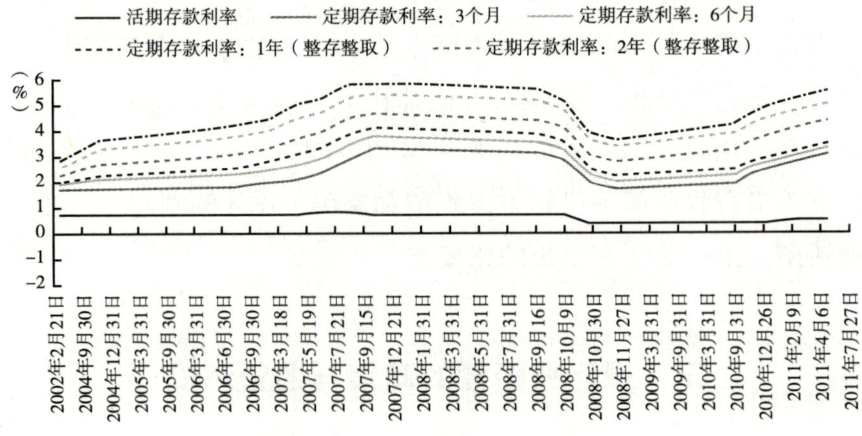

图8　基准存款利率变动趋势

资料来源：Wind资讯。

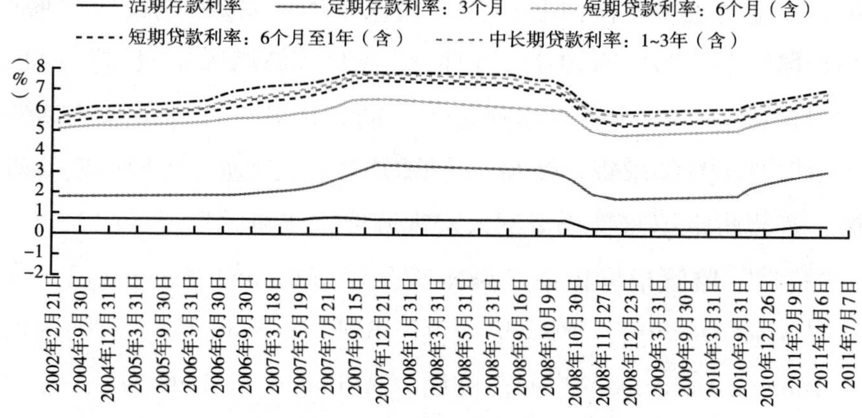

图 9　基准贷款利率变动趋势

资料来源：Wind 资讯。

（二）银行监管

自 2010 年底《新巴塞尔协议》定稿以来，中国银行监管部门便开始积极着手其在国内的实施。2011 年，出台了《新巴塞尔协议》的征求意见稿，同时配合国内的宏观调控，继续构建符合中国国情的银行业审慎监管体系，并加强重点领域的风险管理，对商业银行的经营以及风险管理体系产生了较大的影响。

1. 积极构建审慎的银行业监管体系

审慎监管是指监管部门以防范和化解银行业风险为目的，通过制定一系列周密而谨慎的规则，客观评价金融机构的风险状况，并及时进行风险监测、预警和控制的监管模式。2010 年，银监会提出“在继续深化微观审慎监管的同时，全面实施宏观审慎监管”，在充分总结吸取国际金融危机的经验教训、参考国际组织和其他主要国家监管改革做法的基础上，紧密结合中国国情，积极推进银行业监管国际新标准在中国的实施，将宏观审慎与微观审慎监管有机结合，逐步形成一套符合中国银行业实际的审慎监管“工具箱”。2010 年初，银监会为统筹实施《巴塞尔协议Ⅱ》和《巴塞尔协议Ⅲ》，创设了“腕骨”监管指标体系。2010 年 9 月，银监会下发《新四大工具实施要求简表（讨论稿）》，就动态资本充足率、动态拨备、杠杆率和流动性四大审慎监管工具征求银行意见，考虑实施一系列逆经济周期监管政策措施，逐步将审慎监管政策纳入宏观调控“工具箱”。

“腕骨”监管指标体系由资本充足率（Capital Adequacy）、贷款质量（Asset Quality）、风险集中度（Risk Concentration）、拨备覆盖（Provisioning Coverage）、并表机构（Affiliated Institutions）、流动性（Liquidity）、案件防控 7 方面 13 个指标构成，同时辅之以银行监管者有限自由量裁权。这 7 项指标的第一个英文字母拼起来正好是英文单词“腕骨”（CARPALs），因而得名。“腕骨”监管指标体系涉及指标众多，监管者既规定了法定值、触发值、目标值，又明确了监管调整值及其区间，把定量测量与定性分析、监管指标标准化与监管量裁权有效结合了起来。

作为实施《巴塞尔协议》的具体手段，“腕骨”监管指标体系包括四大监管工具。其一，动态资本充足率。为提升银行业风险抵御能力，银监会要求银行业在满足最低核心一级资本、一级资本和总资本充足率分别为 5%、6% 和 8% 的基础上，计提相应的资本缓冲，包括留存资本缓冲与逆周期资本缓冲，正常时期留存资本缓冲为 2.5%，逆周期超额资本 0 ~ 2.5%。在提升资本水平的同时，注重提高资本质量，坚持股本和留存收益组成的核心资本不低于资本净额的 75%，要求银行间互持次级债应当从附属资本中扣减，以防止银行交叉持有次级债可能形成的系统性风险。其二，动态拨备。银监会根据经济发展不同阶段、银行业金融机构贷款质量差异和赢利状况的不同，对贷款损失准备监管要求进行动态调整：在经济上行期、赢利水平较高时期适度提高贷款损失准备要求；在经济下行期根据贷款核销情况适度调低，以达到“以丰补歉”，实现熨平拨备波动的目的。拨备/贷款

之比原则上不低于2.5%，对非系统性重要银行可作差异化安排。其三，杠杆率。综合考虑表内外风险暴露，要求银行杠杆率水平（核心资本/表内外的总资产）不低于4%。其四，流动性。结合巴塞尔委员会国际流动性监管标准改革最新进展，要求各银行在坚守既有的各项流动性风险监管标准的基础上，于2010年2月印发《关于进一步加强银行业流动性风险监管的通知》，提出流动性覆盖率和净稳定资金比率等流动性风险计量新指标，要求银行强化对流动性风险的计量和管理，优化资产负债配置，降低期限错配，减少流动性危机发生的可能性和冲击力。

2011年底，银监会正式发布了《商业银行流动性风险管理办法（试行）》（以下简称《办法》），制定了商业银行流动性管理的新框架。主要内容包括：

（1）定性与定量监管要求相结合。《办法》进一步充实、完善了现行的《商业银行流动性风险管理指引》（以下简称《指引》）中流动性风险管理和监管的定性要求，同时，结合中国商业银行经营管理实际，构建了多维度的流动性风险监管指标和监测体系，包括一系列监测工具。

（2）在定量监管指标上，《办法》要求的流动性风险监管指标包括流动性覆盖率、净稳定资金比例、存贷比和流动性比例四项，其中流动性覆盖率、净稳定资金比例是根据国际监管要求而最新引进的。

流动性覆盖率 = 优质流动性资产储备/未来30日的资金净流出量，其标准是不低于100%。此监管指标的意义是，确保单个银行在监管当局设定的流动性严重压力情境下，能够将实现无障碍且优质的资产保持在一个合理的水平，这些资产可以通过变现来满足其30天期限的流动性需求。

净稳定资金比例 = 可用的稳定资金/业务所需的稳定资金，其标准是大于100%。此监管指标的意义是，用于度量银行较长期限内可使用的稳定资金来源对其表内外资产业务发展的支持能力。分子、分母中各类负债和资产项目的系统由监管当局确定，为该比例设定最低监管标准，有助于推动银行使用稳定的资金来源支持其资产业务的发展，降低资产负债的期限错配。

目前，中国主要上市银行的流动性覆盖率已经达到国际标准，净资金覆盖率除中国银行（96%）和华夏银行（99%）略低于国际标准外，其他主要上市银行也已经达到国际标准（见图10、图11）。

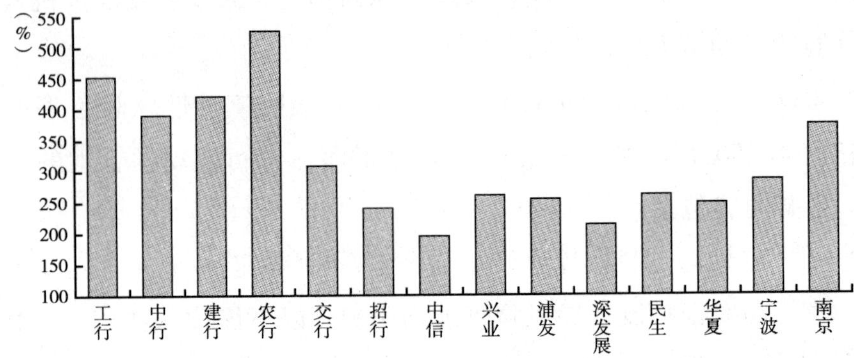

图10　主要上市银行流动性覆盖率

资料来源：国研网。

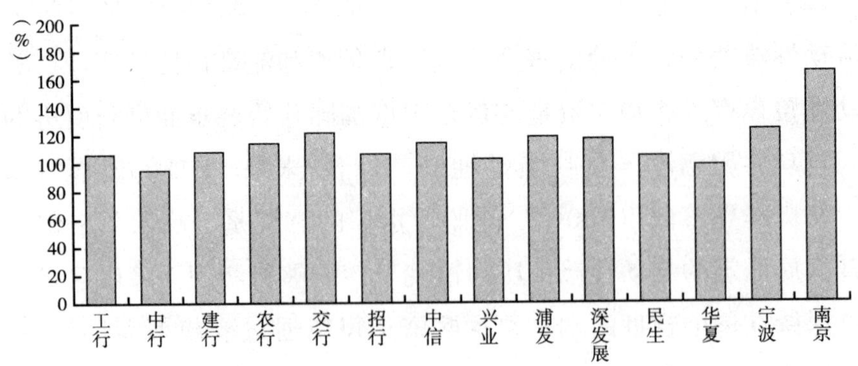

图11　主要上市银行净稳定资金比率

资料来源：国研网。

2. 突出重点领域，强化政策指导和风险控制

2011年，在严格实施总量调控、控制银行信贷规模和节奏的同时，监管部门还从结构调整入手，对银行信贷的投向以及使用进行管理和控制。

首先，全面评估和清理地方融资平台风险。2009年以来，一些地方融资平台贷款的风险有所暴露：融资平台运作不规范，授信总量较大，规模增长过快；地方政府违规或变相提供担保，偿债风险加大；平台公司贷款还款周期长，还款时点相对集中；部分银行风险意识薄弱，对平台公司信贷管理缺失等。为加强对地方政府融资平台公司的管理，有效防范金融风险，2010年3月，监管部门开展了地方融资平台评估和清查工作。7月，监管部门又下发了《关于贯彻〈国务院关于加强地方政府融资平台公司管理有关问题的通知〉相关事项的通知》，进一步对地方政府融资平台的贷款加以规范。12月，下发了《关于加强融资平台贷款风险管理的指导意见》。

进入2011年之后，监管部门又推出了新的监管措施，加大对融资平台贷款管理的力度。具体措施有五个：一是积极部署银行业按照“逐包打开、逐笔核对、重新评估、整改保全”的要求，清理地方融资平台，完成了对地方政府融资平台授信业务的全面自查清理。二是要求银行业严格控制地方融资平台贷款的总量和比例，严控新增贷款。在重点保障中央4万亿元投资中续建、在建项目的资金需求的同时，银行业应严格控制新开工项目的贷款。三是督促银行业按现金流覆盖原则对地方融资平台贷款分类处置，实施动态台账管理，强化贷后管理，加强对平台贷款抵押品、项目现金流和还贷条件以及资产分类、拨备计提的管理。四是要求银行业对存在问题的贷款采取有效的整改、重组和保全措施。对问题贷款提足拨备，及时核销坏账，做到账销、案存、权在，在有效期内做好资产保全和回收。五是按照不同的现金流覆盖比例，对融资平台贷款制定了差异化的计算资本充足率的风险资产权重。

其次，关注房地产贷款风险，完善动态、差别化住房信贷政策。自2010年下半年以来，针对部分城市房价过快上涨的问题，监管部门进一步完善差别化的住房信贷政策，并加大政策执行的监督力度。同时，监管机构进一步强化了房地产贷款风险的监管，具体措施有五个：一是加强土地储备贷款管理。督促银行业严格把握好土地抵押率，防止过度授信，原则上应大幅压低抵押率，确保土地储备贷款安全。二是加强房地产开发贷款管理。重点是严格控制囤地捂盘房地产开发企业、高风险房地产开发企业和大型房企集团的房地产开发贷款风险。三是强化房地产贷款投放的全流程管理。四是加强房地产贷款压力测试，要求各大中型银行按季度开展房地产贷款压力测试。通过对房价、成交量、利率等多个因素的情景测试，确保贷款风险总体上可控。五是开展窗口指导，加大风险提示力度。

最后，严格管控部分行业的信贷风险。在2009年新一轮投资快速增长的过程中，“高碳”产业比重偏高，产能过剩和重复建设问题日益凸显。随着国内产业结构的进一步调整，相关行业信贷风险可能加速暴露。为此，监管部门加强了对部分行业信贷风险的管控。一是严格准入门槛，严控授信额度。坚持有保有控、区别对待的原则，对于“高耗能、高排放”、过剩产能、落后产能三类行业要严格准入门槛，严控授信行业规模和客户额度。二是加强贷款管理。严格进行贷款风险分类，相应提足拨备，对问题贷款加大核销和处置工作力度，并要求银行业运用差别定价、经济资本占用、提取专项拨备等工具，有效抑制对部分行业的贷款冲动。对列入落后产能淘汰名单的企业，要全力做好信贷资产的保全工作。三是加大违规处罚力度。对因违背国家政策，尽责调查不到位，违反合规、风险、信审等管理要求而形成贷款损失的，严厉追究相关人员的责任。四是建立有效的行业信贷风险监控预警体系。密切关注相关行业贷款的风险波动，实行贷款组

合的动态管理，防范贷款投向过度集中，及时进行风险预警。

3. 规范银行业业务发展，防范相关业务风险

第一，推动“三个办法、一个指引”全面落实，规范信贷业务发展。自2009年底到2010年2月，银监会连续出台了《固定资产贷款管理暂行办法》、《流动资金贷款管理暂行办法》、《个人贷款管理暂行办法》和《项目融资业务指引》（简称“三个办法、一个指引”）。2011年以来，监管部门进一步加大了“三个办法、一个指引”的实施力度，督促银行业金融机构树立“实贷实付”理念，建立全流程的精细化信贷管理模式。一方面，这些政策的实施规范了信贷业务，促进了业务的健康发展。有利于防止贷款被挪用的风险，确保银行信贷资金进入实体经济，有利于加强贷款的精细化和全流程管理，规范贷款风险管控，有利于推进银行业贷款业务法规建设，规范贷款业务的开展。另一方面，也一定程度上使得银行贷款的存款派生能力下降。“受托支付、实贷实付”的规定使信贷资金不再直接划拨到借贷企业账户，贷款不能直接派生为贷款发放行的存款，相应缩减了银行派生存款的能力，加大了银行吸收存款的压力，具有收缩货币供给的效应。

第二，清理和规范银行信托理财业务。2010年以来，银信合作理财产品发展迅速。虽然一些基础资产已转出资产负债表，资本金和准备金计提也相应减少，但是银行依然承担贷后管理、到期回收等实质性义务和风险，银行“表外贷款”井喷带来了较大风险隐患。为此，监管部门全面叫停信托公司从事的银信合作业务，控制资产表外化潜在风险。又发布《关于规范银信理财合作业务有关事项的通知》，不仅要求银行将表外资产在两年内转入表内，而且还要按照150%的拨备覆盖率计提拨备，同时大型商业银行应按照11.5%、中小银行按照10%的资本充足率计提资本。

第三，加强银行代理保险业务管理。银监会下发了《关于进一步加强银行业代理保险业务合规销售与风险管理的通知》，要求银行业在代理保险业务的过程中，不得将保险产品与储蓄产品等其他产品混淆销售，不得以中奖、抽奖、回扣或者送实物、保险等方式进行误导销售；不再允许保险公司人员驻点银行业网点，并规定银行业每个网点合作的保险公司原则上不超过3家。

第四，查处银行业违规揽储行为。2011年以来，银行业面临银根收紧、存贷比管控趋严、存款派生能力下降、资产业务扩张较快等挑战，银行业吸收存款压力加大。同时，受银行业做大做强市场份额的发展模式和内部激励奖惩制度的影响，银行业存款返现、有奖储蓄、向存款中介支付不当费用等违规揽储现象有所增加。针对违规揽储有所抬头的现象，监管部门加强了业务监管：一是强化对违规揽储的监管。通过非现场监测、信访举报、媒体披露等渠道，加大对各类违规揽储行为的监管力度。二是引导银行业改革以存贷款时点规模为核心的传统考核激励方式，完善公司治理。三是加大处罚力度。采取有效措施处罚了一批违规机构和个人。

（三）政策监管环境对银行业的影响分析

宏观政策与监管环境的变化，不仅导致了银行经营层面的一些变化，而且对整个宏观经济运行与资金供求状况，产生了深远的影响。

第一，宏观审慎监管体系的构建对银行业经营的影响。2011年5月，银监会发布《关于中国银行业实施新监管标准的指导意见》，就资本充足率、杠杆率、流动性、贷款损失准备等监管标准确定了监管要求。新标准计划于2012年初开始实施（具体监管标准见表1、表2）。

从对银行业的影响来看，资本充足率要求对银行的短期影响总体不大，截至2011年第三季度末，所有上市银行已经达到或超过监管标准（系统重要性银行资本充足率不低于11.5%，非系统重要性银行资本充足率不低于10.5%），见图12所示。

表 1　新监管标准下银行资本充足率要求

单位：%

资本充足率要求	最低资本要求			留存超额资本	过渡期安排
	核心一级资本	一级资本	总资本		
系统重要性银行	5	6	8	2.50	2012 年初实施，2013 年底达标
非系统重要性银行	5	6	8	2.50	2010 年实施，2016 年底达标

资料来源：中国银监会。

表 2　新监管标准下其他定量监管指标

项目	内容	标准	达标时间	过渡期安排
杠杆率	一级资本/表内外总资产	4%	2012 年初开始实施	系统重要性银行，2013 年底达标；非系统重要性银行，2016 年底达标；个别 2018 年底达标
拨备率	贷款损失准备/贷款余额	原则上不低于 2.5%	2012 年初开始实施，按二者孰高的原则确定，并实施动态调整	
	拨备覆盖率	150%		
流动性指标	流动覆盖率(LCR)	100%	2012 年初开始实施	设置两年观察期，2013 年底达标
	净稳定资金比率(NFSR)	100%		

资料来源：中国银监会。

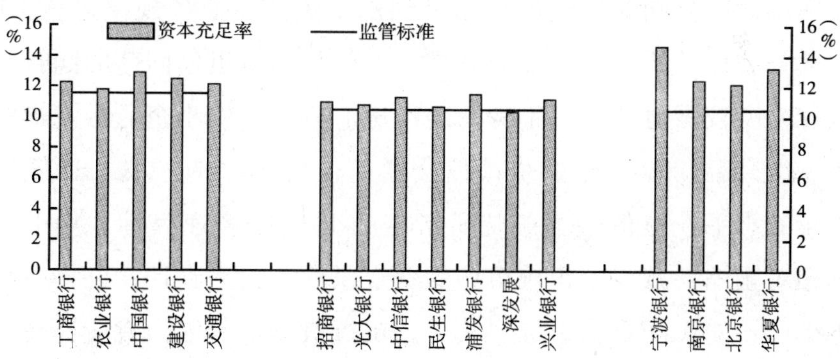

图 12　2011 年第三季度末上市银行资本充足率

资料来源：各上市银行公报。

但是，需要注意的是，虽然目前银行业整体达到了监管要求。但从中长期来看，银行仍面临较大的资本金压力。随着业务的进一步发

展，如果未来资本消耗型业务的发展模式不转变，银行资本短缺的瓶颈将成为中国银行业发展的一大障碍。

总体上说，在新监管标准的约束下，银行业需要从规模扩张的外延式发展模式转向质量扩张的内涵式增长模式，需要调整业务结构、强化管理、创新服务。要在坚守传统业务模式的前提下，在信贷业务的广度和深度上下工夫，提升金融服务效率和信贷质量。首先，在调整业务结构方面，银行需制定中长期信贷发展战略，积极调整信贷的客户结构、行业结构和区域结构，实现信贷业务可持续发展。其次，银行也需要强化管理，通过不断优化风险计量工具，完善风险管理政策和流程，健全风险制衡机制，真正提升增长质量。最后，银行需要积极发展网络银行、电话银行、信用卡等渠道拓展业务，扩大金融服务覆盖面，为资产业务提供稳定的资金保障，同时降低经营成本，扩大收入来源。

第二，信贷投放在监管引导下迅速回落，存贷款资金均趋于紧张。在人民银行稳健的货币政策和银监会的积极引导下，银行业信贷投放回归常态。同时，银信合作得到初步规范，业务规模显著下降，其中部分表外资产已转为表内信贷。在信贷总量迅速回落的同时，宏观调控力度较强也产生了不少的副作用。其一，中小企业融资难的问题再一次升温。2011 年的货币信贷增速仅为 13.6% 左右，远低于之前几年的水平，也低于国务院所指定的 16% 的增速目标。货币、信贷的相对紧缩，减少了正规市场的资金供给，为生存计，许多中小企业不得已转向民间借贷市场。其二，银行贷款议价能力有所提高。由于信贷资金供给紧张，银行在 2011 年的贷款议价能力显著增强，贷款加权平均利率持续上升（见图 13）。这客观上给银行利润的强劲增长创造了条件。其三，监管部门对表外项目的规范显著地制约了银行利用“派生存款”来应付存贷比考核的能力，导致存款资金紧缺现象加剧。银行之间围绕存款的竞争日趋激烈。

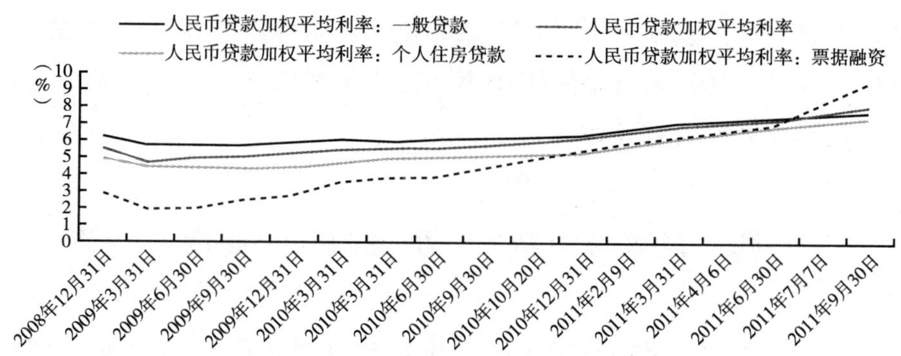

图 13　人民币贷款加权平均利率

资料来源：中国人民银行。

第三，信贷结构持续优化。在人民银行、监管机构等的引导下，银行业的信贷结构继续优化。对“三农”和中小企业的信贷支持进一步增强，个人住房贷款增长明显回落。此外，随着房地产调控政策效应的逐步显现，房地产开发贷款和个人住房贷款增速明显回落。绿色信贷蓬勃开展，能效贷款、环保设施贷款明显增加，并严格控制了对高耗能、高排放和产能过剩行业的授信。

第四，地方政府融资平台贷款的风险得到一定程度的控制。在监管部门的要求下，银行业积极清理规范地方融资平台贷款。以大型商业银行为例，从 2011 年的披露信息看，2010 年底，地方政府融资平台贷款余额占上市银行贷款总额的比重均低于 10%。未来 2～3 年，地方政府融资平台贷款规模还将继续下降，截至目前，地方政府融资平台贷款的不良率未见异常。

第五，银行推行实贷实付制度成效显著。“三个办法、一个指引”实施以后，各银行积极全面地加以贯彻落实，积极效果逐步显现。银行业经营理念逐步变化，信贷风险管理水平进一步提高，贷款的风险收益更加贴近借款人实际，按需放贷，并实施全流程管理，改变重“放”轻“管”现象，有效遏制过度授信、违规授信，促进了公平竞争和科学发展。同时，通过加强支付管理，确保贷款资金支持实体经济，提高社会资金使用效率，优化金融服务，也有利于宏观调控及信贷政策得以有效传导。

四 改革与创新——小型微型企业贷款

小企业融资向来是备受关注的焦点和难点。在2011年货币政策从紧、信贷压缩的背景下，小企业融资问题更为严重，民间借贷问题也成为广受关注的话题。在此背景下，银监会出台文件要求改进小企业金融服务，意在支持小企业扩大融资。

在2010年，银监会就针对小企业融资难问题提出“两个不低于”，即小企业贷款增速不低于全部贷款增速，同时增量不低于上一年。其中行政式干预色彩较重，而2011年中的措施则更多偏向于市场化手段。2011年6月，银监会发布《关于支持商业银行进一步改进小企业金融服务的通知》（以下简称《通知》）。《通知》的内容主要有三点：①优先支持银行发行专项用于小企业贷款的金融债，其发行金融债所对应的单户500万元（含）以下的小企业贷款可不纳入存贷比考核范围；②允许其将单户500万元（含）以下的小企业贷款视为零售贷款处理；③对小企业不良贷款比例实行差异化考核，适当提高小企业不良贷款比率容忍度。

《通知》对银行业的影响主要体现在存贷比考核和资本充足率计算上。在目前银行存贷比压力日益加大的情况下，单户500万元（含）以下的小企业贷款不纳入存贷比考核范围有利于缓解银行日均存贷比压力。在资本充足率计算上，《通知》规定500万元以下的小企业贷款可以按照零售贷款的风险系数计算（一般商业贷款风险权重为100%，零售贷款风险权重为50%），从而对中小企业贷款比重较高且资本充足率较低的银行较为有利。

2011年10月，国务院召开常务会议研究确定支持小型微型企业发展的金融财税政策措施，对监管部门既有的政策进行了确认，并作了进一步的整体规划。同月，银监会发布《中国银监会关于支持商业银行进一步改进小型微型企业金融服务的补充通知》（以下简称《补充通知》）。在原有政策的基础上，进一步加大了对小型微型企业贷款的支持力度，主要内容包括：

（1）要求商业银行努力实现小型微型企业贷款增速不低于全部贷款平均增速，增量高于上年同期水平，并重点加大对单户授信总额500万元（含）以下小型微型企业的信贷支持。

（2）要求各银监局在综合评估银行风险管控水平等的基础上，对小型微型企业客户比例和最近6个月月末平均授信余额比例达到一定标准的商业银行，允许其批量筹建同城支行，两次批量申请时间间隔不得少于6个月。

（3）除需满足金融债发行相关法律法规及审慎性监管要求外，对于小型微型企业贷款达到第一条目标的商业银行，可申请发行专项金融债，同时要求各级监管部门对商业银行募集资金的流向进行动态监测和抽样调查。

（4）根据《商业银行资本管理办法》相关规定，在权重法下适用75%的优惠风险权重，在内部评级法下比照零售贷款适用优惠的资本监管要求。对商业银行发行金融债所对应的单户500万元以下的小型微型企业贷款，在计算存贷比时可不纳入考核范围。允许商业银行将单户授信500万元以下的小型微型企业贷款视同零售贷款计算风险权重，降低资本占用。

此外，《通知》还对商业银行发展小型微型企业贷款业务制定了激励措施，如“对连续两年实现小企业贷款投放增速不低于全部贷款平均增速且风险管控良好的商业银行，在满足审慎监管要求的条件下，积极支持其增设分支机构”以及“对于小企业贷款余额占企业贷款余额达到一定比例的商业银行，支持其在机构规划内筹建多家专营机构网点”，等等。《补充通知》则更加具体，为“对小型微型企业贷款余额和客户数量超过一定比例的银行放宽机构准入限制，允许其批量筹建同城支行和专营机构”，但并未明确支持开设异地分支机构。

此外，《补充通知》进一步明确了商业银行发行小型微型企业专项金融债的条件。除需满足金融债发行相关法律法规及审慎性监管要求外，对于小型微型企业贷款达到第一条目标的商业银行，可申请发行专项金融债，同时要求各级监管部门对商业银行募集资金的流向进行动态监测和抽样调查。

根据《补充通知》，该债项所对应的单户授信总额 500 万元（含）以下的小型微型企业贷款在计算“小型微型企业调整后存贷比”时，可以在分子项中予以扣除。这对深受存贷比限制的中小银行极具吸引力。按照此项规定，发行小型微型企业金融债将缓解股份制银行和中小型金融机构自 2010 年来在存贷比方面受到的限制，释放其贷款能力，在扩大收入来源的同时缓解存款吸收压力，降低存款成本。截至 2011 年末，已有民生银行、兴业银行、深发展、浦发银行、华夏银行、哈尔滨银行、北京银行等多家银行向银监会提交了申请。兴业银行、民生银行已经通过银监会和央行的审批，获准发行小型微型企业金融债。

另外，《补充通知》规范了商业银行小型微型企业贷款收费问题。除银团贷款外，商业银行不得对小型微型企业贷款收取承诺费、资金管理费，严格限制对小型微型企业收取财务顾问费、咨询费等费用。

B.3
分报告 2
中国证券业发展

一 证券业的经营状况

（一）证券公司的经营业绩状况

截至 2011 年 11 月底，中国共有证券公司 109 家，证券营业部 4964 个，营业部数量比上年增加 320 个。证券公司总资产 1.65 万亿元，比上年底减少 16%；净资产 6240 亿元，比上年底增长 10%；净资本 4633 亿元，比上年底增加 7%。

2011 年，受股票市场下跌的影响，证券公司的经营业绩与 2010 年相比明显下滑，从 17 家上市证券公司的业绩预告看，净利润平均下降约 40%。其中，东北证券出现经营亏损，山西证券、太平洋、方正证券和西南证券都处在微利状态（每股收益在 0.15 元以下），如表 1 所示。

表 1　2011 年上市证券公司业绩预告

公司 \ 年份	2011 年业绩预告（百万元）	2010 年净利润（百万元）	同比变化（%）	2011 年每股净利润（元）
中信证券	8001.39	11311.34	-29.3	0.73
广发证券	2063.66	4027.00	-48.8	0.70
海通证券	3163.68	3686.26	-14.2	0.38
招商证券	1992.76	3228.86	-38.3	0.43
光大证券	1496.44	2200.06	-32.0	0.44
长江证券	447.40	1282.99	-65.1	0.19
国元证券	577.56	924.98	-37.6	0.29

续表

公司＼年份	2011 年业绩预告（百万元）	2010 年净利润（百万元）	同比变化（%）	2011 年每股净利润（元）
西南证券	261. 03	805. 28	-67. 6	0. 11
宏源证券	645. 56	1306. 38	-50. 6	0. 44
太 平 洋	156. 68	203. 77	-23. 1	0. 10
东北证券	-151. 89	527. 13	-128. 8	-0. 24
国金证券	228. 33	438. 34	-47. 9	0. 23
兴业证券	416. 23	787. 22	-47. 1	0. 19
山西证券	234. 66	438. 52	-46. 5	0. 10
方正证券	231. 04	1248. 12	-81. 5	0. 04
国海证券	87. 00	457. 00	-80. 9	0. 12
东吴证券	259. 00	576. 00	-55. 0	0. 13

资料来源：中国证监会网站。

（二）证券公司的业务开展情况

2011 年，股票成交金额为 42. 17 万亿元，同比减少 22. 72%；股票日均成交金额 1728. 07 亿元，同比减少 23. 36%；股票交易印花税 422 亿元。第一季度股市相对活跃，成交量为全年最高，达到 13. 56 亿元，其余三个季度的股票交易量分别为 11. 14 亿元、10. 15 亿元和 7. 32 亿元，四个季度日均成交金额分别为 2337 亿元、1826 亿元、1561 亿元、1221 亿元（见表 2）。

在股票交易量逐渐萎缩的背景下，证券经纪业务的竞争更加激烈，佣金水平呈下降趋势，使得证券经纪业务的收入下降幅度比股票交易量的下降幅度更大。

受到二级市场持续下滑的影响，股票一级市场也受到一定程度的影响。2011 年，中国企业境内融资 7942 亿元（现金融资 5073 亿元，定向增发资产认购 2869 亿元），同比减少 1670 亿元。其中，共有 282 家公司首发融资 2825 亿元，较 2010 年减少 2058 亿元。另外，有 11 家境内公司通过境外筹集资金 113. 2 亿美元，同比减少 240. 6 亿美元。

表2　2011年与2010年股市成交金额对比

单位：亿元，%

年份	一季度日均	二季度日均	三季度日均	四季度日均	全年日均	全年成交金额
2010	2005.77	1834.74	1971.82	3196.55	2254.68	545633.54
2011	2337.46	1825.98	1560.95	1220.51	1728.07	421679.73
同比	16.54	-0.48	-20.84	-61.82	-23.36	-22.72

资料来源：中国证监会网站。

发行规模锐减直接导致券商IPO承销业务萎缩。据统计，截至12月22日，2011年已公布的券商IPO发行承销收入合计为127.9亿元，同比减少21.2%。但若以承销收入/承销规模来粗略计算券商承销费率，在发行市场规模萎缩的情况下，IPO承销费用反而大幅提高。以上述方法计算，2010年券商IPO承销费率约为3.42%，而2011年则上升到4.77%。这意味着，以目前已公布的数据计算，2011年券商IPO发行费率提升了1.35个百分点。

平安证券在2011年IPO业务中表现出色。据Wind数据统计，在2011年投行业务收入前20名中，平安证券摘下了承销IPO家数最多、首发募集资金规模最大、首发发行费用收入最丰盛三顶桂冠。据Wind数据显示，从IPO承销来看，位列前三名的，分别是平安证券、国信证券、海通证券，承销的家数分别为37家、32家、14家；从首发募资规模来看，位列前三的，分别是平安证券、中信证券、国信证券，募资规模分别为335亿元、290亿元、286亿元。从首发发行费用收入来看，位列前三的，分别是平安证券、国信证券、中信证券，发行费收入分别为21.7亿元、15.6亿元、12.3亿元。

衡量承销业务的另外一个重要指标是IPO审核通过率，该项指标有不同程度的下降。统计数据显示，截至12月22日，2011年发审委共公布IPO审核结果331次，其中255家公司通过，68家公司未通过，8家公司取消审核。全年整体审核通过率为77.1%，较2010

年的83.1%下降了6个百分点。同时，各家券商在2011年的承销表现也出现了分化。统计数据显示，国信证券是2011年申报项目最多的券商，截至12月22日，该公司共有37个IPO项目上会，其中“温州瑞明”、“千禧之星”等7家被否，“养元智汇”则取消审核，合计过会率只有78.4%。平安证券在2011年有33个IPO项目上会，仅有3家被否，过会率高达90.1%。据了解，平安证券在上半年发生“胜景山河”事件之后，对投行内核进行全面整顿，大幅提高内核质量要求。而从目前的过会率来看，平安投行加强内核的行动确实取得了不错的效果。另外，在IPO项目申报次数超过10次的券商当中，海通证券的过会率为76.5%；招商证券的过会率为75%；广发证券的过会率为84.6%；民生证券的过会率为85.7%；中信证券的过会率为90.9%；华泰联合的过会率则仅有45.5%。

（三）2011年证券公司分类结果

根据《证券公司分类监管规定》，经证券公司自评、证监局初审、中国证监会机构部复核，由自律组织、证监局、证券公司代表等组成的证券公司分类评价专家评审委员会审议确定了2011年证券公司分类结果。

证券公司分类结果不是对证券公司资信状况及等级的评价，而是证券监管部门根据审慎监管的需要，以证券公司风险管理能力为基础，结合公司市场竞争力和合规管理水平，对证券公司进行的综合性评价，主要体现的是证券公司合规经营、财务稳健和风险控制的整体状况。

证券公司分为A（AAA、AA、A）、B（BBB、BB、B）、C（CCC、CC、C）、D、E五大类11个级别。A、B、C三大类中各级别公司均为正常经营公司，其类别、级别的划分仅反映公司在行业内风险管理能力的相对水平。D类、E类公司分别为潜在风险可能超过公司可承受范围及被依法采取风险处置措施的公司。

中国证监会根据证券公司分类结果对不同类别的证券公司在行政许可、监管资源分配、现场检查和非现场检查频率等方面实施区别对待的监管政策。分类结果主要供证券监管部门使用，证券公司不得将分类结果用于广告、宣传、营销等商业目的。

根据评价的结果，没有一家公司被评为AAA级，被评为AA级的证券公司有16家：安信证券、国泰君安、国信证券、海通证券、华泰证券、华西证券、银河证券、招商证券、光大证券、广发证券、平安证券、齐鲁证券、中信建投、中信证券、申银万国、中金公司。

被评为A级的公司有24家：北京高华、国元证券、财达证券、长城证券、长江证券、宏源证券、华安证券、西南证券、华创证券、华融证券、东北证券、兴业证券、东方证券、东海证券、东莞证券、东吴证券、开源证券、浙商证券、方正证券、联讯证券、中投证券、国都证券、中银国际、国联证券。

被评为BBB级的证券公司有10家：渤海证券、财通证券、万联证券、大同证券、湘财证券、东兴证券、广发华福、国金证券、中原证券、山西证券。

被评为BB级的证券公司有16家：首创证券、太平洋、财富证券、和兴证券、恒泰证券、红塔证券、五矿证券、西部证券、第一创业、江海证券、中航证券、民生证券、民族证券、中山证券、南京证券、广州证券。

被评为B级的证券公司有20家：天风证券、天源证券、西藏同信、川财证券、华宝证券、大通证券、厦门证券、德邦证券、华龙证券、新时代、信达证券、华鑫证券、英大证券、金元证券、国海证券、瑞银证券、中邮证券、国开证券、国盛证券、众成证券。

其他26家证券公司被评为CCC级及以下级别。

值得注意的是，2011年106家公司中，有10家证券公司与其母公司合并评价，涉及华泰联合（母公司华泰证券）、恒泰长财（母公

司恒泰证券)、高盛高华（母公司北京高华)、长江保荐（母公司长江证券)、财富里昂（母公司财富证券)、海际大和（母公司上海证券)、瑞信方正（母公司方正证券)、中德证券（母公司山西证券)、中信金通和中信万通（母公司中信证券)。母公司分类结果适用于子公司。2011 年 5 月开业的华英证券按规定不参加 2011 年证券公司分类评价。①

二 基金管理公司和期货公司经营状况

截至 2011 年 12 月 31 日，已发行基金的 66 家基金管理公司旗下共有基金 914 只。基金管理公司管理的基金资产份额总规模为 26464.65 亿份，比上年底增长了 9.17%，管理的基金资产净值总规模为 21879.79 亿元，比上年底减少了 13.20%。2011 年，共有 63 家基金管理公司新设立基金 211 只，首次募集规模为 2771.68 亿元，比上年度减少了 10.59%（见表 3)。

表 3　2011 年基金规模变动情况

	基金只数	基金总份额(亿份)	基金总净值(亿元)	募集规模(亿元)
2011 年	914	26464.65	21879.79	2771.68
2010 年	703	24241.81	25207.13	3065.20

资料来源：中国证券业协会网站。

截至 2011 年 11 月底，共有 32 家基金公司获批 QDII 资格，成立 QDII 基金 51 只，规模 589.47 亿元。QFII 数量 121 家，较上年底增加 15 家；获批准外汇额度 211.40 亿美元，较上年底增长 7.2%；QFII 资产净值 2619.06 亿元，较上年底减少 21.9%；QFII 持股市值

① 中国证监会网站。

1850.03 亿元，较上年底减少 11.9%。

截至 2011 年 11 月底，期货公司 163 家，与上年底持平。期货营业部 1156 个，较上年底增加 134 个。期货公司总资产（不含客户资产）391.70 亿元和净资产 351.03 亿元和净资本 321.62 亿元，分别比上年底增加 87.63 亿元、80.91 亿元和 70.36 亿元。净资本与客户权益总额的比率为 19.31%，比上年底上升了 3.78 个百分点。期货公司客户权益总额 1666 亿元，较上年底增加 78 亿元。2011 年前 11 个月期货公司净利润 15.37 亿元，同比下降 37.32%。

三　中国证券业深化改革的学术争论

2011 年在证券市场发展的过程中，深化改革以促进体制机制转变成为令市场各方关注的一个焦点问题，由此，展开了一系列研究探讨。主要争论表现在：

第一，新股发行体制改革。新股发行体制改革是一个老问题，20 年来新股发行制度进行了数次改革，但发行定价扭曲的问题一直没有解决，随着创业板市场的创立，新股发行过程中的“三高”问题越来越受到关注，新股发行体制的改革再次成为市场内外讨论的焦点问题。主要观点有：①引入存量发行制度。②对询价过程和时间逐步放宽。目前机构对 IPO 参与不积极的原因之一是询价过程过短，无法深入研究判断，无法给出合理的报价。建议将询价的时间和过程放宽，使市场有充分的时间进行沟通和博弈，形成合理的价格。③推行储架发行制度。④探索配售权试点。建议给予主承销商一定比例的自主配售权，形成市场化的内在约束机制。取消对新股询价机构配售股份 3 个月禁售期的规定等。

第二，保荐制度改革。自从保荐人制度引入中国之后，对该制度的争论就没有停止过，鉴于保荐人制度的缺陷，市场各方提出了很多改革建议。有券商建言弱化保荐代表人的地位和责任，强化保荐机构的权责利；有的建议对保荐机构实施适度的分类管理，加大对保荐机构和保荐人的处罚力度，提高违规成本；针对保荐代表人考试难度和通过率波动大的问题，有人建议考试应该更多地注重对实践经验的考察，要保持一定的通过率，以免出现保荐代表人身价高涨的现象。

第三，券商的业务转型。证券行业自身的转型及生存发展也是讨论的一大主题。多数券商都看到了行业发展面临的桎梏。行业竞争加剧，佣金费率持续下降，经纪业务必须由单一通道服务模式向全方位的财富管理转型。经过多年发展，券商资产管理业务在理财市场上的劣势地位依然明显，存在总量较小、产品投资范围较窄、赢利模式过度依赖证券买卖差价、不能及时适应市场变化推出满足客户需求的产品等问题。对于这些问题，券商提出多条建议。例如，在合规的前提下非现场受理柜台业务，允许证券公司销售更多种类金融产品，加强佣金价格监管与行业自律。就下一步的制度建设而言，业内希望监管层能加强营业部分类管理，尽快组织一批新型营业部试点，并赋予证券公司分公司业务经营职能。资产管理业务存在投资品种及范围大扩围的需求。券商认为，目前集合资产管理业务的投资范围仅限于股票、债券等证券类品种，产品严重同质化，建议将未上市公司股权、PE 基金、信托及银行理财产品、各类收益权乃至房地产、矿产、艺术品等都纳入投资范围，使券商资管业务由传统的证券资产管理模式向全方位的资产管理模式发展。此外，可以推出保本、分级等创新型产品，推动集合资产管理计划份额上市交易，扩大集合理财投资者范围并降低准入门槛。

第四，证券公司放宽净资本监管标准的讨论。有证券公司建议调整净资本计算规则，合理确定扣减比例，允许证券公司适当提高财务杠杆率，减少对公司业务尤其是创新业务的过度限制。

附：

2011年中国证券业大事记

1. 2011年1月，证监会下发《关于调整证券机构行政许可的工作方案》征求意见，拟取消券商变更组织形式、增资扩股部分事项及设立集合计划三项行政许可，改为备案管理，申请经纪、资管、自营、承销牌照等业务则授权派出机构审核，但券商设立关闭、创新业务等审核事项仍由证监会负责。

2. 全国证券期货监管工作会议1月17日在北京召开。中国证监会主席尚福林对2011年证券期货监管重点工作作出了具体部署。

3. 中国证监会主席尚福林在香港出席2011年亚洲金融论坛并表示，中国证监会支持香港巩固和提升国际金融中心地位，正在修订境外上市的有关规则，为中小企业包括民营企业到中国香港上市提供便利。中国证监会将推出在港募集人民币资金进行境内证券投资业务试点；将通过修订完善相关法规支持境内企业到香港发行人民币债券，支持H股公司先行先试在港发行人民币债券。

4. 中国证监会发布《合格境外机构投资者参与股指期货交易指引（征求意见稿）》，向社会公开征求意见。指引明确QFII参与期指只能从事套保交易，每个QFII可分别委托三家境内期货公司进行期指交易。

5. 2月，中国证监会发布《期货公司期货投资咨询业务试行办法（征求意见稿）》，公开向社会征求意见。对期货咨询门槛进行了设定，规定期货公司从事期货咨询，注册资本不低于1亿元、净资本不低于8000万元。

6. 国家发展和改革委员会公布试点地区股权投资企业发展和备案六大要点，其中包括股权投资企业的资本只能以私募方式向具有风险识别和承受能力的特定对象募集；资本募集人须向投资者充分揭示投资风险，不得承诺固定回报；股权投资企业的投资领域限于非公开交易的企业股权。

7. 深圳证券交易所发布《2010 年度自律监管工作报告》。报告称，深圳证券交易所将坚定不移推进多层次资本市场机制制度创新，在发展实践中通过创新思维和措施解决发展中遇到的诸多问题，对此要加大创业板基础性制度建设，推动尽快推出创业板直接退市实施办法，探索健全退市责任追究机制。

8. 中国证监会发布《关于授权派出机构审核部分证券机构行政许可事项的决定》，将包括券商六类常规业务资格审批等在内的五大项行政许可事项授权派出机构审核，即日起实施。

9. 3 月，财政部发布通知，就豁免国有创业投资机构和国有创业投资引导基金国有股转持义务有关审核问题进行明确。

10. 深圳证券交易所所发布《创业板上市公司公开谴责标准（征求意见稿)》，以强化对创业板上市公司的监管。意见稿规定，违规行为涉及金额达到资产总额的 30% 可触发公开谴责；涉及损益金额超过 2000 万元即触发公开谴责，均较中小板和主板严格。

11. 中国证券业协会发布《证券公司压力测试指引（试行)》，并自公布起实施。指引明确了证券公司应当建立压力测试机制，确保在压力情景下风险可测、可控、可承受，保障可持续经营。

12. 上海证券交易所、深圳证券交易所分别发布通知，对上市商业银行租用会员交易单元参与债券交易有关事项进行明确。通知要求，上市商业银行参与深沪交易所债券市场，应当通过向深沪交易所会员租用的专用交易单元进行交易。

13. 4 月，中国证监会有关部门负责人表示，《期货公司期货投资咨询业务试行办法》将自 2011 年 5 月 1 日起施行。

15. 中国证监会宣布，批准大连商品交易所挂牌焦炭期货合约。

16. 中国证监会有关部门负责人宣布，证监会决定撤销“胜景山河”首次公开发行股票的核准决定，要求“胜景山河”按照发行价并加算银行同期存款利息返还证券持有人。这是继立立电子、苏州恒久之后，证监会第三次撤销已过会公司的首次公开发行股票的核准决定。

17. 国内首只债券指数基金——南方中证50债券指数基金首发，募集上限30亿元。

18. 中国证监会公布《期货公司分类监管规定》，自公布之日起实施。2009年8月17日公布的《期货公司分类监管试行规定》同时废止。此次修订的主要目的是，引导期货公司持续强化合规经营，进一步深化中介职能定位。

19. 全国基金行业联席会议召开，中国证监会相关负责人在会上强调，将进一步落实“加强监管、放松管制”的监管思路，任何机构和个人都不能触犯“老鼠仓”、非公平交易和各种形式的利益输送三条底线。

20. 5月，中国第一起基金从业人员利用未公开信息违规交易被追究刑事责任的案件已经审定。深圳市福田区人民法院作出公开判决，38岁的基金经理韩刚被判有期徒刑一年，没收其违法所得并处罚金31万元。

21. 6月，国务院日前下发通知，批转发改委《关于2011年深化经济体制改革重点工作的意见》。国务院通知表示，证监会、人民银行、银监会等要推进场外交易市场建设，研究建立国际板市场，进一步完善多层次资本市场体系。

22. 7月，中国证监会宣布，在证券公司直投业务由试点转为常规后，直投子公司将可以设立直投基金，集中机构投资者的资金进行直接投资。

23. 中国证监会宣布出台《基金行业人员离任审计及审查报告内容准则》，并将于2011年10月1日起正式实施。

24. 8月，备受关注的“汪建中荐股案”在北京市第二中级人民法院一审宣判，原北京首放投资顾问有限公司法定代表人汪建中被法院一审以操纵证券市场罪判处有期徒刑7年，罚金1.25亿余元，是迄今为止中国证券市场对个人开出的最大罚单。

25. 中国证监会正式发布《证券投资基金管理公司公平交易制度指导意见（修订稿）》，证券投资基金将从2012年一季度季报开始，披露投资组合大额同日反向交易和同向交易价差分析及基金公司整体公平交易制度执行情况。

26. 9月，中国证监会日前下发《证券投资咨询机构监管规定的基本思路（征求意见稿）》，提出要提高行业准入门槛，业务与资本金挂钩；咨询机构今后有望驻扎券商营业部，并参与券商资产管理产品的设计、担任投资顾问等。

27. 国投瑞银基金公司旗下首单主投亚太地区REITs的专户产品完成证监会合同备案，成为国内基金业首个REITs专户产品。

28. 10月，修订后的《基金管理公司特定客户资产管理业务试点办法》正式实施。

29. 上海证券交易所、深圳证券交易所、中登公司日前发布通知指出，上海证券交易所、深圳证券交易所将停止受理保险机构直接持有交易单元（即保险公司自有证券席位）的申请，鼓励保险机构作为两所会员的特殊机构客户参与市场交易，要求保险机构对目前已直接持有的存量交易单元加强清理并逐步退出，原则上应于2014年底前逐步退出，向两所出具书面承诺函。

30. 中国证监会公布《期货营业部管理规定（试行）》，自2012年5月1日起施行。规定对期货公司营业部的经营条件、内控、合规管理、监管等做了详细的规定。

31. 中国证券业协会向行业发布《关于落实〈证券公司直接投资业务监管指引〉有关要求的通知》，提出严格执行业务隔离、承诺主

动延长股份锁定期、增加信披内容、加强执业检查四方面自律要求。

32. 国务院办公厅发布《关于清理整顿各类交易场所切实防范金融风险的决定》，要求从事保险、信贷、黄金等金融产品交易的交易场所，必须经国务院相关金融管理部门批准设立。决定从建立工作机制、严格管理程序、稳妥推进清理整顿工作等三个方面，要求各地政府和国务院有关部门切实做好清理整顿各类交易场所和规范市场秩序的各项工作。

33. 刑事诉讼法修正案草案提请全国人大常委会审议。刑事诉讼法修正案草案将债券、股票、基金份额等，列入人民检察院、公安机关根据侦查犯罪的需要，可查询、冻结的财产范围。

34. 中国人民银行、公安部、国家工商总局和银监会、中国证监会发布《关于加强黄金交易所或从事黄金交易平台管理的通知》，对设立黄金交易所或在其他交易场所内设立黄金交易平台等相关活动进行了规范。

B.4

分报告3

中国保险业发展

2011 年是“十二五”规划的第一年，是中国加入 WTO 的第十年，也是中国保险市场面临困难和挑战较多的一年。“入世”十年，中国保险业取得了快速的发展，保险市场体系不断完善、行业竞争力不断增强、国际话语权得到提升。但保险业的发展仍存在很多问题，行业发展方式粗放、产品缺乏创新、产品结构不合理、高素质人才队伍匮乏以及盲目追求业绩带来的诚信问题等，都在一定程度上制约着保险业的持续健康发展。2012 年是“十二五”计划中较为关键的一年，国内经济形势有望转好，经济总量将持续增长，和谐社会建设将稳步推进，对于保险业而言，将是可以大有作为的重要战略机遇期。

一　2011 年中国保险业的发展状况和特点

（一）保险业务增速放缓

2011 年保险业基本保持了稳定健康的发展势头，全国共实现保费收入 1.43 万亿元，同比增长 10.4%。[①] 其中，财产险保费收入

① 2011 年的保费收入首次按照新的会计准则统计，无同期数据，为了便于比较，文中在计算各保费增速、保险深度、保险密度、规模保费等时均将保费收入还原到旧口径下。

4617.9 亿元，同比增长 18.5%，人身险保费收入 9721.4 亿元，同比增长 6.8%。但相比于往年，不管是总体保费收入还是产险保费收入、人身险保费收入增速均出现了下滑。人身险保费收入增速下滑的原因主要是银保新规的作用显现，银保渠道的保费收入下降。同时，负利率环境下大量理财产品和信托产品的发行降低了寿险产品的吸引力。而财产险保费收入下滑则主要是受汽车销售下滑的拖累，车险占了整个财产保险保费收入的 70% 以上，相比 2010 年的高速增长，2011 年汽车销量明显缩水，致使车险业务增速明显放缓。2006～2011 年全国保费收入增速变动情况见图 1。

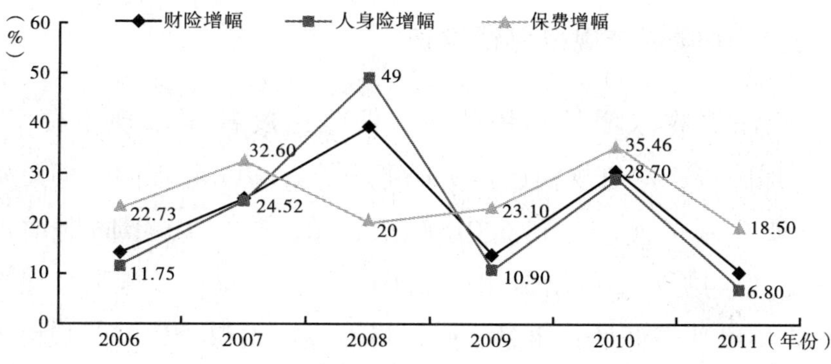

图 1　2006～2011 年全国保费收入增速变动情况

（二）保险密度和保险深度出现波动

受保费收入增速放缓因素的影响，2011 年全国的保险深度和保险密度都出现了不同程度的波动。2011 年全国保险密度为 1197.2 元，较 2010 年增长 114 元，与 2010 年的 30.34% 的增幅相比，2011 年保险密度的增幅仅为 10.5%；保险深度也较 2010 年的 3.65% 下降了 0.25 个百分点，下降至 3.4%，是近年来的首次下降。近年来全国保险深度与保险密度变动情况见图 2。

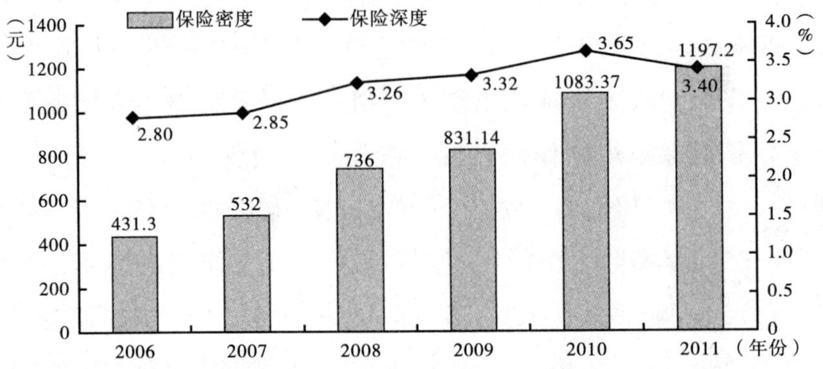

图2　2006～2011年全国保险深度与保险密度变动情况

（三）保险资产规模保持增长

尽管保费收入增长趋势放缓，保险深度甚至出现小幅下降，2011年保险资产的总规模还是实现了增长。2011年保险公司总资产首次突破6万亿元，达到6.0138万亿元，较2010年同期增加了19.1%。但与近6年的增速相比，2011年保险资产总规模的增速是除2008年以外最低的，也是金融危机爆发以来保险资产总规模增速的首次下滑（见图3）。

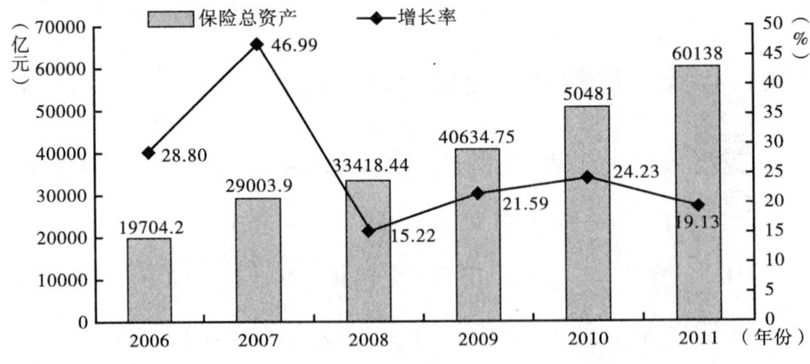

图3　2006～2011年保险总资产及增长率

（四）保险资金运用总体安全，配置趋于稳健

2011年，保险资金运用总体稳健。截至2011年12月，保险公司资产规模超过6万亿元，较年初增长19.1%，可运用资金余额也大幅增加。保险机构适应外部形势的变化，适度调减基金投资，增加银行存款和长期股权投资，资产配置趋于稳健。从保险资金运用情况来看，截至2011年底，银行存款余额1.7737亿元，占比为29.49%，较2010年的1.39亿元增加3837亿元，增幅较大；而保险资金用于国债、基金和股票等方面的投资为3.7737万亿元，较2010年的3.21万亿元增加了5636亿元。

（五）保险资金投资收益率有所下降

最近10年，面对国际金融危机，各保险机构根据形势变化，实时调整投资策略，优化资产配置，化解投资运作风险，保险资产管理取得成效，保险业年均投资收益率超过5%。2011年保险业投资总额达3.77万亿元，同比增长17.4%，但资本市场持续低迷，股市下跌，债券收益率曲线上升，对保险公司投资收益造成显著的影响。公开数据显示，一季度末，险资运用收益为515亿元，平均收益率为1.07%；二季度末，险资实现投资收益1031.1亿元，平均收益率为2.1%；到三季度末，保险公司实现资金运用收益1353.8亿元，平均收益率为2.7%①；2011年保险投资年化收益率仅为3.6%，保险资金投资收益率下降，且低于近几年的平均水平（见图4）。

（六）保险市场格局总体稳定，市场集中度变化不大

2011年，保险市场格局总体来说变化不大。产险公司共实现保

① http：//www.insurance.hexun.com/2012/qbh2012/.

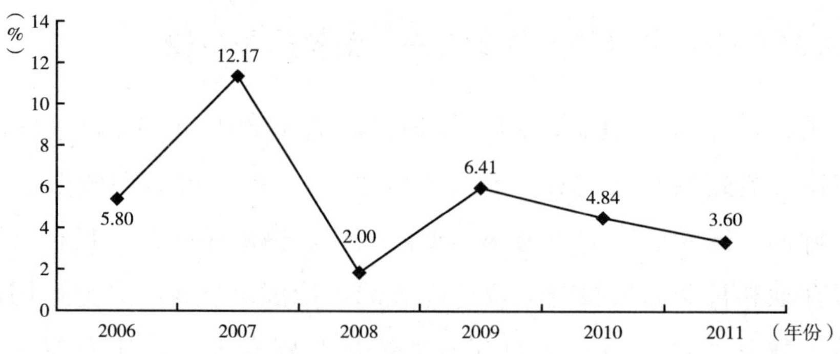

图4　2006～2011年保险资产收益率情况

费收入4779.06亿元。在各财产保险公司中，人保股份、太保产险、平安产险保费收入合计占产险公司保费收入的比例为66.60%，较上年同期增加0.15个百分点。寿险公司共实现保费收入9560亿元，在各寿险公司中，国寿股份、平安寿险、新华寿保费收入合计占寿险公司保费收入的比例为55.62%，较上年同期减少0.16个百分点。

2011年，中资保险公司共实现保费收入13900.59亿元，市场份额为96.94%，外资保险公司共实现保费收入438.47亿元，市场份额为3.06%，比上年同期减少1.31个百分点。在财产险公司保费收入中，中资财产险公司保费收入为4726.95亿元，市场份额为98.91%，外资财产险公司保费收入为52.11亿元，市场份额为1.09%，较上年同期增加0.03个百分点；在人寿保险公司保费收入中，中资寿险公司保费收入为9173.65亿元，市场份额为95.96%，外资寿险公司保费收入为386.36亿元，市场份额为4.04%，较上年同期减少1.59个百分点。

（七）保险业务结构出现变化

2011年，保险业务结构出现了一些积极变化。从产品看，财产险业务中，在车险业务增速明显放缓的情况下，非车险继续保持均衡

较快发展态势，增速逐渐超过车险业务，占财产险业务比重得到提高；人身险业务中，受结构调整政策导向和新会计准则统计口径变化的影响，万能险和投连险业务份额不断萎缩，出现了分红险“一险独大”的格局。

从渠道看，一方面，银保渠道受“银保新规”的影响，业务增速放缓；2011 年，受各种内外部因素的交织叠加影响，银保业务增速明显放缓，较前几年高速增长有较大幅度的回落。据统计，2010 年寿险销售，银行、邮政渠道的保费收入为 4399.78 亿元，占行业整体 9679.51 亿元保费收入的 45.45%。而 2011 年前 11 个月，该渠道销售的寿险保费同比负增长 9.87%。[①] 三大保险企业的数据更能说明 2011 年银保的颓势。2011 年上半年，平安人寿的银保业务规模为 134.59 亿元，同期下降 17.3%；太保寿险银保渠道业务收入 280.06 亿元，同期下降 1.3%；中国人寿实现银保保费 944.21 亿元，同期增长 3.5%，但同期增速下降。[②]

另一方面，电话销售、网络销售、相互代理等新型渠道发展较快，在形成一定保费规模的同时，业务质量稳步提升。

（八）保费增长地域差异明显，规模保费与标准保费增速出现分化

保费增长地域差异明显，中西部地区保险业务发展明显加快。2011 年 1 ~ 12 月，中部八省市实现保险保费收入 3375.5 亿元，占全国比重为 23.5%，同比上升 0.3 个百分点；西部十二省市实现保险保费收入 2685 亿元，占全国比重为 18.7%，同比上升 0.7 个百分点。

规模保费与标准保费增速出现分化。2011 年，全国各地区各人

① 中国金融网，http：//www.zgjrw.com/News/2012110/Insurance/770857472402.shtml。

② 向日葵保险网，http：//www.zixun.xiangrikui.com/hangyedongtai/20120119/182159_1.html。

身险公司实现规模保费收入 11039.72 亿元，同比增长 5.13%。标准保费收入为 2064.4 亿元，同比减少 0.48%。从规模保费来看，全国 31 个地区规模保费收入同比增加，5 个地区规模保费收入同比下降；39 个公司规模保费收入同比增加，15 个公司规模保费收入同比下降。从标准保费来看，全国 18 个地区标准保费收入同比增加，18 个地区标准保费收入同比下降；31 个公司标准保费收入同比增加，23 个公司标准保费收入同比下降。在 18 个标准保费收入同比增加的地区中，只有云南省标准保费收入增长快于规模保费，在 31 个标准保费收入同比增加的人身险公司中，有 21 家公司标准保费收入增长快于规模保费。可见，各人身险公司的结构调整初见成效，而各地区寿险结构调整成效并不明显。

（九）保险监管水平进一步提升

保险监管水平提升主要体现在两个方面。一是监管制度不断完善。例如，针对车险经营中的弄虚作假问题，建成了全国（西藏除外）车险联合信息平台；针对银行保险和销售误导问题，联合银监会下发《商业银行代理保险业务监管指引》（保监发〔2011〕10 号），规范银保渠道的保险业务行为；针对车险的产品服务问题，研究制定车险条款和费率管理办法，从产品设计、流程控制、理赔服务等方面提出规范性要求，指导部分地区商业车险定价机制改革试点；针对理赔难问题，加大对保险理赔的监管力度，加强对理赔服务质量的监测曝光。

二是监管力度加强，打击查处了一批违法违规的保险公司。财产险方面，重点检查公司业务、财务数据不真实，尤其是虚列费用、虚假理赔、虚假计提准备金等违法违规问题；人身险方面，重点检查销售误导、银保账外暗中支付手续费、团险业务违规和资金管控等问题；中介方面，重点检查保险公司利用中介渠道从事违法违规行为；

资金运用方面，组织银行存款专项检查和保险资金运用新规执行情况检查。

二　2011年中国保险业重要实践与政策评述

（一）《中国保险业发展“十二五”规划纲要》出台

2011年8月3日，中国保监会正式出台《中国保险业发展“十二五”规划纲要》（以下简称《纲要》），作为中国保险业2011～2015年的战略性和指导性规划，《纲要》明确提出，到2015年，全国保险保费收入争取达到3万亿元，保险深度达到5%，保险密度达到2100元/人，保险业总资产争取达到10万亿元。

“十二五”时期是中国全面建设小康社会的关键时期，同时也是深化改革开放、加快转变经济发展方式的攻坚时期。抓住这个时期难得的战略机遇，全面提升保险业科学发展水平、深入推进行业发展方式转变，对于保险业自身的发展壮大和更好地服务经济社会全局，具有十分重要的意义。鉴于中国经济社会将继续保持蓬勃健康的发展势头，经济总量的增长会带动现有保险产品和服务的市场容量扩大，保险覆盖面的拓宽和渗透度的提高，会进一步拓展保险市场的深度和广度，社会对保险的需求将更加旺盛。同时，也要深刻认识到，外部经济环境更加复杂，金融市场竞争更加激烈，传统发展模式的问题更加突出，风险防范任务更加繁重，保险业面临一些新的挑战。

（二）推进车险费率改革

2011年9月23日，中国保监会发布《关于加强机动车辆商业保险条款费率管理的通知（征求意见稿）》，预示着新一轮车险费率市场化改革开始启动。此次改革的一个重要特点是差异化：在管理模式方面，条款费率管理分为由行业协会制定的“示范条款”和“参考纯损失率”；同时，从鼓励创新的角度出发，允许符合条件的保险公司独立开发条款费率，以打破单一模式，满足多样化的市场需要。

从车险改革试点城市深圳2011年的情况来看，3月1日，深圳在全国率先实施《深圳机动车商业保险费率浮动方案》。该方案使大部分车主从车险费率浮动中受益。10月15日，深圳保险行业启用车险费率浮动方案交通违法记录系数（D），通过车险保费的经济约束和激励，对于减少交通违章行为、保障道路安全畅通将起到积极作用。

车险费率逐步市场化，对保险公司经营成本控制、后方运营、精算管理等提出更高的要求，有利于整个行业的健康发展。对于消费者来说，市场化的推行，将使消费者拥有更多选择权。但由于车险费率涉及的层面较多，数据和操作都十分复杂，所以具体的实施时间目前仍没有定论。

（三）“银保新规”出台

继2010年11月银监会发布《关于进一步加强商业银行代理保险业务合规销售与风险管理的通知》后，2011年3月，保监会、银监会联合发布了《商业银行代理保险业务监管指引》（以下简称《指引》），围绕保护消费者权益的目标，按照银保业务经营管理流程，提出了一系列规范银保市场的措施，这也是迄今为止监管机构对银保市场制定的较为全面的规范性文件。《指引》规定，保险公司和银行应该责任划分，防止相互推诿。银行将对保险误导销售、错误销售负责，保险公司银保专管员不再派驻在银行网点。要求银保双方建立应急机制，实行首问负责制，在发生客户投诉、退保等事件的第一时间积极处理，不得相互推诿，拖延解决问题的时间，影响消费者利益。

从外部环境看，货币政策紧缩，银行资金面趋紧，削弱了银行销

售银保产品的积极性；资本市场持续低迷，投资收益不佳，削弱了银保产品在诸多金融产品中的竞争力。从内部环境看，监管部门不断加大规范市场秩序的力度，产生了很强的挤压效应，使得原来通过销售环节违规、利用消费者的非真实需求，以及业务人员自保等销售方式产生的“虚假业务”被挤出。银保业务出现较大幅度回落，虽然短期内加大了寿险业的增长压力，但却是其回归“本原”的必要过程，也给行业提供了一个总结经验教训、加快增长方式和业务结构调整的难得机遇。

（四）中国保监会严查保险中介市场

2011 年，保险中介行业迎来了一波前所未有的整顿潮。中国保监会通过深入开展保险公司中介业务检查工作，依法严肃处理了一批违法违规机构和责任人员，向整个行业发出警示。2011 年 11 月 29 日，中国保监会发出《关于 2011 年保险公司中介业务违法违规行为查处情况的通报》，披露了 2011 年保险公司中介业务检查及处罚情况。36 个保监局共派出 43 个检查组、投入人力 317 人次，检查保险基层机构 103 个，涵盖 33 家省级分支机构和 20 家保险法人，延伸检查保险中介机构 120 家，共查实违法违规套取资金 8065.8 万元，涉及保费 8.55 亿元；依法处理保险公司各级各类管理人员 87 名、保险机构 55 家、保险中介机构 54 家。[①] 12 月，中国保监会第二次就保险基层公司中介业务违法违规问题向保险总公司发出监管函。[②]

近几年来，保险中介行业不断扩容，业务不断膨胀，以致鱼龙混杂、乱象丛生。有些违法违规行为，严重扰乱了市场秩序，扭曲了行业形象，损害了被保险人利益。此次中国保监会对中介市场的监管力

① 中国保监会网站，http：//www.circ.gov.cn/web/site0/tab456/i185111.htm。

② 中国保监会网站，http：//www.circ.gov.cn/tabid/106/InfoID/186960/frtid/3871/Default.aspx。

度之大，涉及范围之广前所未有。随着整顿清理的深入，整个保险中介市场将处于一波阵痛期，资源整合、产业升级亟待解决，优胜劣汰的市场竞争法则势必显现。从国际经验来看，未来的保险中介机构可能有两个发展方向：一是资本金充足、技术经验丰富、专业人才充足的保险中介，走集团化路线；二是以某个业务或领域作为切入点，精耕细作、做深做透，走专业化路线。

（五）中国保监会新设保险消费者权益保护局，更加重视消费者保护

2011年10月，保监会在“三会”[①]中率先成立保险消费者权益保护局，消费者权益保护被提上保险监管的重要议事日程。保险消费者权益保护局将从保护消费者利益的角度，协调监管政策，研究探索消费者权益保护的制度、机制和措施，督促保险公司提高维护保险消费者合法权益的自觉性，引导保险公司主动接受社会监督。

保险消费者是保险业赖以生存和发展的根基，保护保险消费者利益，是保险监管的天职，也是衡量监管工作成效的重要标准。相对于保险公司，消费者处在弱势的位置，更需要监管机构的保护。只有保护好弱势群体的利益，社会才能够实现和谐发展。保险消费者权益保护局将从消费者投诉管理办法等规章制度的建立上入手，把保护消费者利益工作放在更加突出的位置，其职能包括研究保护保险消费者权益的机制、受理投诉咨询、调查处理消费者投诉、消费者教育和风险提示等。

（六）“银行系”保险渐成规模

2011年2月11日，中国农业银行宣布投资25.92亿元认购嘉禾人寿新发行的10.36亿股，持有嘉禾人寿51%的股份，成为嘉禾人

---

① 即中国银行监督管理委员会、中国证券监督管理委员会和中国保险监督管理委员会。

寿控股股东。6月，中国保监会同意中国建设银行以51%的比例控股太平洋安泰人寿，7月6日正式更名为建信人寿。此前，交通银行、中国银行、北京银行纷纷控股了保险公司，工商银行、招商银行在收购保险公司股权之后也在等待官方批复。

自建设银行正式入股以来，建信人寿6月单月保费环比增速达107%；在北京银行参股之后，2011年上半年，中荷人寿保费同比增长20.7%，其银保渠道占比不断提升。预计在未来3~5年内，银行系保险公司的保费规模，也将随省级分公司数量的增加而发展，进而提高市场份额，这无疑会对长期依赖银保渠道而没有独立业务渠道的中小型保险公司造成很大的压力。

（七）中再集团正式加入劳合社

2011年12月12日，中国再保险（集团）股份有限公司（简称中再集团）正式发布消息称，已经通过其在英国设立的中再英国有限责任公司，获得了英国劳合社成员公司资格，并由中再英国有限责任公司在劳合社设立了中再辛迪加。按照劳合社的组织架构要求，中再英国有限责任公司聘请凯林集团（Catlin）旗下的Catlin Underwriting Agencies Limited公司为中再辛迪加2088的管理代理公司。双方目前已签署了管理代理协议。2012年，中再辛迪加2088业务承保规模计划为5000万英镑。

作为中国唯一的国有再保险公司，中再集团把国际化作为重要的战略取向。成立中再辛迪加2088，是中再集团进入劳合社、认识劳合社、学习劳合社技术特别是风险管理技术的必要渠道，也是利用劳合社遍布全球的业务网络优化中再集团业务结构、分散风险的有效举措，并且为中再集团培养国际化人才、积累“走出去”的经营和管理经验提供了一个便利条件，是中再集团实施国际化战略进程中具有里程碑意义的一步。

（八）保险公司轮番发债融资

2011年资本市场不景气，不少保险公司资本金告急，纷纷发行次级债，试图改变偿付能力充足率逼近监管红线的尴尬局面。12月12日，太保人寿募集规模不超过80亿元次级债获得中国保监会通过，而平安人寿和中国人寿分别获批发行40亿元和300亿元次级债，新华人寿在IPO上市之前，也获准发行不超过50亿元的10年期次级定期债。据中国保监会的统计显示，2011年保险公司发行次级债的规模已超过500亿元。

2011年12月20日，中国平安发布融资方案，拟向A股市场发行260亿元可转债，以提高偿付能力充足率并增强资本实力，满足公司保险、银行、投资三大核心业务快速增长的资金及资本需求。这是保险公司首个可转债发行计划。业内人士称，对于有融资需求的上市保险公司来说，未来或可效仿平安发行可转债，而大多数公司仍需要发行次级债来补血。

（九）变额年金试点

2011年5月10日，中国保监会正式发布《变额年金保险管理暂行办法》和《关于开展变额年金保险试点的通知》，计划采取区域限制的方式，在北京、上海、广州、深圳、厦门五市启动变额年金试点。6月、7月、9月，金盛人寿、中美联泰大都会和华泰人寿变额年金保险产品分别获批。这意味着在国外市场已经相当成熟的投资型险种——变额年金保险，经过近一年的论证和研讨，终于正式亮相中国保险市场。

一直以来，保险产品同质化现象严重，尤其是养老金市场，产品相对单一，多为等额年金型产品，或者比例递增年金。而变额年金保险的推出，至少在回报上为消费者提供了另一种可能：有可能获得高

收益，同时又拥有保底收益，比投连险更加安全。因此，变额年金保险的引入，填补了国内市场空白，将有效提升保险产品的竞争力。

（十）新华保险A+H股上市

2011年12月15日、16日，新华保险相继在香港联交所和上海证券交易所成功挂牌上市，成为国内首家以A+H方式同步上市的保险公司，也是成功登陆国内资本市场的保险“第四股”。

新华保险2010年起着手新一轮的战略转型，根据国内外寿险业发展形势和中国城镇化、老龄化的历史机遇，制定了“以客户为中心”的经营战略，并将养老、健康产业列为未来重点拓展的目标。经过15年的发展，新华保险的保费规模已经冲刺至市场前四位，近4年来以36.9%的保费复合增长率领先于同业。截至2011年9月末，其市场份额为9.7%，居寿险市场第四位。成功上市之后，新华保险资本金的进一步充实将为其战略转型落地提供充分保证，并为未来业务拓展和优化提供有力支持。随着偿付能力充足率的提升，新华投资范围将会放宽，可以参与担保信用债、PE和不动产等投资，投资收益率或有明显提升。同时，其设立分支机构的限制将被取消，重新进入网点扩张期，个险渠道保费有望迎来快速增长。

三　“入世”十年：中国保险业对外开放情况

开放是当代中国的主旋律，是中国经济社会发展的强大动力。2001年12月11日，中国加入世界贸易组织，作为最早开放的金融行业，中国保险业在引进外资的基础上，不断学习发展。十年间，中国保险业快速增长，在服务和谐社会建设、服务经济发展，积极推进重点业务领域方面发挥了重要作用，中国保险业发展已经跃上新的历史起点，已经成为全球最具活力的新兴市场。

（一）保险业“入世”开放进程

“入世”十年来，中国保险业的开放进程可分为两个阶段。

第一个阶段：2001 年底至 2004 年底。这三年是中国保险业加入世贸组织后的过渡期。中国正式加入世贸组织，标志着中国保险业对外开放进入一个新的阶段。在中国加入世贸组织谈判的过程中，保险业对外开放是一个焦点问题。根据中国加入世贸组织的对外承诺，保险业是对外开放力度较大的行业之一。加入世贸组织以来，中国保险业认真履行对外承诺，对外开放不断扩大。适应加入世贸组织的新形势，国务院于 2001 年 12 月颁布了《外资保险公司管理条例》，为进一步扩大保险业对外开放、加强对外资保险公司的管理提供了法律依据。

第二阶段：2005 年至今，保险业全面对外开放阶段。三年过渡期后，2004 年 12 月 11 日，中国保险业率先实现全面对外开放，对外开放率先进入新阶段，中国保险业在更大范围、更广领域和更深层次积极参与国际市场。中国保险市场中外资保险公司共同发展、互利共赢的开放格局已初步形成。

（二）“入世”十年保险业发展成就

“入世”十年，保险业始终坚定不移地实行对外开放的基本国策，认真履行“入世”承诺，积极把握对外开放主动权，逐步推动行业形成全方位、多层次、宽领域的开放格局，在完善市场体系、推进保险业改革、引进先进技术经验、提升行业竞争力、加强国际交流等方面取得了显著成效。①

1. 保险业务快速发展，市场体系不断完善

“入世”十年以来，中国保险业不断开放、不断学习，取得了长

① 中国保险监督管理委员会网站：《保险业入世十年：全面开放，互利共赢》。

足的发展。2011 年全国实现保费收入 1.43 万亿元，十年间保险业务的平均增长速度超过 20%，远高于同期国内生产总值的增长水平（见图 5），是国民经济中发展最快的行业之一。除保费收入持续增长外，保险业总资产也呈快速上升的趋势，至 2011 年底，保险公司总资产达到 6.014 万亿元，保险业的地位不断提升。

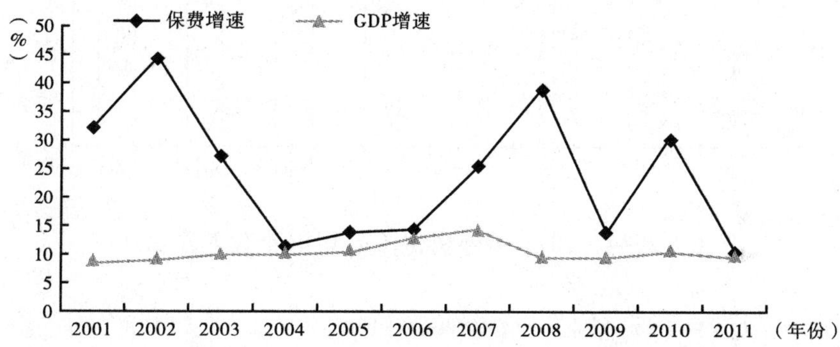

图 5　2001～2011 年保费收入与 GDP 增速对比情况

“入世”十年，保险业的市场主体不断增加，市场体系不断完善，截至 2011 年末，全国共有保险公司 126 家，已经形成了多种组织形式保险机构公平竞争、共同发展的格局。

2. 外资保险公司数量大幅增长，推动国内保险产业的快速发展

随着中国保险市场的逐步开放，外资保险公司在中国保险市场中的地位越来越重要。一是外资保险公司的市场份额不断上升（见图 6），2010 年，外资保险公司保费收入达 634.3 亿元，市场份额为 4.37%，而在北京、上海、深圳、广东等外资保险公司相对集中的区域保险市场上，市场份额分别达到 16.31%、17.94%、7.88%、8.23%；二是外资保险公司资产不断增加，2010 年底外资保险公司总资产为 2621.12 亿元，占总资产的比例为 5.19%；三是外资保险机构在中国开展业务的数量大幅增长（见图 7），加入 WTO 前为 18 家公司、44 家总分支机构，截至 2011 年末，全国共有外资保险公司

58 家，其中，外资产险公司 21 家，外资寿险公司 32 家，外资再保险公司 5 家。

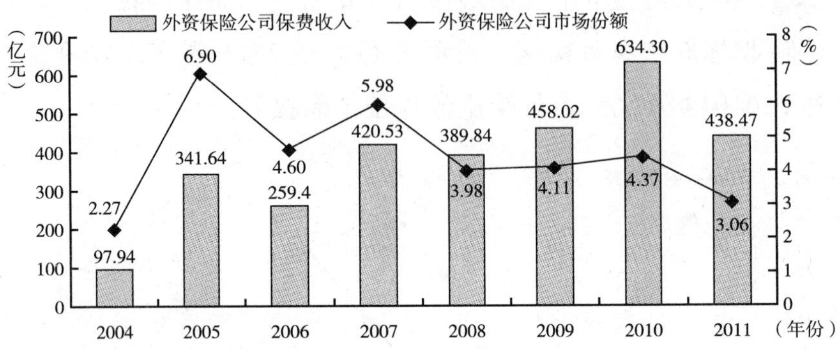

图 6　2004 ~ 2011 年外资保险公司保费收入及占比

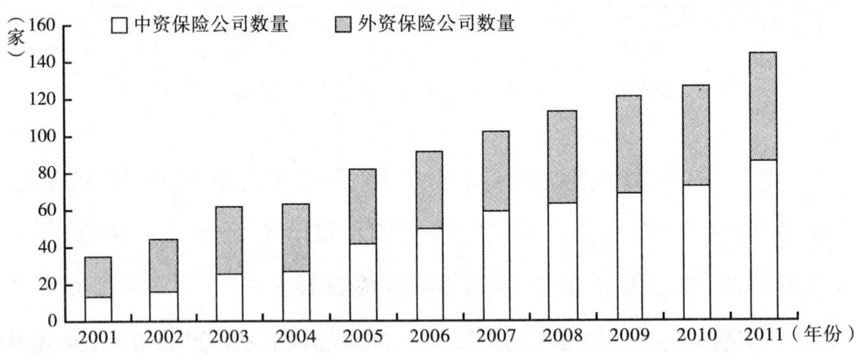

图 7　2001 ~ 2011 年中外资保险公司数量对比

外资保险公司给中国保险市场注入了新的活力，国内的保险公司并没有因为引进外资而变得不堪一击，相反，对外开放带来的竞争压力和示范效应加速了保险业对内改革的进程。在开放和竞争中，保险企业的经营观念和经营机制有了明显转变，经营管理逐步走向成熟，业务增长方式逐步从单纯注重规模向重视质量和效益转变，发展模式从粗放经营向结构调整和可持续发展转变，企业内部活力和市场竞争力不断增强。

3. 本土公司国际化水平不断提升，行业竞争力增强

中国保险业近年来在积极“引进来”的同时，稳步推进“走出去”战略，通过提高国际化水平增强自身竞争力：

一是积极开拓海外市场。目前，共有8家中资保险公司在中国大陆以外地区设立了27家保险营业机构，6家中资保险公司设立了8家海外代表处。

二是大力发展出口信用保险。配合国家“走出去”战略，大力推动出口信用保险发展，为中国企业“走出去”提供在投资、运营、劳动用工等方面的一揽子保险服务，同时提高了中国保险公司在海外的知名度和认可度。

三是探索投资境外资本市场。在中国保险行业快速发展、投资需求不断增长的背景下，部分有实力的保险公司尝试海外投资，对中国保险公司实施国际化战略、提升国际竞争力进行了有益的探索，并在风险管控、危机管理等方面提供了鲜活的经验。

4. 国际监管交流合作逐步深化，中国保险业国际话语权提升

保监会自1998年成立后，陆续加入多个全球性保险监管组织，采取多种方式深化国际保险业交流，提高了中国保险业的影响力和国际形象。例如，保监会于2000年加入国际保险监督官协会（IAIS），并分别于2008年和2010年成为IAIS执行委员会和审计委员会成员。作为发展中国家的代表，中国积极参与IAIS《国际保险集团监管共同框架》的制定工作，促使IAIS充分考虑新兴市场国家利益，减少了国际监管规则变化对中国保险市场造成的冲击。另外，通过国际组织的平台，中国加强保险监管的国际交流与合作，截至2011年11月底，中国与美国、英国、日本及中国香港等多个国家和地区的金融保险监管当局开展了多种形式的双边合作，建立了中美、中欧保险对话机制，就监管体系改革、监管信息交流共享、商业养老保险发展等问题开展联合专项研究。

总之，“入世”十年，是中国保险业不断学习与不断发展的十年。一方面，外资保险公司的加入给中国保险市场注入了新的活力，促进了中国保险市场的发展；另一方面，“走出去”战略的稳步实施大大增强了中国保险公司的国际竞争力，提高了中国保险业在海外的知名度以及认可度。当前，国内外经济形势复杂，保险业需要更好地把握机遇、迎接挑战，保持对外开放政策的稳定性和连续性。保险业应一如既往地推进行业对外开放，在认真总结经验的基础上，进一步抓住历史发展的机遇期，充分利用国际国内两个市场、两种资源，坚持以改革求发展，以开放促发展，充分发挥保险的各项功能，为全面建设小康社会发挥积极的作用。

四　中国保险业存在的主要问题

近年来中国保险业发展态势良好，但与发达国家保险业水平相比，存在很大的差距。按照保险业发展的规律，保费收入一般应占当年国内生产总值的5%左右，西方发达国家年保费收入一般占本国国内生产总值的8%～10%，而中国2011年保费总收入约仅占国内生产总值的3%，远远低于发达国家水平。中国2011年人均保费为1200元，虽然较恢复保险业务初期的人均不到10元已有翻天覆地的变化，但与西方发达国家人均保费水平还有很大的差距。中国保险业还处于发展的初级阶段，行业内部还存在一些问题，正是这些问题制约着保险业的健康发展。

（一）行业发展方式粗放

经过几十年的发展，中国保险业的发展基础和外部环境已经发生了深刻变化，但沿袭下来的粗放发展模式却没有发生改变，保险行业总体上仍停留在争抢业务规模和市场份额的低层次竞争水平上。大部

分保险公司主要靠“人海战术”、快速增设机构、铺摊子实现外延式扩张，而忽视了公司的内部管理和产品及服务的创新，有的公司甚至不惜违法违规，不顾成本效益，一味追求速度规模和市场份额。这样粗放的发展方式不仅无法满足中国日益年轻化、知识化消费群体的保险保障需求，甚至会伤害消费者的利益，引发消费者的不信任。

（二）保险业创新动力不足

创新是保险企业寻求生存与发展、提高竞争力的重要手段。近年来中国保险产品数量迅速增加，促进了保险业快速发展，但保险产品创新也存在一些问题，产品结构雷同、创新动力不足。中国保险企业仍然处于技术创新的低层次阶段，仅仅少数大的保险企业致力开展自主创新研发活动，大多数保险企业的许多产品还是主要从外部引进，再进行局部的开发和改进而成，依靠低水平的技术创新活动维持保险企业的生存与发展。现如今，人们的消费需求开始升级，生活要求日益多样化，对养老保健、医疗卫生、文化教育、汽车住宅等改善生活质量的需求明显提高，这些都为保险产品创新提出了更高的要求。

（三）保险产品结构不合理

当前，保险产品结构存在不合理的问题。在财险市场上，机动车辆险市场份额过大，其他险种比例太小，产险市场高度依赖车险的业务结构面临调整压力。未来汽车销量增速将下滑，车险业务增速放缓，因此需要不断培育新的业务增长点。在寿险市场上，分红险“一险独大”的问题日益突出。由于分红险占比过高，分红险单一险种的业务波动会造成整个寿险市场的大幅波动。过度集中于分红险，在加息条件下需要获取较高的投资收益率来覆盖成本，客观上会增大保险公司资金运用的压力。特别是在目前日趋复杂的投资环境下，过高的投资回报要求可能会放大风险。

（四）缺乏高素质人才队伍

与银行、证券等其他金融行业相比，保险业进入门槛低、人员学历相对较低。行业内精通保险、擅长管理的中高端人才，特别是核保、核赔、风险管理等专业型人才，以及管理、营销、培训等经验型人才严重不足。有数据表明，中国保险从业人员中真正受过系统保险专业教育又有保险专业水平的保险专业人才不到30%[①]，其中既了解国际保险市场又懂得精算和计算机技术的高级人才更是凤毛麟角。人才是行业发展的原动力，保险从业人员素质参差不齐在很大程度上制约了保险业的发展。

（五）保险经营不诚信

保险公司盲目追求业绩的经营行为很容易产生诚信问题。例如，展业过程中设计晦涩难懂的保单条款引诱消费者落入陷阱，待出险时逃避保险责任；夸大保险的保障功效；借助权力部门强制销售保险；通过热门产品搭配销售有关险种；通过协议或借行业协会名义联合限价；在理赔时常常因为前期盲目展业埋下业务隐患、缺乏专业理赔人才等原因造成“理赔难”，更有甚者为了追求利润而无理拒赔，惜赔或少赔等。这些都极大地损害了保险行业的形象，阻碍了人们的投保热情。

（六）保护政策阻碍保险业开放

保险业对外开放的一个重要保护政策，就是外资进入中国保险行业，只能采取合资模式，且外资股权不得超过50%。这种合资模式，有效地减缓了外资在中国保险行业的扩张速度，在一定程度上保护了

---

① 《2009～2012年中国保险行业发展前景分析及投资规划研究报告》。

中资保险公司，但也产生了大量的中外股东之间的冲突。更重要的是，50∶50 的股权结构，在限制外方控制权以及实现引进外资先进技术方面，效果有限。自中国保险业开放以来，除了最初的个人代理制度和小部分产品的创新外，外资在推动中国保险市场的专业技术和管理经验发展方面，并没有太多作为。另一个重要的保护政策是不开放法定险种（目前主要是交强险）。从交强险开办 5 年的实践看，竞争激烈，大量财产险公司经营困难，甚至亏损。因此，从社会福利的角度，亟须建立合理有效的、与交通有关的社会管理体系，利用外资保险公司的资金技术，进一步提高中资保险机构的管理水平。

（七）保险外部环境不完善

近年来，国家高度重视保险业发展，全社会对保险的认识不断加深，各级政府越来越重视发挥保险业的作用。但随着保险业的快速发展，外部环境不适应的问题也越来越突出。一是法律环境方面，部分业务领域的法律不健全，如农业保险巨灾风险准备金制度还没有建立，农业保险运行存在较大风险隐患。二是政策环境方面，业务发展存在政策瓶颈，如国家政策支持的巨灾保险体系还没有建立，自然灾害风险分散转移和补偿救助机制缺失。三是社会环境方面，社会公众的保险意识和风险意识有待加强，保险知识普及和风险教育的力度应该加大。

五　2012 年中国保险市场发展展望

保险是社会生产力发展到一定阶段和人们消费结构不断升级的产物。经济、社会发展水平决定了保险的发展水平，同时，保险发展对经济、社会发展具有调节、保障和推动作用。随着经济发展、科技进步和生产力水平的提高，保险的功能作用将不断扩展和加强。2012

年是“十二五”规划较为关键的一年，国内经济形势总体良好，经济总量将持续增长，和谐社会建设将稳步推进。对于保险业而言，将是可以大有作为的重要战略机遇期。2012 年中国保险业发展的基本态势是：稳中求进、进中求好。这意味着，保险业务仍然会保持略高于国内生产总值的增长速度，增长速度将稳中趋升。

（一）需要继续争取政府产业及税收政策支持

随着保险业的发展，外部环境越来越不能适应保险业的发展，政府在产业、税收政策方面对保险业提供支持呼声很高。监管部门需要并将继续加强与政府有关部门及地方政府的协调与合作，进一步研究支持保险业发展的政策措施。2012 年，有关部门可以在农业保险、巨灾保险、个人延税型养老保险三个方面，加大政策协调力度，创造有利发展条件：一是推动出台《农业保险条例》，从立法层面建立统一的农业保险制度框架；二是争取政府支持，推动巨灾保险立法，把巨灾保险制度纳入国家综合灾害防范体系，争取国家在立法保障、财政税收政策、防灾减灾等方面给予支持；三是加大工作协调力度，争取国家税收政策支持，推动个人延税型养老保险试点工作的开展。

（二）推进业务结构优化，注重业务质量

保险业需要进一步转变增长方式，推进业务结构优化，提高业务质量，努力实现又快又好发展。受银保渠道限制的影响，2011 年中国寿险业务增速放缓。与其他金融产品相比，寿险产品更重视风险保障和长期理财，而银行渠道销售的寿险产品，寿险特征不明显，加上销售成本大，因此，尽管银保保费规模大、增速快，却并未给寿险公司创造相应的价值。寿险增速放缓，对于加大力度调整业务结构是一个契机，寿险公司可以逐渐从不惜投入高成本招揽低价值的业务，转变为主要承保既能为客户提供风险保障和理财服务又能为公司创造较

高价值的业务，实现公司与客户的双赢、实现公司的可持续发展。预计2012年内涵价值高的长期寿险业务将得到有效发展，业务质量将逐渐提高。

（三）要注重维护消费者权益，提升行业形象

消费者是保险业赖以生存和发展的根基，只有保护好弱势群体的利益，社会才能够实现和谐发展。2012年1月17日，中国保监会下发了《关于做好保险消费者权益保护工作的通知》（保监发〔2012〕9号），旨在解决社会上普遍反映保险业存在的理赔难、销售误导、服务质量不高等问题，保护保险消费者合法权益，促进保险业平稳持续健康发展。通知以切实保护保险消费者合法权益为出发点和落脚点，从建立完善保险消费者权益保护工作制度和体制、加大信息披露、畅通投诉渠道、完善调处机制、普及保险知识、加强诚信建设、提升车险理赔服务质量和解决寿险销售误导问题、严厉查处侵害保险消费者权益的违法违规行为、接受社会监督九个方面对全行业提出明确要求，此举将进一步提高全行业对保险消费者权益保护工作的重视程度，搭建起保险消费者保护工作框架，夯实保险消费者权益保护工作基础，形成保险监管机构、保险经营主体、保险行业协会和社会各界认识统一、同心协力、齐抓共管的保险消费者权益保护工作格局。

（四）建立保险市场退出机制，提高保险市场资源配置效率

“十一五”期间，中小保险公司的数量大大增加，保险市场的竞争也在加剧，但这种竞争仅仅停留在价格的恶性竞争上，比如寿险公司的银保价格战和产险公司的车险价格战。保险市场退出机制的缺位，是产生恶性竞争的主要原因，并造成了行业的管理混乱和大面积亏损。[①]

---

① 庹国柱、王德宝：《保险公司的优胜劣汰与退出机制》，《新金融世界》2010年第5期。

保险机构因经营失败退出市场，应该是市场机制发挥作用的必然结果。保险市场退出机制不健全，影响了保险市场资源配置效率。最近，监管部门提出把建立退出机制视为当前紧迫任务。未来一段时期将研究探索对保险经营牌照实行分级管理制度，建立针对股东、业务、人员、分支机构和法人机构的多层次、多渠道退出机制，明确市场退出的标准和程序。这一举措意味着保险公司只增不减将成为历史，行业集中度或将提高。

（五）继续深化企业改革，进一步完善治理结构

近年来，中国保险市场在率先完成国有金融企业股份制改造、突破体制制约实现上市的基础上，不断深化体制改革，多家公司实现增资扩股，引入战略投资者，优化股权结构。目前，共有中国人保、中国人寿、平安集团、中国太平、太平洋保险集团、新华人寿 6 家保险公司在境内外上市。通过改制上市，保险公司资本实力大大增强，经营理念明显转变，为长远健康发展奠定了良好基础。2012 年，需要继续深化国有保险公司改革，进一步完善治理结构。一是继续深化国有保险公司改革。加强保险集团监管，推动国有保险集团公司内部管理机制改革，切实增强集团公司风险管控、资源整合、战略协同能力。二是深化保险公司治理改革。进一步完善董事会制度，规范董事会运作。健全保险公司监督问责机制，强化独立董事和监事会的监督职能。推动保险公司建立规范的薪酬管理机制，发挥薪酬在风险管理中的导向作用。

（六）继续深化保险市场对外开放

“入世”以来，中国严格履行“入世”承诺，及时清理与世贸组织规则和“入世”承诺不符的保险法律法规，逐步减少对外资保险公司的限制。2012 年，保险业对外开放有望进一步扩大。中美双方

2012年1月14日发布的《关于加强中美经济关系的联合情况说明》显示，目前中方已决定对外资保险公司开放交强险业务，在完成修改相关法规等程序后，年内有望正式颁布实施。这意味着外资保险公司将进入近千亿元规模的中国交强险市场，并借此壮大商业车险业务，这一业务的放开标志着中国保险业务的全面开放。中国的交强险业务目前只能由中资保险企业经营，外资险企加入后会对中资保险企业的业务造成一定的冲击，但也将会带来一些新的理赔和服务理念，消费者将成为最终受益者。竞争机制的引入将提升整个保险行业的服务水平。

B.5

分报告4

中国金融监管改革与创新

错综复杂的国内外经济金融环境既给金融监管带来了严峻的挑战，也提供了改革创新的机会。2011 年国际组织和各国金融监管机构在继续延续危机后加强金融监管的改革思路的基础上，以宏观审慎管理框架为理念，以《巴塞尔协议Ⅲ》系统重要性机构监管标准为核心，以影子银行体系和信用评级机构监管为创新，不断完善和革新金融监管的政策框架和管理工具。2011 年中国金融监管机构也不断完善宏观审慎监管框架，坚持将宏观审慎监管与微观审慎监管有机结合，出台一系列相关法律法规，进一步完善和优化中国金融监管制度体系与政策措施。纵观 2011 年，中国金融监管机构围绕重点监管领域，加大金融监管力度，有效防范金融风险，同时在完善法律法规、打击违法犯罪和保护金融消费者权益的基础上，鼓励金融创新，促进金融业健康稳定发展。

一　加强监管力度　出台监管新规

2008 年全球金融危机爆发以来，巴塞尔银行委员会对《巴塞尔协议Ⅱ》的缺陷进行了深刻反思，在历经一年多的论证与讨论后①，

① 讨论基于 2009 年 12 月 17 日巴塞尔银行监管委员会发布的《增强银行业抗风险能力（征求意见稿）》和《流动性风险计量、标准与监测的国际协议（征求意见稿）》两份文件，并根据定量测算的最新结果进行的校准和修订。

终于在2010年9月12日通过了加强银行体系资本要求的改革法案——《巴塞尔协议Ⅲ》，并于2011年底的G20韩国峰会上获得批准。此后，巴塞尔委员会相继颁布了《增强银行体系稳健性》和《流动性风险计量标准和监测的国际框架》等一系列文件[①]，以重构商业银行流动性风险管理和监管的全面框架，在强化资本监管标准的同时，首次提出了全球统一的流动性风险监管定量标准。[②]

为贯彻落实中央关于“十二五”规划建议提出的“参与国际金融准则新一轮修订，提升中国金融业稳健标准”的要求[③]，中国银监会等监管机构积极参与国际金融准则新一轮修订，在结合国际银行业监管改革趋势的基础上，着手制定一系列新型监管工具。2010年9月初，银监会曾下发《新四大工具实施要求简表（讨论稿）》，就资本充足率、动态拨备率、流动性指标和杠杆率四大监管工具征求银行意见，并于2011年初获国务院批复。2011年5月3日，中国银监会颁布了《关于中国银行业实施新监管标准的指导意见》，6月1日颁布了《商业银行杠杆率管理办法》，7月27日发布了《商业银行贷款损失准备管理办法》，8月15日公布了《商业银行资本管理办法（征求意见稿）》，10月12日颁布了《商业银行流动性风险管理办法（试行）（征求意见稿）》，陆续对中国银行业资本监管标准、杠杆率要求等监管标准进行了全面规范。另外，3月25日发布了《金融资产管理公司并表监管指引（试行）》，进一步完善并表监管制度，积极开展系统重要性银行并表管理的现场检查和非现场监管工作，探索构建系统重要性银行的监管政策框架。综

① 《关于〈增强银行体系稳健性〉和〈流动性风险计量、标准和监测的国际框架〉征求意见的公告》，中国银监会网站，http：//www. cbrc. gov. cn，2010年1月19日。

② 《银监会有关部门负责人就〈商业银行流动性风险管理办法（试行）〉（征求意见稿）答记者问》，中国银监会网站，http：//www. cbrc. gov. cn，2011年10月12日。

③ 《中央关于国民经济和社会发展十二五规划的建议》，中央政府门户网站，http：//www. gov. cn，2010年10月27日。

合以上相关制度，监管新规及新监管工具的实施主要体现以下几个特点。

第一，加强资本充足率监管。根据《商业银行资本管理办法（征求意见稿）》，在监管资本要求方面，参考《巴塞尔协议Ⅲ》的规定，将资本监管要求分为四个层次：第一层次为最低资本要求；第二层次为储备资本要求和逆周期资本要求；第三层次为系统重要性银行附加资本要求；第四层次为第二支柱资本要求。新规实施后，通常情况下系统重要性银行和非系统重要性银行的资本充足率分别不得低于11.5%和10.5%。在资本充足率计算规则方面，按照国际可比性的要求，明确了资本充足率计算规则。一是根据《巴塞尔协议Ⅲ》关于监管资本定义的新规定，审慎确定监管资本的构成，维护资本工具的质量，提升各类资本工具的损失吸收能力。二是扩大风险覆盖范围，审慎计量风险加权资产。

第二，建立杠杆率监管标准。根据《商业银行杠杆率管理办法》规定，杠杆率是指商业银行持有的、符合有关规定的一级资本与商业银行调整后的表内外资产余额的比率。规定商业银行并表和未并表的杠杆率均不得低于4%，并要求银监会对商业银行的杠杆率及其管理状况实施监督检查，对银行业的整体杠杆率情况进行持续监测，加强对银行业系统性风险的分析与防范。

第三，改进流动性风险监管。根据《商业银行流动性风险管理办法（试行）（征求意见稿）》，流动性风险是指商业银行无法及时获得或者无法以合理成本获得充足资金，以偿付到期债务或其他支付义务、满足资产增长或其他业务发展需要的风险。流动性风险监管指标包括流动性覆盖率、净稳定资金比例、存贷比和流动性比例。商业银行流动性覆盖率不低于100%、净稳定资金比例不低于100%、存贷比不高于75%以及流动性比例不低于25%。要求商业银行最迟于2013年底达到流动性覆盖率监管要求，2016年底前达到净稳定资金

比例监管要求。

第四，强化贷款损失准备监管。根据《商业银行贷款损失管理办法》，银行业监管机构将设置贷款拨备率和拨备覆盖率指标考核商业银行贷款损失准备的充足性。其中，贷款拨备率基本标准为2.5%，拨备覆盖率基本标准为150%，两项标准中的较高者为商业银行贷款损失准备的监管标准。同时，银行业监管机构还将依据经济周期、宏观经济政策、产业政策、商业银行整体贷款分类偏离度、贷款损失变化趋势等因素对商业银行贷款损失准备监管标准进行动态调整。也可依据业务特点、贷款质量、信用风险管理水平、贷款分类偏离度、呆账核销等因素对单家商业银行应达到的贷款损失准备监管标准进行差异化调整。

吸取全球金融危机的教训，借鉴包括巴塞尔新资本协议在内的国际金融监管改革最新成果，完善中国银行业审慎监管制度，对于促进银行业金融机构转变发展方式、维护中国银行体系长期稳健运行、提高金融资源配置效率、支持国民经济可持续发展具有积极的意义。参照目前中国主要商业银行的资本充足率情况，新监管指标的全面实施从短期来看对中国银行业的影响不大，大多数商业银行均已经达到了新资本监管标准，无须大规模补充资本金。① 但从长期来看，由于国内经济增长对银行信贷供给的依赖性较强，为支持经济持续增长，银行信贷规模需保持一定的增长速度，在新的资本充足率监管要求下，商业银行不可避免地面临强烈资本补充需求。因此，在不改变目前银行独大的金融市场格局的情况下，新资本充足率标准的全面实施可能将迫使商业银行不断补充资本金。② 流动性监管标准提出的流动性覆盖率和净稳定融资比率，将推动中国商业银行提高优质流动性资产储

---

① 贺建清：《"中国版巴塞尔协议Ⅲ"对银行业的影响分析》，《金融论坛》2011年第8期。

② 陆静：《巴塞尔协议Ⅲ及其对国际银行业的影响》，《国际金融研究》2011年第3期。

备水平，增加长期稳定资金来源，并有助于促进中国商业银行的流动性风险控制和管理的精细化水平。[①] 同时，在利率未完全市场化的情况下，按照2.5%的标准计提贷款损失准备将直接影响到商业银行放贷收益，再加上4%的杠杆率要求，将大大抑制商业银行的信贷扩张冲动。[②] 这将产生一种倒逼机制，促进商业银行从规模扩张的外延式发展模式走向质量扩张的内涵式增长之路，并提出了调整业务结构、强化管理、创新服务的要求。[③] 与此同时，新监管工具及标准的全面实施，将使央行的货币政策调控面临更加复杂的环境，对货币政策工具提出了更高的要求。[④]

二　规范重点领域　防范潜在风险

针对近年来金融市场表现出的新形势及新特点，2011 年中国金融监管机构相继出台多项法律法规和部门规章，分别就信用卡业务、理财产品销售和银信合作业务严格监管，同时继续加强防范地方政府融资平台贷款风险和民间借贷风险等可能诱发系统性风险的潜在隐患。

（一）构建信用卡业务监管框架

近年来，中国信用卡业务飞速增长，极大地推动了个人信用、社会消费和相关产业的发展。与此同时，信用卡业务的风险隐患和各类问题不断累积，不规范的业务行为导致了大量投诉、争议和案件，严重制约了中国商业银行信用卡业务的长期健康发展。目前，商业银行

---

① 吴雨、刘琳：《监管新规对我国银行业有哪些影响?》，新华网，http：//www. xinhuanet. com，2011 年 5 月 5 日。

② 曲哲涵：《银行业新监管标准　遏制银行的“放贷冲动”》，2011 年 5 月 16 日《人民日报》。

③ 由曦：《资本新政倒逼　银行转型箭在弦上》，2011 年 5 月 5 日《第一财经日报》。

④ 中国人民银行营业管理部课题组：《新监管标准对货币政策的潜在影响》，《中国金融》2011 年第 16 期。

信用卡业务暴露出的各类风险，主要原因在于中国商业银行信用卡业务的法律法规约束缺失，使商业银行信用卡经营行为无法可依，业务合规性无从抓起，监管部门也没有执法和处罚的详细依据，监管有效性亟待提高。[①] 为进一步规范商业银行信用卡业务管理和监管，防范风险、加强信用卡业务管理和监管制度建设，2011 年 1 月 13 日，银监会发布《商业银行信用卡业务监督管理办法》，并自公布之日起施行。该办法对于规范商业银行信用卡业务经营，防范信用卡欺诈风险，保护持卡人合法权益具有积极的意义，也有利于信用卡业务稳定、健康、可持续发展。从内容上看，该办法进一步完善和明确了信用卡业务市场的准入管理，规范了信用卡的营销管理、风险资产分类管理及催收管理，切实保护客户的知情权和隐私权[②]。至此，中国信用卡业务监管规章体系的基础框架基本形成。

对商业银行来说，严格监督与控制发卡行的产品与业务创新，增加开展信用卡业务的资本要求，限制业务外包的开展，采取更严格与审慎的信审流程等要求会加大发卡行业务经营的成本与难度，但新办法的出台也给发卡行带来了新的机遇。新规不仅引导发卡行进一步加强规划与管理能力，探索和采取依法合规、科学有效的业务发展模式与经营策略，同时也在保障持卡人与发卡行自身合法权益的前提下，促进发卡行探索新的、可持续性的赢利模式，加速向“精耕细作”阶段转型。[③]

（二）加强理财产品和业务监管

2011 年，伴随国内银行间资金面持续趋紧以及加息预期等因素，

① 周少晨：《信用卡业务监管规章体系框架基本形成》，《中国信用卡》2011 年第 3 期。

② 耿丹丹：《〈商业银行信用卡业务监督管理办法〉述评》，《银行家》2011 年第 5 期。

③ 张灯：《浅析〈商业银行信用卡业务监督管理办法〉对发卡行信用卡业务的影响》，《中国信用卡》2011 年第 3 期。

不断推高银行理财产品，尤其是短期银行理财产品的预期收益率。无论是银行为缓解资金压力，还是投资者为跑赢CPI，收益稳定、风险可控的银行理财产品都成为银根紧缩形势下银行与投资者的最佳选择。2011年的银行理财产品的发行量，更是实现历史性突破，截至2011年12月20日，发行数量逾1.7万款，同比增长102%。①

2011年银监会为防范银行过度依赖短期理财产品揽存，进而可能造成存款在月初、月中、月末大幅度振荡从而诱发流动性风险，专门针对银行理财产品密集出台一系列整顿措施。1月20日，银监会发布《关于进一步规范银信理财合作业务的通知》，要求各商业银行在2011年底前将银信理财合作业务表外资产转入表内；原则上银信合作贷款余额应当按照每季至少25%的比例予以压缩；对商业银行未转入表内的银信合作信托贷款，各信托公司应当按照10.5%的比例计提风险资本；信托公司信托赔偿准备金低于银信合作不良信托贷款余额150%或低于银信合作信托贷款余额2.5%的，信托公司不得分红，直至达到标准。该办法旨在督促商业银行资产转表、信托公司压缩银信合作信托贷款业务，清理规范银信合作业务，做好风险防控。5月17日，银监会发布《关于规范银信理财合作业务转表范围及方式的通知》。关于转表范围，通知指出原则上银信理财合作贷款余额应当按照每季至少25%的比例予以压缩，对于2011年内按合同约定到期的，采取自然到期的办法，不再按季度纳入风险资产和计提拨备；对2012年及以后到期的，从2011年起，按每季度25%计入风险资产和计提拨备。关于转表方式，通知指出对于符合《企业会计准则》入表标准的银信合作理财业务表外资产，各商业银行必须转入表内；不符合入表标准的部分，可将相关产品单独列示台账，并相

① 中国社会科学院金融研究所金融产品中心：《2011年银行理财产品市场年报》，《银行家》2012年第1期。

应计提拨备和计入加权风险资产，并对账务进行调整。8 月 28 日，银监会颁布《商业银行理财产品销售管理办法》，旨在强化对银行理财产品销售环节的规范，要求商业银行做好风险揭示和信息披露，在“卖者有责”的基础上实现“买者自负”，最终实现“将适合的产品卖给适合的客户”，保护投资者的合法权益。9 月 30 日，银监会在《关于进一步加强商业银行理财业务风险管理有关问题的通知》中要求各商业银行，不得通过发行短期和超短期、高收益的理财产品变相高息揽储，不得在月末、季末变相调节存贷比等监管指标，进行监管套利；重点加强对期限在一个月以内的理财产品的信息披露和合规管理，杜绝不符合监管规定的产品。2011 年 11 月 11 日，银监会第四次经济金融形势通报分析会指出，禁止通过发行短期理财产品变相高息揽储、规避监管要求、进行监管套利。①

2011 年银行理财产品热销的背后有其合理性和必然性。第一，商业银行应对货币调控政策的必然选择。2011 年为抑制货币信贷过快增长，减缓通货膨胀压力等，货币政策始终延续紧缩控制，给商业银行经营及资金运用水平带来较大影响。为应对当前市场环境，商业银行通过大力发行理财产品不仅可以提高资金运用水平，而且可以较好优化资产结构，有效降低不良贷款，提高手续费收入，提升银行赢利水平，凸显了商业银行积极应对央行货币调控政策的业务经营转型和创新。第二，受到房地产市场调控、资本市场低迷及负利率等因素的影响，普通储户和投资者需要寻找更加安全、保值及具备较强流动性的金融产品。同时，发展理财产品还有利于中国利率市场化改革的稳步推进和宏观流动性管理，既有利于商业银行实现战略转型、满足消费者的综合性金融需求，又有利于金融机构为实体经济提供全方位的金融支持。② 因此，

---

① 《加强风险防范　坚持改革创新　保持银行业稳健运行》，中国银监会网站，http://www.cbrc.gov.cn，2011 年 11 月 17 日。

② 樊志刚、胡婕：《理财产品热的理性思考》，《中国金融》2011 年第 24 期。

对理财产品市场的管理应找准切入点，识别潜在风险环节，通过政策法规和制度建设，引导其健康、有序发展，其管理重点为基础制度和统计标准建设、信息披露和风险提示制度建设以及市场监测和违规处罚制度建设。

（三）防范地方政府融资平台贷款风险

随着2011年和2012年银行地方融资平台贷款的集中到期，地方政府平台贷款风险成为银行业备受关注的焦点。[①] 其中大型银行尤为突出：中行两年内到期的平台债约为17.6%，建行将超20%，而农行三年内到期的平台债约为32%，地方融资平台的潜在风险已成为不少银行高层着力关注的重点领域。[②] 为了防范地方政府平台贷款风险，2011年4月2日，中国银监会发布《关于切实做好2011年地方政府融资平台贷款风险监管工作的通知》，督促银行业金融机构进一步贯彻落实2010年国务院出台的《关于加强地方政府融资平台公司工作管理有关问题的通知》（以下简称《通知》）等政策要求，按照“逐包打开、逐笔核对、重新评估、整改保全”十六字方针，做好地方政府融资平台贷款风险监管工作。银监会要求，严格加强新增平台贷款管理。一方面，健全“名单制”管理系统。各银行应在前期清理规范的基础上，在总行及分支机构层面分别建立平台类客户和整改为一般公司类客户的“名单制”信息管理系统。有关名单以及风险定性情况需要按季报送当地监管部门确认，并进行动态调整。在“名单制”管理的基础上，银监会要求将平台贷款审批权限统一上收至总行，各分支行仅承担前台营销和贷后管理。另一方面，信贷的准入条件更加严格。对于2010年6月30日已经签订合同但目前没

① 国家审计署：《全国地方政府性债务审计结果（2011年第35号）》，国家审计署网站，http://www.audit.gov.cn，2011年6月27日。

② 《2011年中国银行业十大新闻》，2012年1月11日《金融时报》。

有完成全部放款过程的平台贷款，除了要满足国家各产业政策外，还要满足平台公司财务状况健全、资产负债率不得高于80%等条件，才能继续放款。这些符合条件的新增平台贷款，不得再接受地方政府以直接或间接形式为融资平台提供的任何担保和承诺。对于不符合上述条件的，一律不得新增平台贷款，不得向“名单制”管理系统以外的融资平台发放贷款，以实现全年平台贷款的“降旧控新”和风险缓释。对于存量平台贷款，银监会要求全面推进整改。对于到期的平台贷款本息，一律不得展期和以各种方式借新还旧。此外，自2011年一季度起，银行要根据平台贷款自有现金流覆盖分类情况，严格按照100%、140%、250%和300%计算贷款风险权重，发挥资本约束作用。通知还要求，各银行总行对全系统每半年进行一次有针对性的风险检查，每次自查覆盖面不得低于地方融资平台贷款总额的50%。

2011年银监会在地方政府融资平台贷款清理规范工作中主要取得以下成绩：第一，立足于风险缓释，推进平台贷款合同和还款方式整改，加强贷后管理，严格风险定性，全面提高了存量平台贷款的现金流覆盖程度和抵质押有效性。第二，立足于新贷管理，上收平台贷款审批权限，制定更加审慎的准入标准，建立台账管理体系，全面完善了平台贷款审批与管理机制。第三，立足于持续监管，按月监测平台贷款还款和整改情况，按季统计平台贷款数据、召开风险监管联席会议和信息联络员会议、开展有针对性的现场检查，全面健全了平台贷款的数据统计和监测制度。第四，立足于长效机制建设，专题汇报清理规范工作，核准风险底数，参与制定地方政府性债务管理政策，全面推动了地方政府性债务管理政策的持续完善。①

① 《深化整改　缓释风险　推进地方政府融资平台贷款清理规范工作》，中国银监会网站，http：//www.cbrc.gov.cn，2012年3月1日。

三　完善金融制度　鼓励金融创新

不断完善金融市场的制度和法律体系，鼓励金融创新与发展是金融监管机构监管工作的重点。

（一）完善证券期货业法律法规

2011 年，证监会出台多项法律法规和部门规章，不断完善和丰富证券期货业基本的法制体系。其一，2011 年 3 月 23 日公布《期货公司期货投资咨询业务试行办法》。该办法主要从资本实力和合规角度对期货公司申请期货咨询业务作出了规定。期货投资咨询业务推出后，将逐步改变过去那种单纯依附期货经纪业务、以“拉客户炒单”为目的的咨询服务模式。其二，2011 年 5 月 23 日颁布《关于修改〈中国证券监督管理委员会冻结、查封实施办法〉的决定》，自 2011 年 10 月 1 日起施行。新规要求实施冻结应当依照有关规定，向协助执行部门出示冻结决定书，送达冻结通知书，并在实施冻结后及时向当事人送达冻结决定书；当事人应当将被冻结情况告知其控制的涉案财产的名义持有人；冻结或者查封应当由两名以上执法人员实施。其三，2011 年 8 月 1 日颁布《关于修改上市公司重大资产重组与配套融资相关规定的决定》，自 2011 年 9 月 1 日起施行。该办法对于投行并购重组业务是最大的利好，来自监管部门的政策支持，明确了借壳上市的标准，以往由于审核较为复杂而积压的项目，有望在分道制出台以后驶入“快车道”。其四，2011 年 10 月 26 日颁布《转融通业务监督管理试行办法》，自 10 月 26 日起施行，同时发布《关于修改〈证券公司融资融券业务试点管理办法〉的决定》和《关于修改〈证券公司融资融券业务试点内部控制指引〉的决定》。再加上 10 月 19 日，中国证券金融股份有限公司正式获得国家工商局的企业名称核

准，使融资融券业务迎来了发展的新阶段。

2011年11月9日，中国证监会就市场关注的分红、发审、融资、透明度建设四大热点问题作出监管回应，而后新任证监会主席郭树清又推出六项措施，内容涉及债券市场、降低发行市盈率、退市制度、创业板持续融资、严打内幕交易、清理各类交易场所等方面。[①] 这些问题既是市场所关注、中国资本市场健康发展所必须夯实的基础，也是未来改革的切入点，对于有效夯实证券市场的基础，保护投资者的合法权益，推动资本市场持续健康发展，提升投资者的投资信心都将产生积极而长远的影响。

（二）启动车险费率市场化改革

2011年3月1日，深圳在全国率先实施《深圳机动车商业保险费率浮动方案》，该方案将使大部分车主从车险费率浮动中受益。[②] 10月15日，深圳保险行业首次启用车险费率浮动方案交通违法记录系数（D），通过车险保费的经济约束和激励，对于减少交通违章行为，保障道路安全畅通将起到积极作用。[③] 2011年9月23日，中国保监会发布《关于加强机动车辆商业保险条款费率管理的通知（征求意见稿）》。该征求意见稿根据分类监管的理念，对不同的保险公司规定了差别化的车险产品开发机制。对可自行拟订条款和费率的保险公司规定了相关条件：经营商业车险业务3个完整会计年度以上；连续两年综合成本率低于100%，且偿付能力充足率高于150%；上年度承保辆数达30万辆以上等。2011年10月底，中国保险业协会

① 《深化证券期货市场改革　促进实体经济科学发展——郭树清主席在第九届中小企业融资论坛上的讲话》，中国证监会网站，http：//www.csrc.gov.cn，2011年12月1日。

② 《深圳机动车商业保险费率浮动方案正式实施》，中国保监会网站，http：//www.circ.gov.cn，2011年3月17日。

③ 《关于启用〈深圳机动车商业保险费率浮动方案〉交通违法记录系数（D）的公告》，中国保监会网站，http：//www.circ.gov.cn，2011年10月11日。

发布了《机动车辆商业保险示范条款（征求意见稿）》。新示范条款去除了 14 项所谓“霸王条款”，扩大了商业车险的保险责任范围，尤其针对“高保低赔”、“无责不赔”等争议问题作了调整。

车险费率市场化改革是行业发展的必然趋势，2003 年至今，中国车险费率市场化历经了“先放、后收、再放”的曲折改革。不过，与 2003 年的条款、费率“双放开”相比，如今的改革思路更趋合理和灵活性，体现出可控的渐进市场化进程。车险费率逐步市场化，对保险公司经营成本控制、后方运营、精算管理等提出更高的要求，有利于整个行业的健康发展。对于消费者来说，市场化的推行，将使消费者拥有更多选择权。

（三）允许地方政府自行发债

2011 年 10 月 20 日，地方政府发行市政债最终破冰。经国务院批准，财政部发布了《2011 年地方政府自行发债试点办法》，选取了经济发达的上海市、浙江省、广东省、深圳市，在国务院批准的发债规模限额内，自行组织发行本省（市）政府债券。地方政府自行发债是指试点省（市）在国务院批准的发债规模限额内，自行组织发行本省（市）政府债券的发债机制，2011 年试点省（市）政府债券由财政部代办还本付息。同时，试点省（市）发行政府债券实行年度发行额管理，2011 年度发债规模限额当年有效，不得结转下年。随后，上海市、广东省、浙江省和深圳市根据试点办法，迅速制定本地市政债的发行、考核及兑付规范。11 月 15 日，上海市财政局招标发行总额为 71 亿元的上海市地方政府债。11 月 18 日，广东省第一期、第二期地方政府债正式招标，两期债券的发行规模为 69 亿元。11 月 21 日，浙江省成功招标发行 67 亿元政府债券。11 月 28 日，深圳市发行总额为 22 亿元的地方政府债券。至此，沪粤浙深四地试点自行发债全部完成，这也标志着 2011 年 2000 亿元地方债发行收官。

近几年，中国对地方政府发债模式进行了探索。1998年，国务院决定增发一定数量的国债，由财政部转贷给省级政府，用于地方的经济和社会发展建设项目。2009年，为应对国际金融危机，增强地方安排配套资金和扩大政府投资的能力，根据预算法特别条款规定，经国务院批准，财政部开始代理各地方政府发债，连续三年每年均安排了2000亿元地方债的代发业务。[①] 在这一机制下，债券到期后，由财政部代办还本付息，然后地方政府再向财政部偿还相关款项。[②] 经过多年的艰苦努力，地方政府自主发行地方债终于在上海市、广东省、浙江省和深圳市开始试点。此次试点采用的自行发债并不是完全的自主发行，地方政府债券的发行规模、资本利用、未来偿还等仍由中央政府管控，只是给予地方政府在选择承销团、具体组织发行的事务性过程的实施权。但从财政部代发转变为地方自行发债，有助于地方政府的债务从隐性逐步走向透明，提前熟悉地方政府债券发行的环节和流程，为最终实现自主发行奠定基础。

四　打击金融违法犯罪　注重消费者保护

导致2008年国际金融危机的原因很复杂，其中一个不容置疑的因素是金融监管对于金融消费者保护的不足乃至缺失。金融危机的惨痛经历使许多欧美国家深刻认识到金融消费者权益的保护对于金融稳定和宏观经济长期稳健运行的重要性。在继续加强中小投资者及金融消费者保护的基础上，2011年中国金融监管机构不断加强基础制度建设，力求逐步形成金融消费者保护的框架体系。

---

① 《地方债务查出巨额违规　地方债发展刻不容缓》，中国债券信息网，http://www.chinabond.com.cn，2012年1月5日。

② 《2011年中国金融十大新闻》，2012年1月5日《金融时报》。

（一）成立金融消费者保护专属机构

2011年人民银行、银监会、证监会和保监会均着手筹建各自的金融消费者保护专属部门，但筹备工作的进展速度各不相同。保监会和证监会已经获中央机构编制委员会办公室批准，其中，保监会的保险消费者权益保护局于2011年10月底正式成立①，其主要职能包括研究保护保险消费者权益的机制、加强产品管理和售后服务管理、受理投诉咨询、调查处理消费者投诉、消费者教育和风险提示等。证监会的投资者保护局于2011年底成立，其主要工作包括制定投资者保护的相关政策法规、开展投资者教育与服务工作、推动建立投资者受侵害权益依法救济制度和监督投资者保护基金的管理和运用等。②

目前在银监会系统，金融消费者保护的职能主要由创新监管部的公众教育处承担，未来这一职能将转向新设部门。此外，银监会本身已经有金融消费者保护的职责，《商业银行法》及《银监法》明确要求商业银行、监管部门要保护存款人的利益。③ 截至2011年底，央行已在14个省（区、市）的近50个分支机构开展了金融消费者保护试点工作，出台了若干银行卡、个人金融信息保护、非金融机构支付服务等相关制度措施，从征信、反假货币、账户管理等方面加强对金融消费者的保护。④ 2011年7月，中国银行业协会消费者保护委员会正式成立，围绕金融知识普及、探索完善客户投诉解决机制、普及推广银行服务读本、探索公众教育有效途径等方面开展工作。⑤

---

① 郑伟：《加强保险消费者权益保护正当其时》，2011年11月23日《中国保险报》。

② 朱宝琛：《证监会投资者保护局成立　身兼八大职责》，2012年1月11日《证券日报》。

③ 熊欣：《“一行三会”撑起金融消费者“保护伞”》，2011年12月9日《证券日报》。

④ 牛娟娟：《央行已在14省区开展金融消费者保护试点》，2011年10月28日《金融时报》。

⑤ 《消费者保护委员会简介》，中国银行业协会网站，http：//www.china－cba.net，2011年8月4日。

（二）免除部分金融服务收费

2011 年 3 月，中国银监会、中国人民银行、国家发展改革委联合下发《关于银行业金融机构免除部分服务收费的通知》，自 2011 年 7 月 1 日起免除人民币个人账户的 11 类 34 项服务收费。7 月 12 日，银监会召开银行业金融机构服务及收费情况通气会，就银行业金融机构贯彻落实《关于银行业金融机构免除部分服务收费的通知》情况、银行服务项目总体情况、服务收费方面存在的主要问题、改进服务和履行社会责任以及舆论监督等方面进行了通报说明。[①] 同时首次向社会公布银行服务项目总计 1076 项，其中个人业务服务项目总计 276 项，个人有偿服务项目 196 项，个人免费服务项目 80 项，占比为 29%。对公业务服务项目总计 800 项，对公业务服务收费项目分为人民币结算类、代理类、投资银行类等 12 大类共 654 项，部分银行对公业务免费服务项目共计 146 项，占比为 18%。[②] 7 月 22 日，中国银行业协会发布《关于在服务收费方面给消费者以充分知情选择权的自律要求》，从七个方面对会员银行在服务收费方面给消费者以充分知情选择权工作作出了自律规定。全行业积极履行社会责任，通过各项措施切实保障金融消费者享有良好基础金融服务的权益。8 月 3 日，中国银行业协会再紧急下发《关于严格自律、坚决贯彻落实监管部门“免除 34 项服务收费及人民币个人账户密码挂失费”要求的紧急通知》，进一步强化行业自律，规范服务定价行为，促进银行业中间业务健康发展。

（三）惩治金融违法案件

为应对日益复杂的国内国际金融形势，进一步规范银行业金融机

---

① 《银行业金融机构服务及收费情况通气会在京召开》，新华网，http：//www.xinhuanet.com，2011 年 7 月 12 日。

② 高晨：《中银协：银行收费项目共 850 项　占项目总数 79%》，2011 年 7 月 13 日《京华时报》。

构案件专项治理工作，2011 年初中国银行业监督管理委员会出台《银行业金融机构案件处置工作规程》、《银行业金融机构案件（风险）信息报送及登记办法》和《银行业金融机构案件防控工作联席会议制度》三项制度。其中《银行业金融机构案件处置工作规程》对案件信息报送及登记、案件调查、案件审结和后续处置等作出规定；《银行业金融机构案件（风险）信息报送及登记办法》对案件（风险）信息的报送流程、台账建立、案件信息统计等作出规定。“三项制度”从制度层面规范和加强银行业金融机构案件处置工作，要求自 2011 年 1 月 1 日起正式施行。

证监会密切关注违法违规新动向，并加强基础性制度建设，2011 年对《中国证监会冻结、查封实施办法》进行了修订，开始进行行政处罚试点的上海、广东和深圳证监局均已建立了相关制度规范[①]，并启动了自办案件的调查，其中 1 起案件已由相关派出机构作出行政处罚决定。同时，中国证监会在 2011 年进一步加大稽查执法力度，严厉打击内幕交易等各类违法违规行为，查处了一批大案要案。截至 2011 年 11 月底，证监会共获取各类案件线索 245 件，其中立案调查案件 82 起，移送公安机关涉嫌犯罪案件 16 起。[②]

针对个别保险专业中介机构涉嫌传销的违法违规行为，保监会于 2011 年 1 月 28 日发布了《关于防范和打击保险专业中介机构涉嫌传销行为的通知》，旨在有效遏制风险，严密防范和严肃处理保险专业中介机构的此类非法活动。通知要求各保险专业中介机构当前要集中开展自查自纠，不得以创新为名从事非法活动；各保险公司应在与保

① 2010 年 11 月 1 日，证监会发布《关于〈中国证券监督管理委员会派出机构行政处罚试点工作规定〉的通知》，决定在中国证监会上海监管局、广东监管局和深圳监管局 3 家派出机构建立行政处罚工作试点。

② 《2011 年前 11 个月证券期货稽查执法情况》，中国证监会网站，http: //www. csrc. gov. cn，2011 年 11 月 29 日。

险专业中介机构合作的过程中，加强合规管控，发现涉嫌传销，及时中止合作，并向当地保险监管机构和相关政府部门报告；各保监局要强化监管，抓早抓小、从严从重、依法移送、及时披露，并完善应急预案，做好后续处置。保监会和银监会于3月13日联合发布了《商业银行代理保险业务监管指引》，这是目前两大监管部门针对银保市场出台的较全面的规范性文件，要求银行和保险公司建立客户投诉、退保等事件的首问负责制。规定保险公司和银行应该责任划分，防止相互推诿。银行将对保险误导销售、错误销售负责，保险公司银保专管员不再派驻在银行网点。要求银保双方建立应急机制，实行首问负责制，在发生客户投诉、退保等事件的第一时间积极处理，不得相互推诿，拖延解决问题的时间，影响消费者利益。

五　支持实体经济　服务结构调整

2008年下半年爆发的国际金融危机给我们带来警示，金融脱离实体经济，过度炒作资产价格不仅会带来金融风险，也会影响整个经济运行，造成实体经济和虚拟经济的双亏。因此，自国际金融危机爆发以来，金融服务实体经济就一直被领导层反复强调。2011年底召开的中央经济工作会议指出，面对复杂多变的国际政治经济环境和国内经济运行新情况、新变化，应牢牢把握发展实体经济这一坚实基础。

（一）财税金融助推小型微型企业

当前，在国内外复杂的经济形势下，不少小型微型企业面临生存考验，融资难和税费负担偏重等问题较为突出。2011年10月12日，温家宝总理主持召开国务院常务会议，研究确定支持小型微型企业发展的金融、财税政策措施，确定九条政策措施支持小型微型企业发展，被业内称为“国九条”。[①]

2011年10月31日，财政部、国家税务总局发布修改后的《增值税暂行条例实施细则》和《营业税暂行条例实施细则》，自11月1日起正式上调增值税和营业税起征点。[②] 从此次起征点的调整范围看，旨在支持小型微型企业发展，个体工商户是受益最大的群体。提高增值税和营业税起征点，将明显减轻小型微型企业的税负，有助于提高小型微型企业的财务能力，进而提升其融资能力，增强赢利能力。11月17日，财政部、国家税务总局正式公布营业税改征增值税试点方案，从2012年1月1日起，在部分地区和行业开展深化增值税制度改革试点，逐步将目前征收营业税的行业改为征收增值税，同时在现行增值税17%的标准税率和13%的低税率基础上，新增11%和6%两档低税率。[③] 财税扶持政策在逐步面向小型微型企业的同时，还加强了与金融政策的协调配合，以让广大小型微型企业获得便捷高效的金融服务。比如，财政部和国家发改委规定，自2011年11月1日起至2014年10月31日，免征金融机构与小型微型企业签订的借款合同印花税，同时对金融机构涉农贷款和中小企业贷款损失准备金税前扣除政策，延长执行至2013年底。[④] 自2012年1月1日至2014年12月31日，对小型微型企业免征管理类、登记类、证照类等行政事业性收费，具体包括企业注册登记费等22项收费。[⑤] 11月2日，

① 《温家宝主持召开国务院常务会议研究确定支持小型和微型企业发展的金融财税政策措施》，中央政府门户网站，http://www.gov.cn，2011年10月12日。

② 《财政部税务总局调整增值税和营业税起征点的幅度》，中央政府门户网站，http://www.gov.cn，2011年10月31日。

③ 《关于印发〈营业税改征增值税试点方案〉的通知》，中国财政部网站，http://www.mof.gov.cn，2011年11月17日。

④ 《关于金融机构与小型微型企业签订借款合同免征印花税的通知》，中国财政部网站，http://www.mof.gov.cn，2011年10月27日。

⑤ 《财政部、发展改革委免征小型微型企业部分收费》，中央政府门户网站，http://www.gov.cn，2011年11月17日。

科技部联合财政部、银监会等8部委共同出台《关于促进科技和金融结合加快实施自主创新战略的若干意见》，其中明确要扩大科技型中小企业创业投资引导基金规模，综合运用阶段参股、风险补助和投资保障等方式，引导创投机构向初创期科技型中小企业投资，促进科技型中小企业创新发展。

事实上，2011年以来，小企业融资问题一直备受金融监管机构关注。为进一步深入贯彻落实党中央、国务院有关战略部署，2011年6月7日，中国银监会出台了《关于支持商业银行进一步改进小企业金融服务的通知》（又称“银十条”），涉及小型微型企业金融服务机构准入、贷款监管指标差异化、专营机构建设等多个方面，明确提出优先支持符合条件的商业银行发行专项用于小企业贷款的金融债。为贯彻落实国务院支持小型和微型企业发展的“国九条”，10月24日，中国银监会又出台《关于支持商业银行进一步改进小型微型企业金融服务的补充通知》，明确提出重点加大对单户授信金额500万元以下微型企业的信贷支持力度，并在机构准入、专项金融债、贷款风险权重、不良贷款容忍度、贷款收费等方面对小型微型企业金融服务提出了具体的差别化监管和激励政策。

2011年以来，存款准备金率频繁上调，再加上严格的贷存比日均考核要求，小企业从银行融资体系获得资金非常有限。民间借贷市场利率水平以及温州、广东等地的小企业倒闭潮，折射出当前小企业资金的极度紧张和严酷的经营环境。在国务院的统一部署下，一系列政策措施旨在激励银行调整信贷结构，增加银行发放小企业贷款的动力，缓解小型微型企业资金极度紧张的局面，也表明政府希望通过市场化的手段破解小企业融资难题的决心。

（二）金融支持三农经济发展

为进一步加强金融支持“三农”发展力度，2011年2月24日，银监会印发了《关于全面做好农村金融服务工作的通知》，要求银行业金融机构准确把握新形势下农村金融服务工作新要求，把支持农业增产、农民增收和农村经济发展作为应尽义务，全国所有省份均已提前实现乡镇基础金融服务全覆盖。7 月 15 日，中国人民银行发布《关于开展涉农信贷政策导向效果评估的通知》，明确从 2011 年开始，人民银行分支机构对县域金融机构开展涉农信贷政策导向效果评估，促进金融机构更好地服务“三农”，着力提高涉农信贷政策导向效果。9 月，中国人民银行发布《关于扩大中国农业银行“三农金融事业部”改革试点范围等有关事项的通知》，要求继续深化体制机制改革，进一步加大服务“三农”的投入力度，不断提升“三农”和县域的金融服务水平。中国农业发展银行改革工作小组于 8 月正式成立，标志着中国农业发展银行改革工作全面启动。

到 2011 年 11 月末，全国农村中小金融机构共有 3000 多家法人机构，资产和负债分别为 12.6 万亿元和 11.6 万亿元，居银行业金融机构第二位。近 8 万个网点，近 80 万名员工，提供了全国近 80% 的农户贷款，承担了近 80% 的金融机构空白乡镇的机构覆盖重任。①

（三）配合中央房地产市场调控

积极配合中央房地产调控政策，综合运用多种金融手段和措施支持保障性安居工程建设，促进房地产金融产业规范健康发展。2011 年 2 月 12 日，中国银监会印发《信托公司净资本计算标准有关事项的通知》，对信托公司净资本、风险资本计算标准和监管指标作出明确规定，加强对信托公司和房地产信托产品的监管，引导房地产信托市场理性、有序发展。8 月 4 日，为贯彻落实《国务院办公厅关于进一步做好房地产市场调控工作有关问题的通知》精神，中国人民银

① 张艺良：《城乡金融难言均等》，2011 年 1 月 9 日《农村金融时报》。

行、中国银监会联合印发《关于认真做好公共租赁住房等保障性安居工程金融服务工作的通知》，明确和重申公共租赁住房等保障性安居工程信贷支持政策，要求银行业金融机构在加强管理、防范风险的基础上，加大对保障性安居工程建设的信贷支持。截至2011年第三季度末，中国房地产贷款增速继续回落，保障房开发贷款增量占比大幅提升，主要金融机构及农村合作金融机构、城市信用社、外资银行的人民币保障性住房开发贷款余额为2808亿元，前三季度累计增加1150亿元，占到同期房地产开发贷款增量的52.3%，比上半年高出了9个百分点。银行业金融机构继续贯彻落实差别化住房信贷政策，通过调整房贷利率、选择性发放多套房贷款、制定贷款投向政策等措施，引导金融资金更多支持保障和改善民生需求，为促进房价合理回归，加快保障性住房和普通商品住房建设、促进房地产市场健康发展等方面作出积极贡献。

（四）金融支持文化产业发展

“十二五”规划明确提出，将推动文化产业成为国民经济支柱性产业。按照平均增速估算，2016年中国文化产业的增加值占国内生产总值的比重将达到5%，在全国范围内可以实现文化产业成为国民经济支柱性产业的目标。但是在发展过程中，由于大多数文化企业规模较小，有形资产较少，无形资产较多，抵押担保物品相对不足，赢利模式不明确，进而造成融资难等问题，制约了文化企业的成长，客观上也阻碍了文化产业的更好更快发展。因此，文化产业的快速发展迫切需要金融业的大力支持，也为中国金融业的综合发展提供了契机。

中国人民银行表示，将深入推进金融改革创新，引导商业银行开发适合文化企业特点的信贷产品，加大金融业支持文化产业的信贷投放；建立健全多层次的贷款风险分担和补偿机制；支持文化企业通过银行间债券市场融资，鼓励各类资金支持文化产业发展，扩大文化企业直接融资规模。[①] 银监会表示，银监会系统将不断加强和改进对文化产业的金融服务，继续贯彻落实好国务院相关文件精神，积极引导银行业金融机构不断推进适应文化产业大发展、大繁荣的信贷管理制度创新，推动适应文化产业特点的金融产品创新，为文化产业做强、做大作出应有贡献。[②] 证监会指出，要充分发挥资本市场对文化发展繁荣的支持服务功能。要加强统筹协调，积极创造条件，支持符合条件的文化企业发行上市，鼓励文化类上市公司进行并购重组，稳步扩大文化企业债券市场融资水平，推动完善经营性文化单位转企改制的配套制度，促进文化企业和文化产业充分利用资本市场做大做强，为社会主义文化大发展、大繁荣提供强大的动力支持。[③] 保监会指出，要积极培育和发展文化产业保险市场。创新和开发适合文化企业特点的保险产品，提高保险在文化产业中的覆盖面和渗透度。同时，鼓励保险公司积极提供信用保险服务，加强和完善针对文化出口企业的保险服务。[④] 国家税务总局表示，将与有关部门共同研究完善促进文化体制改革和文化产业发展的一系列税收政策，加大税收政策支持力度，积极为深化文化体制改革、加快文化事业和文化产业发展营造良好的税收环境，将从三方面完善支持新兴文化产业的税收政策。[⑤]

六　加强外汇管理　推进人民币国际化

2011 年可谓是“人民币国际化年”。在进一步加强和完善外汇管

① 《央行：扩大文化企业直接融资规模》，2011 年 10 月 19 日《金融时报》。

② 《银监会：不断加强和改进文化产业金融服务》，新华网，http：//www. xinhuanet. com，2011 年 12 月 6 日。

③ 蔡宗琦：《尚福林：支持符合条件文化企业发行上市》，2011 年 10 月 20 日《中国证券报》。

④ 《积极培育和发展文化产业保险市场》，2011 年 10 月 21 日《中国保险报》。

⑤ 《税务总局运用一系列税收政策支持文化体制改革》，中国文化部网站，http：//www. mcprc. gov. cn，2011 年 12 月 6 日。

理工作的同时，人民币跨境业务全面开展。贸易结算范围从试点推向全国，从贸易领域推至投资领域，从对外投资扩展到外商直接投资，并由直接投资发展到证券投资。

（一）加强外汇管理水平

为合理引导跨境资金流动，防范违法违规资金流入，2011 年 4 月 1 日，外汇管理局正式开始实施《关于进一步加强外汇业务管理有关问题的通知》。根据要求，外管局在对已开办远期结售汇业务的银行实行收付实现制头寸余额下限管理的基础上，进一步调整了 2010 年 11 月 8 日收付实现制头寸余额为负数的银行的下限；同时要求加强金融机构短期外债管理，并适度调减了存放同业、拆放同业规模较大银行的短期外债余额指标。此外，外汇局将转口贸易收入纳入待核查账户管理，将企业货物贸易项下预收货款或 90 天以上延期付款的基础比例，分别调减至其前 12 个月出口收汇或进口付汇总额的 20%。同时，2011 年外汇局延续之前对“热钱”的高压政策，依托外汇非现场检查系统，与公安机关密切配合，在全国范围内开展了一系列打击跨境资金违规流动的专项行动，并取得了明显的成效。①

为进一步探索对外贸易外汇管理制度改革，本着“先易后难，逐步到位”的原则，外管局在 2010 年先期推出了进口付汇核销改革，拉开了货物贸易外汇管理改革的大幕。在总结近一年改革实践的基础上，作为前期外汇管理思路转变的延续和相关改革的继续深化，外管局于 2011 年 12 月开始了货物贸易外汇管理整体改革试点，出台《货物贸易外汇管理改革试点指引》及其实施细则。改革后的货物贸易外汇管理工作将侧重宏观检测分析与预警，采取主体分类动态监管的方法，筛选重点监测目标企业实施全面核查，以此培养良好的守法意识和环境。

---

① 夏青：《外汇局严厉打击跨境资金违规流动》，2011 年 11 月 12 日《证券日报》。

（二）扩大跨境贸易人民币结算范围

为推进人民币跨境贸易结算业务的开展，2011 年 8 月，人民银行、财政部、商务部、海关总署、税务总局和银监会六部委发布《关于扩大跨境贸易人民币结算地区的通知》，明确河北、山西、安徽、江西、河南、湖南、贵州、陕西、甘肃、青海和宁夏的企业可以开展跨境贸易人民币结算；吉林省、黑龙江省、西藏自治区、新疆维吾尔自治区的企业开展出口货物贸易人民币结算的境外地域范围，从毗邻国家扩展到境外所有国家和地区。至此，跨境贸易人民币结算境内地域范围扩大至全国。自 2010 年 6 月跨境贸易人民币结算试点扩大到北京等 20 个省（市、自治区）后，跨境人民币结算业务有序进行，企业和银行使用人民币进行跨境结算的需求不断增长。此次将跨境贸易人民币结算地区扩大至全国，是落实国家“十二五”规划纲要“扩大人民币跨境使用”部署的重要举措，可以更好地满足企业的需求，进一步促进贸易和投资便利化。

（三）完善人民币回流机制

健全境外人民币回流机制，一直被认为是增强境外机构与居民持有人民币意愿的重要一步，也是进一步推动人民币国际化的关键性环节。2011 年 10 月 13 日，商务部发布《关于跨境人民币直接投资有关问题的通知》，中国人民银行发布《外商直接投资人民币结算业务管理办法》，允许境外投资者以人民币来华投资。12 月 16 日，中国证监会、人民银行和国家外汇管理局联合发布了《基金管理公司、证券公司人民币合格境外机构投资者境内证券投资试点办法》，允许境内基金公司、证券公司的香港子公司，运用在中国香港募集的人民币资金投资内地证券市场。12 月 20 日，国家外汇管理局发布了《关于基金管理公司、证券公司人民币合格境外机构投资者境内证券投

资试点有关问题的通知》，就相关问题进行了细化。如对人民币合格境外机构投资者（RQFII）证券投资的额度实行余额管理，人民币合格境外机构投资者累计净汇入的人民币资金不得超过经批准的投资额度等。在跨境贸易人民币结算试点全面推广、境外人民币存量达到相当程度、境外人民币投资境内需求高涨的背景下，推出 RQFII 的试点，是推进人民币国际化向纵深发展和资本项目开放相结合的合理举措。[①]

七　2012 年中国金融监管工作重点及展望

2012 年是实施“十二五”规划承上启下的重要一年，中国金融监管将面临千载难逢的机遇和更加严峻的挑战。中国金融监管机构不仅要密切关注当前中国金融体系所面临的系统性风险隐患，如经济增速放缓、房地产投资下滑、出口增速回落、地方政府债务风险及周期性不良贷款增加等，并提出和落实相应的对策，还要进一步为深化金融体制改革作出部署，为一系列金融创新和改革保驾护航，并准备好随时预防和应对来自外部的冲击。

2012 年中国金融监管工作将主要围绕“十二五”规划及第四次全国金融工作会议所提出的金融体制改革等具体要求展开。具体内容包括：

第一，进一步强化社会融资规模在宏观经济监测中的作用。自 2011 年 4 月 14 日以来，中国人民银行逐月公布对外公布社会融资规模数据。2012 年央行将进一步完善社会融资规模统计方法和口径，不断发挥该指标对全面检测和分析社会整体资金状况的作用，促进和提高货币政策调控的有效性。

---

① 靖立坤、王莉：《张弛相间　重在发展》，《中国外汇》2012 年第 1 期。

第二，有计划、有步骤、有阶段地完善利率市场化基础制度和配套措施建设。2012年中国人民银行将加强对金融机构利率定价能力的评估，引导其增强风险定价、议价能力，并选择具有硬约束的金融机构，开展竞争市场中利率自主定价试点工作，并可能选取一部分小型商业银行或城商行择机试行存款保险制度。

第三，全面实施中国版巴塞尔新资本协议。随着《关于中国银行业实施新监管标准的指导意见》的出台及有关资本充足率、动态拨备率、流动性指标和杠杆率四大监管工具的政策措施的不断完善，2012年相关政策措施有望逐步推出并实施。其中，随着大型银行将同步实施《巴塞尔协议Ⅱ》和《巴塞尔协议Ⅲ》，《商业银行资本管理办法》将首先正式颁布施行。同时，银监会还将完成对中国系统重要性机构的界定与认定工作，并逐步开展区别化监管。

第四，继续加强重点领域的风控管控，防范系统性金融风险。逐步完善对民间金融和影子银行体系的监管与引导工作，使其发挥填补金融空缺，支持实体经济的作用。同时，继续贯彻落实国务院对清理地方政府融资平台贷款和房地产市场调控的部署，在确保地方财政金融稳定、房地产价格可控的基础上，推动地方经济稳健发展。

第五，重点开展证券市场基础制度建设与完善。2012年证监会将继续深化发行体制改革，完善新股价格形成机制，改革股票承销办法，完善预先披露和发行审核信息公开制度。以优化市场优胜劣汰机制为导向，积极推进退市制度改革，逐步形成市场化和多元化的退市标准体系，并优先推出和实施创业板退市制度。加强对上市公司红利分配决策过程和执行情况的监管，强化对未按承诺比例分红、长期不履行分红义务公司的监管约束。加快建立统一监管的场外交易市场，并适时推出双向跨境的交易所交易基金（ETF）和国际板市场。

第六，继续清理整顿保险中介市场，维护保险消费者权益。2012年保监会将引导保险兼业代理机构向专业代理机构发展，提高代理机构的准入门槛并完善推出淘汰机制，推动专业代理市场的专业化和规模化发展。同时，保监会还将以保护消费者权益为目的，重点解决车险理赔和寿险销售等领域的销售误导问题，加大处罚力度，提高违法违规成本，并及时将检查和处罚情况以及典型案例向社会披露。

下篇　金融市场运行

The Second Part　State of China's Financial Markets

B.6
分报告5
货币市场运行

一　货币市场交易总量与结构

中国的货币市场主要集中于“银行间货币市场”，即银行间市场上的债券回购、同业拆借、票据市场三大交易板块，其中，票据市场交易规模的统计口径是票据贴现。[①]

就交易规模而言，2011年银行间债券回购、同业拆借及票据贴现的交易规模分别为99.5万亿元、33.4万亿元、25.0万亿元，交易额加总规模高达157.9万亿元。这分别相当于2006年和2001年交易规

① 为了使统计和分析保持延续性，本文采用的货币市场的统计口径与《中国金融发展报告(2011)》保持一致。

模的4.2倍和24.8倍，这也意味着银行间货币市场在“十一五”期间和“十五”期间分别以年均34%和42%的速度增长（见图1）。银行间货币市场交易规模的急剧膨胀可以归结为三点原因。其一，金融发展和金融深化的加剧。金融深化是由多种因素造成的：一方面，实体经济的发展存在着对金融服务的诉求；另一方面，金融制度的变革（尤其是利率市场化的推进）使得金融业的压抑状况得到缓解。此外，外部因素（全球失衡）和内部体制（软盯住美元汇率和结售汇制度）的结合也使得货币当局和整个金融业的资产负债表持续扩张。根据中国人民银行网站公布的数据，2011年货币当局和银行业机构的总资产规模分别是2006年的2.2倍和2.8倍。其二，货币市场参与主体的扩容。根据中国货币网的统计，目前本币市场的交易成员数达到4099家，机构类型不仅包括各类存款货币机构，也包括券商、保险公司、信托公司、基金公司等，充分反映了市场各类主体的资金诉求。其三，金融创新的推动。这一方面源自银行机构对货币调控和监管政策的应对，从而更加重视流动性管理；另一方面源自金融脱媒条件下金融消费者对更高收益和更高流动性产品的需求，银行顺应这一趋势进行的创新活动不仅推动了货币市场的扩张，也提高了货币市

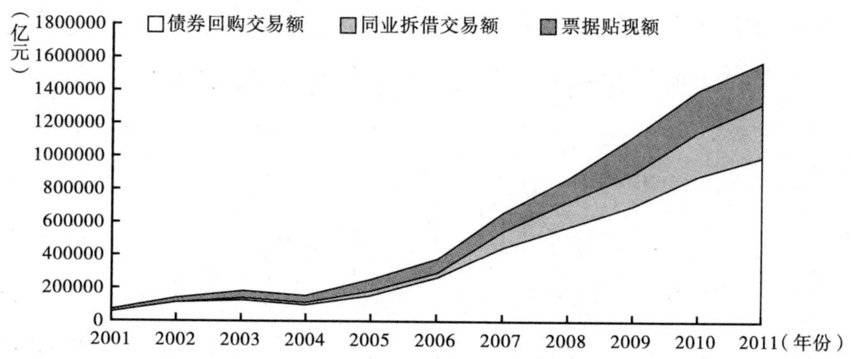

图1　银行间货币市场交易结构

资料来源：根据各年《货币政策执行报告》、《中国人民银行统计季报》及中国人民银行网站的年度统计数据整理。

场的交易速度。作为2011年银行业创新活动的一个典型案例，挂钩上海银行间同业拆放利率（Shibor）的理财产品成为市场的宠儿。

就交易品种而言，债券回购一直是最活跃且占据主导地位的交易品种，银行间同业拆借则成长最快。2006年，银行间市场上债券回购、同业拆借和票据贴现三大市场的交易额占比分别为71.4%、5.8%和22.8%。到2011年，相应的数据已经演变成63.0%、21.2%和15.8%（见图2）。从2006～2011年的结构变化来看，债券回购交易的市场地位略有下降，但仍居于主导性地位；同业拆借交易的市场地位大幅上升，开始匹敌于同期市场地位出现大幅下降的银行间票据市场交易。这一转变与2007年初人民银行推出上海银行间同业拆放利率有很大关系，这一年同业拆借交易实现了年度增长4倍的规模突变。这也标志着承载金融体系内部短期资金直接融通的基础设施迈上了一个更高的发展台阶。

就期限结构而言，货币市场交易的期限结构日渐短期化，开始更加集中于隔夜交易（见图3）。在银行间市场上，2006年的隔夜质押式债券回购与隔夜同业拆借的市场份额占比分别仅为51.0%、29.6%。到2011年时，这两个比例就已经分别巨变为75.4%、81.7%。从中间的变化历程来看，这两类隔夜交易分别在2009年、2007年实现了超过75%的市场集中度，其中尤以后者的集中度提升最快。相应的，7天交易品种（覆盖2～7天的系列期限）的市场份额从2007开始出现了大幅下滑。到2010年和2011年，7天质押式债券回购与7天同业拆借的市场份额分别落入15%、10%左右的狭窄区间，并趋于稳定。7天交易品种在交易量地位上的失守，也意味着其在货币市场利率体系中的代表地位弱于隔夜利率。隔夜利率的地位上升并趋于稳定的特点，反映了银行业金融机构运用货币市场工具管理资金流动性的成熟。作为货币市场短期化特征的一个补充，无论是债券回购还是同业拆

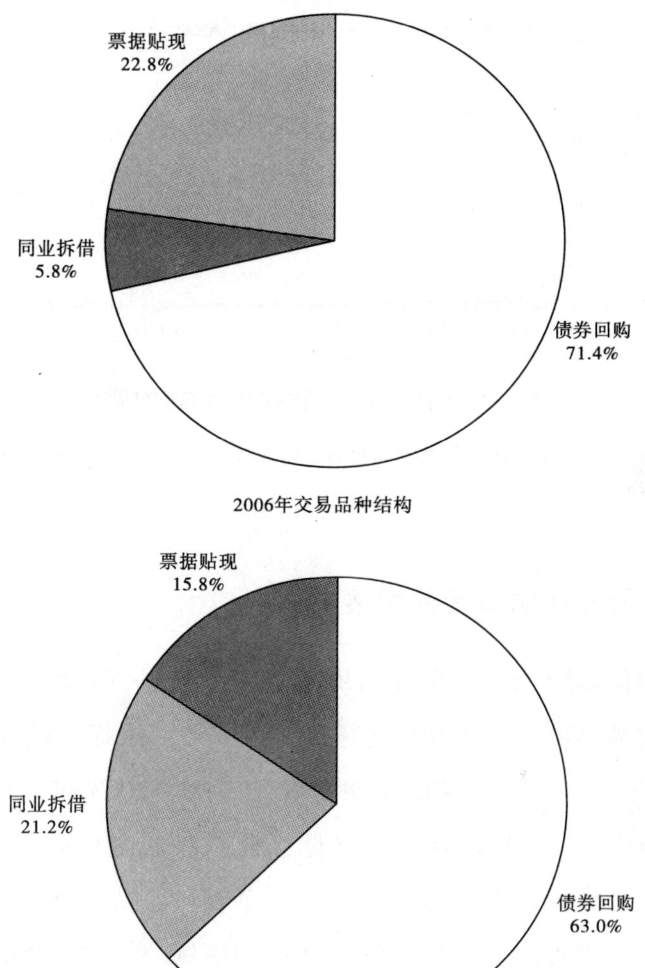

图2　货币市场交易品种的变化

资料来源：根据各年《货币政策执行报告》、《中国人民银行统计季报》及中国人民银行网站的年度统计数据整理。

借，其21天以上品种的交易量都非常低，2011年前者的比例不超过2%，而后者不超过1%。

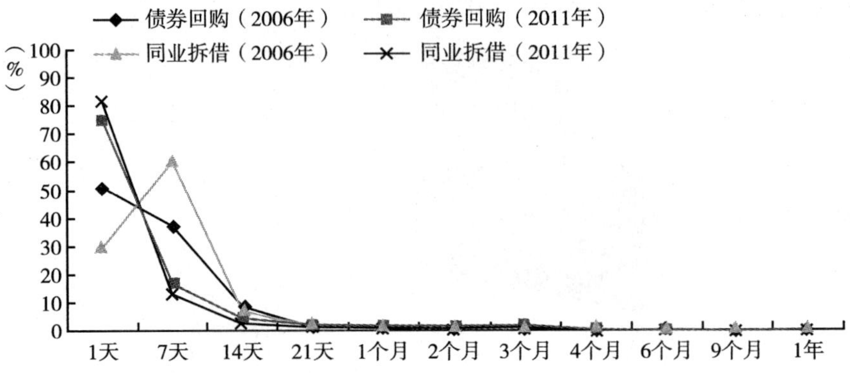

图 3　货币市场交易品种期限结构的变化

资料来源：根据中国人民银行网站的年度统计数据，计算各个交易品种的规模结构占比而得。

（一）债券回购市场的发展

银行间债券回购交易是我国货币市场乃至整个金融市场中最为活跃的一个交易品种。自 1998 年正式成立以来，该板块的年度交易规模增长近 57 倍。它的最快成长期发生在 2000 ~ 2003 年，几乎每年增速都在 50% 以上（只有 2002 年略低于此水平）。在银行间三大货币交易中，这是成长性表现最为稳定的一个板块。从两种交易方式的结构特点来看，质押式回购仍是银行间回购市场的绝对主体，但规模占比略有下降。2006 ~ 2011 年，它的年度成交金额占比由 98.4% 下降到 97.2%。同期的买断式回购交易则呈现跳跃式发展，规模扩张近 4 倍。这表明自 2004 年开通业务以来，这种没有证券资产抵押情况下的信用交易，正在快速寻觅它的适用空间。2011 年，买断式债券回购累计成交 2.81 万亿元。

从 2011 年的月度情况来看，银行间质押式回购市场表现出与上年完全不同的走势（见图 4）。2010 年质押式回购市场是先扬后抑，而 2011 年则是先抑后扬。如果不考虑 2 月的春节效应，从 3 月开始

受连续上调准备金率的影响，市场成交量持续萎缩。7 月、8 月两月，由于外汇占款仍在增加，且没有相应的冲销措施，交易量小幅反弹。受准备金缴存范围扩大的影响，9 月、10 月两月的交易量又受到拖累。11 月后，为应对外汇占款负增长局面，准备金下调、财政存款投放以及公开市场操作多管齐下，交易量大幅反弹。

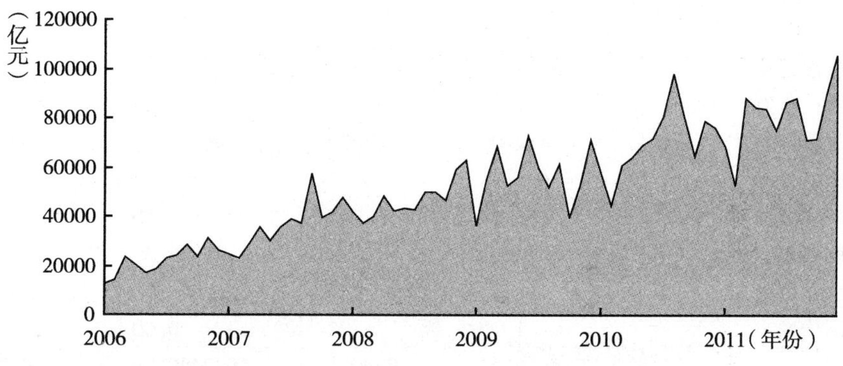

图 4　银行间质押式回购月度交易金额（2006～2011 年）

资料来源：根据中国人民银行网站数据整理绘制。

银行间市场上质押式与买断式回购的基础券种结构表现出较大差异，后者呈现出分散化特征。质押式回购选择交割的基础证券主要包括政府债券、央行票据和政策性银行债三大类（见表 1）。但该部分的交割量占比已经由上年的 83% 下降到 78%，其中政策性银行超过政府债券成为交割量最大的券种。占比上升的部分主要来自中期票据和企业债券等风险债券。资产支持债券几乎完全萎缩，反映出紧缩条件下这种风险结构并不明朗的债券并未受到市场青睐。此外，当年还新增了基础券种——铁道部发行的“政府支持债券”。

在 2011 年买断式回购交易的基础券种结构中（见表 2），政府债券、央行票据和政策性银行债等安全债券的市场份额占比由上年的 60% 急降到 50%，其中政府债券有所上升，央行票据占比锐减 4%，政策性银行债则保持了 34% 的占比绝对优势。在风险债券中，企业债

表 1　银行间市场质押式债券回购的券种结构

券　种	2010 年		2011 年	
	债券交割量(亿元)	结算笔数	债券交割量(亿元)	结算笔数
政府债券	226658.53	50229	262680.44	70144
央行票据	248612.75	34403	196483.02	30490
政策性银行债	285167.38	85443	396357.08	129562
政府支持机构债券	474.25	183	2074.80	843
政府支持债券	0.00	0	1050.01	736
商业银行债券	12551.63	4673	15806.61	5270
非银行金融机构债券	341.76	370	807.25	904
企业债券	45411.06	24820	69559.17	48387
短期融资券	41613.28	14923	47227.19	21789
资产支持证券	166.69	57	0.50	1
中期票据	56530.08	18702	99536.30	41322
集合票据	118.12	270	846.99	1474
外国债券	1.10	2	0.00	0
合　计	917646.63	234075	1092429.36	350922

资料来源：中国债券信息网，http：//www.chinabond.com.cn。

表 2　银行间市场买断式债券回购券种结构

券　种	2010 年		2011 年	
	债券交割量(亿元)	结算笔数	债券交割量(亿元)	结算笔数
政府债券	2218.80	1291	3369.06	1544
央行票据	3067.48	1198	1117.23	406
政策性银行债	12968.44	3235	10117.93	3757
政府支持机构债券	20.00	9	0.00	0
政府支持债券	—	—	233.58	163
商业银行债券	358.09	220	459.25	306
非银行金融机构债券	4.10	12	17.60	10
企业债券	2690.85	2057	5907.53	6605
短期融资券	3818.25	1726	1277.81	1431
资产支持证券	0.00	0	0.00	0
中期票据	5131.77	3245	6543.15	6520
集合票据	5.09	19	4.63	14
合　计	30282.87	13012	29047.77	20756

资料来源：中国债券信息网，http：//www.chinabond.com.cn。

的市场额额大幅上升，中期票据小幅上升、短期融资券的交易则萎缩，三者合计占比为47%，超过安全债券的比重。相比上一年，政府支持债券和非银行金融机构债成为新的交易品种。

（二）同业拆借市场的发展

自2007年Shibor作为基础利率体系正式推出以来，银行间同业拆借市场在国内货币市场中的地位发生了根本性改善。当年的成交金额即发生规模跳跃，达到10万亿元以上的水平。到2011年，它的全年成交规模已经超过33万亿元（见图5），足以与银行间货币市场上的其他两个板块构成三足鼎立之势。近五年以来，它与债券回购交易的年度规模扩张节奏呈现此起彼伏的态势，但两者月度成交额增速的统计相关系数为0.84，表现出一定的同步性。相关性统计在一定程度上反映了这两个货币市场板块的一体化联系程度。

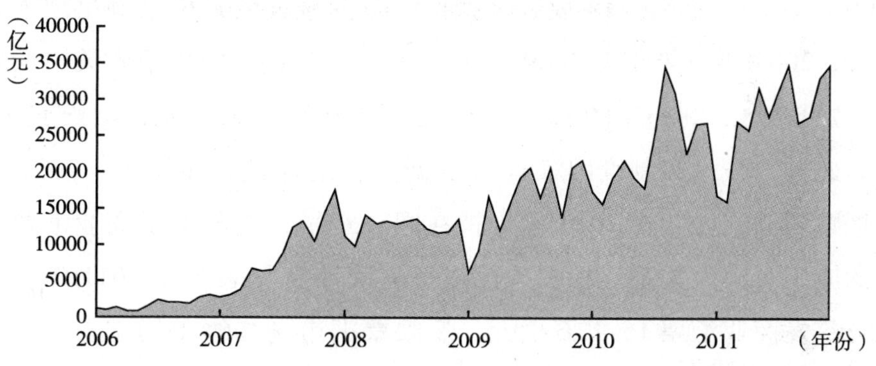

图5　银行间同业拆借月度交易量（2006～2011年）

资料来源：根据中国人民银行网站数据整理绘制。

（三）票据市场的发展

票据市场是银行间市场的构成板块之一，交易品种包括转贴现和

回购，以银行承兑汇票交易为主。从交易品种的可比性角度看，只有票据贴现可以与债券回购、同业拆借一起构成同一层面上具有独立互补关系的货币市场交易板块。而且，央行通过再贴现操作影响银行间市场上的票据贴现交易，已经构成了一个重要的政策传导渠道。相比较而言，在此之外一般意义上的商业票据签发、承兑和贴现，或泛指的票据市场，还不具备以上金融市场特征与货币政策意义。因此，这里没有像过去那样，将银行间票据市场视为特定服务于非金融企业、与其他两个板块互补的货币市场板块。① 当前，以交易性票据（银行承兑汇票）流通为主的金融市场活动，仍然主要是为金融机构资金头寸调剂服务的。

2006~2011 年，票据市场的发行环节持续活跃，但流通环节波动较大，这主要是受货币政策干预的影响。由于金融机构从票据贴现交易的资金头寸归入其信贷收支表，并列入贷款栏目下的“票据融资”项，我们可以从票据融资的月度数据看出其剧烈的趋势性波动。2006 年到 2008 年第一季度，金融机构票据融资的月度余额呈现下降趋势；2008 年下半年至 2009 年央行实施适度宽松的货币政策，票据累计贴现额由 2008 年的 13.5 万亿元上升至 23.2 万亿元，增长了近 1 倍。此外，技术和制度因素也对票据融资的规模产生影响，2009 年票据贴现额剧增并在 2010 年维持在同一水平，这与电子商业汇票系统的应用有很大关系。根据人民银行的统计（见表 3），2011 年企业累计签发商业汇票 15.1 万亿元，反映票据市场二级市场交易规模的累计贴现额为 25 万亿元，相比于上年的规模略有下降。这与 8 月出台的准备金缴存范围调整有重要关系，商业票据的保证金存款位列其中。8~10 月，票据融资由 15152.98 亿元下降至 14244.18 亿元，相应的，贴现利率也一路上升，最高达到 13%。

① 李扬主编《中国金融发展报告（2004）》，社会科学文献出版社，2004，第 448 页。

表3　中国票据市场发展概况

单位：万亿元

年度＼品种	商业汇票累计签发额	商业汇票期末余额	累计贴现额	贴现余额
2006	5.4	2.2	8.5	1.7
2007	5.9	2.4	10.1	1.3
2008	7.1	3.2	13.5	1.9
2009	10.3	4.1	23.2	2.4
2010	12.2	5.6	26.0	1.5
2011	15.1	6.7	25.0	1.5

资料来源：各年中国人民银行《货币政策执行报告》。

二　货币市场利率动态及影响因素分析

（一）Shibor 利率走势

货币市场品种繁多，期限各异，对于市场利率动态的分析，我们选择代表性的利率进行分析。随着上海银行间同业拆放利率（Shibor）运行日臻成熟，它作为基准利率的参照作用也更为突出。中国人民银行货政司司长张晓慧①撰文从两个方面论述了上述观点：第一，Shibor 利率的走势较好地反映了货币政策的意图，并与其他市场主要利率保持了较高的相关性。第二，Shibor 利率对各类金融产品定价的指导作用逐渐凸显。2011 年以来，浮息产品发行量明显扩大，截至 4 月末，共发行 Shibor 浮息债 10 只，总发行量为 971 亿元，占浮息债发行总量的 32%。2010 年初至 2011 年 4 月末，市场共发行固息企业债 4829 亿元，全部参照 Shibor 定价。同时，参照 Shibor 定价

① 张晓慧：《全面提升 Shibor 货币市场基准利率地位》，《中国金融》2011 年 12 期。

的固息短期融资券共发行3375亿元，占固息短期融资券发行总量的33%。此外，Shibor对同业存款、同业借款和票据融资等资金业务的指导意义也在不断提高，大部分报价行能够根据Shibor变动判断市场取向，实时调整内部转移价格。

基于以上论述，我们通过Shibor体系来观察货币市场的利率动态（见图6）。2011年国内货币市场利率呈现出以下三个特点：第一，长端利率在经历一个小幅上涨后基本维持在一个稳定水平，1年期利率在8月达到5.23%后基本稳定，上下波动不超过2个基点的范围。3个月利率大体维持相同的走势，只是在1~2月和6~7月出现了两次上涨的小高潮。第二，短端利率表现出完全不同的走势。隔夜和7天Shibor利率在1月冲高回落后，从3月开始形成强劲上涨势头，自6月底开始缓慢下降。这期间隔夜和7天利率最高分别达到7.98%和9.07%，反映出资金紧张的局面。第三，作为长短期结合考察的结果，短端利率数次超过长端利率（两次大幅超过）。这不仅说明了资金紧张的局面，严格地讲反映了流动性的极度匮乏和脆弱。这一现象

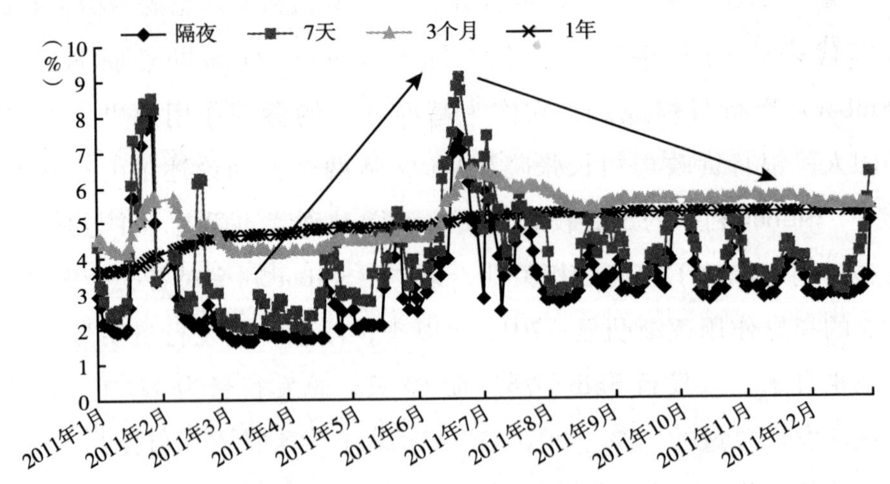

图6　2001年Shibor走势

资料来源：根据Shibor网站数据整理，选取部分期限品种绘制。

同时也意味着在升息期许多传统的操作策略失效。比如，降低风险敞口的短期策略完全失效，因为收益率期限结构完全倒挂；浮息债策略也失效，2011 年来加息的频度与幅度都远落后于市场利率，浮息债与固息债同涨跌，且由于流动性弱于固息债，跌幅甚至阶段性超过固息债。此外，作为银行应对流动性紧张的一个表现，图 6 中短端利率几乎呈现出锯齿形的走势，这实际上是银行在月末为应对存贷比考核而进行资金“左腾右挪”的结果。

（二）影响货币市场价格的外部环境

对于 2011 年如此高企的货币市场利率，我们首先分析实体经济层面的原因。货币市场是批发性资金交易的场所，也是货币政策传导的蓄水池，因此其资金面的松紧状况与宏观经济的形式和货币当局的政策意图有密切联系。货币当局关注的目标包括增长（投资）、物价和外部均衡。就增长目标而言，其基本原理是通过短端利率和长端利率的同步同向运动影响实体面的资金需求，在货币市场和信贷市场几乎分割的状态下，实体面的资金需求主要由半管制的贷款利率决定。就物价目标而言，从“货币长期中性”的理论角度和各国央行货币操作范式的转变来看，物价相对于增长成为越来越重要的关注目标。此外，“一切通货膨胀都是货币现象”这句话在中国深入人心，这也使得人民银行对 CPI 的变动更加敏感。就外部均衡而言，由于我们实际上实施的是软盯住汇率政策，因此央行在货币市场上进行冲销干预不可避免。基于以上理论分析，如果要洞察货币当局的政策意图，我们认为 CPI 和外汇占款的变动是两个极佳的切入点。

2011 年上半年 CPI 延续了 2010 年的上升趋势，7 月见顶后呈下行趋势。Shibor 隔夜拆借利率在 1 ~ 2 月完成下行走势后即与 CPI 走势吻合，1 ~ 2 月的利率下行一方面是由于 CPI 的上升没有显现出趋势（1 月和 2 月的 CPI 没有超过 5%）；另一方面由于春节效应央行加大了公开市场的货币投放。从外汇占款的增量情况看，前9个月月均增量大约为3000亿元，上半年每月一次提高准备金率0.5%回笼的资金大约也是3000亿元，这大体抵消了外汇占款的扩张效应。7月、8月两月准备金率并无调整动作，外汇占款的扩张效应使得利率下调。8月调整准备金缴纳范围的政策在9月开始生效，尽管9月的外汇占款仍有增量，但紧缩效应使得Shibor隔夜利率小幅上升；10月外汇占款负增长，加剧了资金紧张的局面；11月后由于准备金率的下调，有效应对了外汇占款的萎缩，Shibor隔夜利率下行。

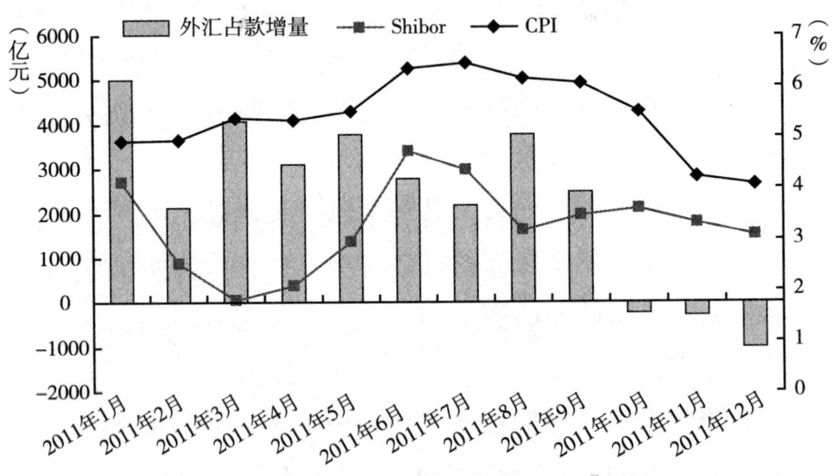

图7　Shibor隔夜利率走势及其外部环境

资料来源：根据Shibor网站数据、中国人民银行网站年度数据和Wind资讯整理。

（三）货币政策操作及其他工具的影响

在分析了影响货币政策操作的环境后，还需了解货币当局通过哪些工具影响资金蓄水池的水位。当前环境下可操作的工具包括三个：一是准备金率的变动，提高意味着货币回笼，降低意味着货币投放；

二是央行的公开市场操作，央行票据的发行和正回购意味着货币回笼，央行票据到期和逆回购意味着货币投放；三是国库现金管理，国库现金存款到期意味着货币回笼，存款招标意味着货币投放。2006年财政部出台了《中央国库现金管理暂行办法》，自2008年开始国库现金存款招标的运用愈加频繁，成为影响货币市场的一个重要因素。货币当局在分析宏观经济环境后会综合运用上述工具对货币市场施加影响。

我们将上述三个因素对货币市场的影响绘制在一起，并计算货币政策操作的净效应（见图8）①。2011年货币政策操作的净效应呈双峰形态。1月，由于春节的临近，公开市场操作进行的货币投放力度较大。2~5月，外汇占款增量呈上升趋势，为遏制这一增长势头，货币政策操作保持了净回笼的状态；3月外汇占款增量冲顶，相应

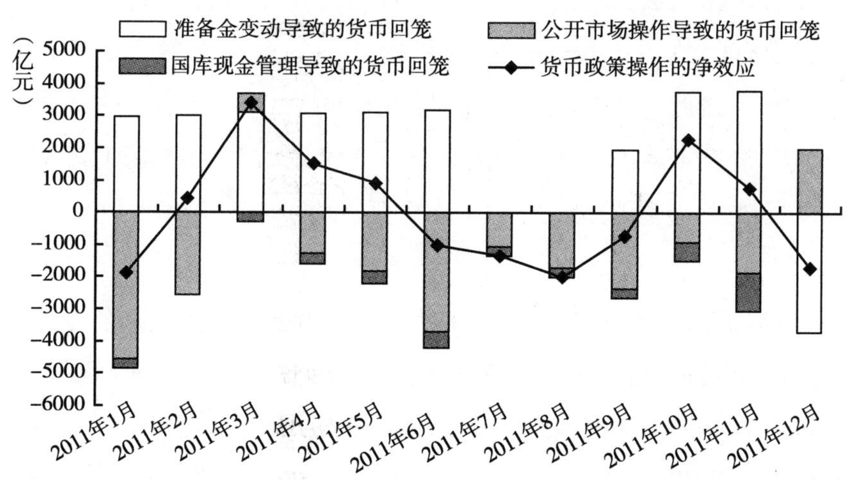

图8 货币政策操作的净效应

资料来源：根据Wind资讯和中国人民银行网站数据计算整理。

① 关于准备金缴存范围变动的计算方法，我们以五大国有商业银行和邮政储蓄银行的方法为准。第一阶段补缴额计入9月，比例为20%；第二阶段补缴额计入10月，比例为40%；第三阶段补缴额计入11月，比例为40%。对于国库现金管理，我们单方面计算了招标的情况，并没有到期的情况。

的，货币政策的净回笼也达到3392亿元。5～7月，外汇占款增量呈下降趋势，货币政策操作转为货币净投放。8月出台的准备金缴纳范围调整的政策应该说是具有前瞻性的，但市场资金面却发生了急转直下的突变，11月货币当局下调法定准备金率以应对。

三　货币市场资金流动

银行间债券回购与同业拆借市场上的金融机构资金流动情况，是观察整个货币市场资金流动的主要窗口。金融机构的群体被分为四大类：第一类是国有商业银行；第二类是其他商业银行；第三类是其他金融机构，包括政策性银行、农信社联社、财务公司、信托投资公司、保险公司、证券公司及基金公司；第四类是外资金融机构。在银行间货币市场上，不同机构类型的资金净融入、净融出情况，反映了彼此之间头寸调剂的情况。同时，由于参与主体涵盖了银行、保险、证券、信托等金融子行业，统一货币市场上的资金流动，也反映了金融同业之间以及货币市场与资本市场之间的联动情况。

长期以来，国有商业银行在货币市场上一直处于资金净融出状态，其他金融机构与外资金融机构一直处于资金净融入状态。其他商业银行（包括股份制银行和城市商业银行）在2009年之前也保持着资金净融出的状态，2009年在回购和拆借两个市场融入和融出的焦灼对比后，2010年正式转化为资金净融入状态。这实际上反映出股份制银行和城商行在经历了市场长期历练后，资产业务已经形成可持续发展的态势，负债面已成为其发展的掣肘。至此，其他商业银行的退出使得国有商业银行完全占据了“货币中心银行”的地位。

2011年在资金面持续紧张的局面下，货币市场的资金流动呈

现出两个不同于以往的特点：第一，作为资金批发中心的国有商业银行，其资金融出规模急剧下降，相对于2010年国有商业银行的资金净融出下降了11.69万亿元（见表4、表5）。第二，往年回购和拆借市场上各类机构都表现出相同的资金流动走向，而2011年除证券及基金公司在两个子市场的表现一致外，其他机构在两个市场上都表现出相反的资金流向。国有商业银行在拆借市场上融入资金，在回购市场上融出资金；其他机构则是在拆借市场上融出资金，在回购市场上融入更多的资金。这种局面的形成反映出，在资金极度紧张的条件下其他机构的融资条件更加恶化，因为它们的融资需要更多的质押。

表4　金融机构债券回购交易的季度资金流动情况

单位：亿元

时间＼类别	国有商业银行	其他商业银行	其他金融机构	其中		外资金融机构
				证券及基金公司	保险公司	
2009Q1	-77238	-3740	72118	28767	12595	8860
2009Q2	-74105	-789	66659	24301	8905	8235
2009Q3	-55222	-2822	50912	24069	10513	7131
2009Q4	-47562	-1285	43101	17331	8314	5747
2010Q1	-62499	17958	38133	19943	3335	6408
2010Q2	-28818	22038	-245	17371	-2427	7026
2010Q3	-90704	30870	46431	20667	9506	13401
2010Q4	-55476	13346	36909	16694	11455	5222
2011Q1	-48621	13487	31909	13091	6494	3226
2011Q2	-51201	14714	34180	14402	5399	2306
2011Q3	-51899	19072	32917	14936	7162	-91
2011Q4	-40424	4544	31243	24230	5871	4638

注：负号表示净融出，正号表示净融入。

资料来源：根据中国人民银行各季度货币政策执行报告整理。

表 5　金融机构同业拆借交易的季度资金流动情况

单位：亿元

时间＼类别	国有商业银行	其他商业银行	其他金融机构	其中		外资金融机构
				证券及基金公司	保险公司	
2009Q1	-4130	-103	1790	317	—	2443
2009Q2	-8219	2817	3098	786	—	2303
2009Q3	-4527	2560	902	372	—	1066
2009Q4	-663	-907	1240	264	—	330
2010Q1	-9800	6282	1962	224	—	1556
2010Q2	1248	-5366	4385	418	—	-266
2010Q3	-14290	5875	6966	1632	—	1448
2010Q4	-660	495	286	-125	—	-121
2011Q1	1360	-5328	4327	2502	—	-359
2011Q2	13826	-5222	-4856	2345	—	-3749
2011Q3	18231	-9831	-4875	2367	—	-3524
2011Q4	13914	-7577	-4398	3023	—	-1939

注：负号表示净融出，正号表示净融入。

资料来源：根据中国人民银行各季度货币政策执行报告整理。

四　2011 年货币市场运行中的理论探讨

货币市场是金融市场中的重要子市场，它是批发性资金的交易场所，对基准利率的决定起着重要作用。2011 年货币市场利率一路上行，其主要原因是在通货膨胀和冲销外汇占款的双重压力下，货币政策的操作表现为紧缩态势（虽然表述为“稳健”），货币市场也面临资金紧张的压力。2011 年又是“十二五”的开局之年，对于稳步推进利率市场化改革而言，货币市场肩负着重任，不少学者对于货币市场的建设提出了对策建议。对于货币市场的长短期运行状况，我们将市场和学界的观点归纳为如下三个方面：

第一，关于货币市场走势的看法。第一创业[①]（2011年1月17日）认为，在高信贷和高物价的形势下，货币政策的取向依然偏紧。他们的研究报告通过对央行公开市场操作量价两方面的分析，认为货币市场利率存在上升趋势。财富证券[②]（2011年7月18日）针对银监会出台的《商业银行理财产品销售管理办法》，从理财产品表内外转换的角度详细分析了该办法对资金面的影响。招商银行[③]（2011年7月29日）则从时点效应、类存款产品的假性扩容和资产错配导致的流动性需求三个方面分析了理财产品对资金面的影响。2011年8月，人民银行下发通知将商业银行的保证金存款纳入存款准备金的缴存范围，招商银行研究人员[④]据此估算，6个月内回笼的资金在9000亿元左右，相当于2～3次存准率的提升幅度，这将对银行间市场产生巨大影响。招商证券研究人员[⑤]则认为，由于采取分阶段缴存的方式，而后期随着外资流入和外汇占款的增加，并不会对货币市场资金产生巨大影响。

第二，关于货币市场的市场建设问题。2011年货币市场建设的问题主要围绕如何提高Shibor作为货币市场基准利率的地位展开。中国人民银行货政司专家[⑥]在回顾了Shibor在货币政策传导以及对各类金融产品的指导作用后，提出提高Shibor报价质量和交易基础的方法与途径：其一，扩大Shibor浮息债发行和交易，并以此形成对Shibor

① 王皓宇：《“双高”政策紧　债市要小心》，2011年1月17日《第一创业债券研究报告》，资料来源于中债信息网（http：//www. chinabond. com. cn/）中的研究分析栏目。

② 陈鹏：《银行理财新规为资金面增添新风险》，2011年7月29日《财富证券债券市场策略周报》，资料来源于中债信息网（http：//www. chinabond. com. cn/）中的研究分析栏目。

③ 刘俊郁：《流动性枯竭之殇》，2011年7月29日《招银专题分析报告》，资料来源于中债信息网（http：//www. chinabond. com. cn/）中的研究分析栏目。

④ 刘俊郁：《央行调整存准金覆盖范围点评》，2011年8月31日《招银专题分析报告》，资料来源于中债信息网（http：//www. chinabond. com. cn/）中的研究分析栏目。

⑤ 罗毅：《为什么要增加准备金缴存基数》，2011年8月31日《证券时报》。

⑥ 张晓慧：《全面提升Shibor货币市场基准利率地位》，《中国金融》2011年第12期。

报价的有效支撑；其二，依托衍生品市场发展，扩大 Shibor 应用外延；其三，发行同业存单，发挥 Shibor 对批发资金市场价格的指导作用。关于其中第三点，一些研究人员①撰文指出同业存单对利率市场化的意义不大。因为在同业存款已经市场化的条件下，同业存单市场建立的目的在于为存单二级市场的发展奠定基础，但实际上银行理财、信托和货币市场基金已经构成了投资者进入货币市场的渠道。此外，还有人②指出了 Shibor 运行机制的问题，目前 Shibor 的监管主要集中在事后监管，对报价行并没有要求其按所报价格成交。因此成员的报价将更多体现自己的利益诉求，而不是真实的资金供求价格，因此，建议对 Shibor 建立强制交易制度。

第三，关于货币市场的理论和实证研究。这方面的研究主要集中在以下三点。其一，Shibor 是否成为基准利率及其与其他利率之间的关系。刘湘云、邱乐平③从市场性、相关性、基础性和稳定性四个方面对 Shibor 的基准利率性质进行了探讨，其结论是 Shibor 尽管存在中长端报价与实际交易成交价之间的利差较大，远不如 Libor 稳定，但其市场性、基础性和稳定性还是基本具备，可以承担作为金融产品定价基准利率的功能。陈红霞、袁显平④通过事件法研究了存贷款利率调整对 Shibor 的影响，其结论是存贷款利率调整对 Shibor 存在非对称性的传导效应，主要表现在对短期市场利率的传导效应上，加息存在负向效应。其二，关于央行公开市场操作的影响。杨冰、刘元荣⑤运用 VAR 模型和协整关系检验了央行票据冲销操作的有效性，其结论

① 陈静、张忠永：《对重启大额可转让定期存单市场的思考》，《银行家》2011 年第 8 期。

② 苏昌蕾：《论上海银行间同业拆放利率的运行：现状、问题与对策》，《吉林金融研究》2011 年第 7 期。

③ 刘湘云、邱乐平：《Shibor 已成为我国货币市场基准利率了吗?》，《金融理论与实践》2011 年第 1 期。

④ 陈红霞、袁显平：《利率政策对货币市场的“非对称性”传导》，《广东金融学院学报》2011 年第 7 期。

⑤ 杨冰、刘元荣：《我国央行票据冲销操作的实证研究》，《特区经济》2011 年第 4 期。

是央行票据发行与基础货币和同业拆借利率之间存在负向关系，但脉冲响应表明冲销操作不具备长期持续性。管圣义、魏玮[①]则从发行量的角度讨论央行票据发行对二级市场收益率的影响，其结论是两者的关系是正向的。其三，关于国库现金管理对货币市场的影响。王鑫、公慧[②]从理论层面比较了中央银行代理国库、国库现金余额存入商业银行和国库现金余额直接投放货币市场三种模式对货币政策的影响。吴金友[③]通过协整和误差修正模型直接测度了国库现金管理中标利率与同业拆借利率之间的关系，其结果表明，短期（3个月）中两者之间是反向关系，即国库现金管理主要用于缓解部分商业银行的极短期资金需求，长期（6个月）中两者之间的关系趋于一致，表明国库现金和长期拆借资金都用于银行的负债经营。

五 2012年货币市场展望

2011年货币市场经历了资金面极度紧张的局面，从8月开始受通胀压力减小和外汇占款增量减少并转为负增长两方面因素的影响，货币当局的政策导向发生微调，资金面紧张的趋势开始缓解。

2012年货币市场的走势有望延续2011年末的情况。我们从外汇占款和物价走势两个方面分析：

就外汇占款而言，受欧洲债务危机继续恶化升级的影响，国内出口依然存在下行压力。资金方面，美国经济温和复苏，物价压力有所

---

① 管圣义、魏玮：《央行票据发行量对债券收益率影响的理论与实证分析》，2011年2月1日《货币政策操作对债券市场影响研究系列之一》，资料来源于中债信息网（http://www.chinabond.com.cn/）中的研究分析栏目。

② 王鑫、公慧：《地方国库现金管理对货币调节的影响研究》，《黑龙江金融》2011年第1期。

③ 吴金友：《中央国库现金管理中标利率与货币市场利率关系的实证分析》，《中国货币市场》2011年第8期。

显现，暂时不具备推出 QE3 的条件。而欧洲由于对通货膨胀的担心，欧洲央行一直有基础货币回收机制。海外主要国家的基础货币短期内无法扩张。此外，美国基本面好于欧洲，带来全球流动性向美元回流，美元形成阶段性趋势升值，人民币升值预期减弱。因此，结合出口和资金回流两方面的因素，2012 年外汇占款可能呈现阶段性的下降趋势。

就物价走势而言，输入性通胀压力减小。一方面欧洲经济疲软降低了大宗商品的需求，另一方面美元阶段性升值打压大宗商品的价格。国内方面，CPI 下行趋势在 2011 年末已经确立；但不可忽视的是，国内人口红利正逐渐消失，在产业结构依然僵化的条件下，工资上涨将是经济发展中的长期因素。此外，由于限购政策并未有松动迹象，由此导致的居住类价格上涨还将持续。综合国内外两方面的因素，CPI 在年内可能出现先低后高的走势。

以上两个因素的影响方向相同，政策面已经出现松动迹象，2 月 18 日人民银行宣布下调法定准备金率 0.5%。货币当局的行动其实也是对上述形式分析的确认，不过也有市场人士表示政策仅仅是适应性调整，资金面难言宽松。我们认为，在经济增长也处于下行通道的条件下，政策不仅会满足资金面的需求，也存在超调可能。

B.7
分报告6
银行理财产品市场运行

全球金融危机后，发达经济体和新兴市场经济体的“双速增长”模式致使双方采取截然不同的财政政策和货币政策。发达经济体依然实施相对宽松的货币政策为其孱弱的经济复苏之路保驾护航，而新兴市场经济体却要为控制国际大宗商品价格高涨下的成本输入型通货膨胀压力而采取适度从紧的货币政策。中国银行间资金面持续趋紧以及加息预期等因素，不断推高银行理财产品，尤其是短期银行理财产品的预期收益率。商业银行利用银行理财产品进行“高息揽储”的行为在2011年表现得淋漓尽致。无论是银行为缓解资金压力，还是投资者为跑赢CPI，收益稳定、风险可控的银行理财产品都成为银根紧缩形势下银行与投资者的最佳选择。

在供给与需求双方面因素的共同推动下，2011年银行理财产品的发行量实现历史性突破，发行数量逾两万余款，同比增长105%。目睹这样一个急速发展的新兴市场，欣喜若狂之余我们不得不深刻反思，银行理财市场的繁荣到底是昙花一现，还是会流芳百世？创新是金融市场发展的灵魂，“量增质平”的粗放式发展模式虽然给银行理财市场带来一时的绚丽，但要想保持银行理财市场的长久生命力，还需转变发展方式，当前银行理财市场正处于转型的关键时期。接下来，我们将分析2011年度银行理财市场的发展情况、剖析银行理财市场年度热点并梳理银行理财业务监管动态，以期在借鉴和反思过往经验的基础之上，寻找2012年银行理财市场创新的突破口和着力点。

一 2011年银行理财产品市场概况

据中国社会科学院金融研究所金融产品中心统计，截至2011年，全国共发售银行理财产品20270款，同比增长105%，其中普通类产品为18948款（包括55款开放式产品），同比增长122%；结构类产品为1322款，同比下降2%（见图1）。发售产品的商业银行数量由2010年的81家上升为2011年的97家。飙升的银行理财产品数量一方面显示出银行理财产品市场的空前繁荣，另一方面也反映出商业银行由于吃紧的资金压力变相地通过发售银行理财产品来揽储的窘境。相较翻番的普通类产品，结构类产品则在数量激增的理财市场背景下显得相对冷清。

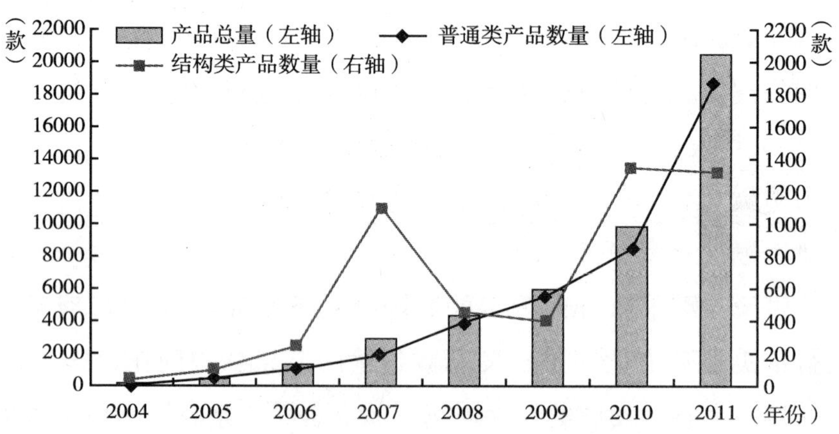

图1 银行理财产品发行数量年度走势

资料来源：中国社会科学院金融研究所金融产品中心。

从理财产品的投资币种来看，2011年人民币银行理财产品共发行17408款，占到了全部产品数量的85.88%，占比较2010年上升了4个百分点，但外币类产品仅占14.12%，数量为2862款。与2010年不同的是，2011年新增发售了10款新西兰元产品，占比为

0.05%，数量虽微，但却丰富了银行理财产品外币的投资种类。总体而言，2011年各币种占比较2010年变化不大，下降幅度最大的为美元产品，由2010年的7.8%下降到了2011年的5.0%，欧元产品升幅最大，但仅微幅上升0.39%（见图2）。

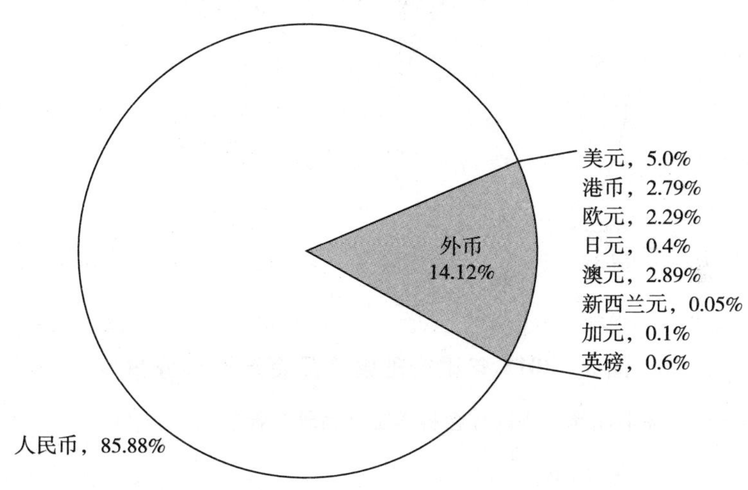

图2　2011年银行理财产品投资币种分布

资料来源：中国社会科学院陆家嘴研究基地金融产品中心。

从产品的资产主类来看，利率类产品依旧占了所有产品数量的半壁江山，共发售11010款，同比上升101%。占比达54.3%，但较2010年占比下降了0.9%。混合类产品发售数量居次，共发售7630款，同比上升145%，占比为37.6%，较2010年上升6.2%。2011年，信用类产品共发售1153款，占比5.7%，同比上升7.7%，但较2010年占比下降5.1%。汇率类产品则发售227款，较2010年的71款同比上升了219%，但仅占2011年产品总数量的1.1%。股票类和商品类产品分别发售了196款和54款，占比为1.0%和0.3%。总体而言，除汇率类产品和混合类产品之外，其余各类产品占比较2010年都有所下降（见图3）。

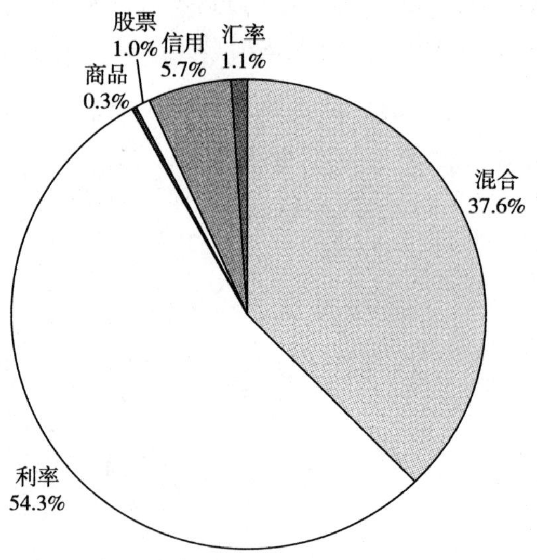

图 3　2011 年银行理财产品资产类型分布

资料来源：中国社会科学院金融研究所金融产品中心。

从理财产品收益类型来看，2011 年理财产品的收益类型分布较 2010 年有些许变化。2011 年非保本浮动收益型产品共发售 13470 款，同比上升 178%，占 2011 年产品总量的 66.5%，较 2010 年占比上升了 18 个百分点。而保本浮动收益型产品和保息浮动收益型产品的占比分别下降了 11 个和 6 个百分点，占比分别为 22.2% 和 11.4%。图 4 展示了 2011 年各月不同收益类型产品的数量和收益水平的变化趋势。

从理财产品的发行主体分布来看，2011 年上市股份制银行、国有控股银行、城市商业银行和外资银行，分别发售 7960 款、7921 款、3532 款和 857 款产品。相比 2010 年而言，三类中资银行的产品数量均大幅上涨，上市股份制银行和国有控股银行同比分别上涨 107% 和 113%，城市商业银行的增长动力更为强劲，由 2010 年的 1205 款增加至 3532 款，同比上涨 193%。而外资银行的发行量则大

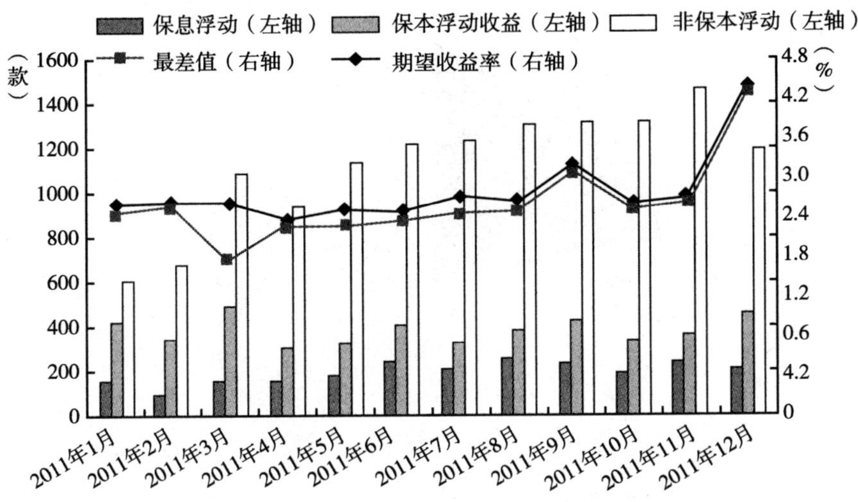

图4　2011 年银行理财产品收益类型月度数量变化

资料来源：中国社会科学院金融研究所金融产品中心。

幅下滑，2011 全年发售不足千款。从占比来看，中资银行理财产品发行量占比上升 7 个百分点，外资银行发售量占比则下降 7 个百分点（见图 5）。

从理财产品投资期限来看，2011 年银行理财产品的平均期限为 0. 33 年，同比缩短 0. 05 年。表面上看，理财产品的短期化趋势得以延续。然而，值得关注的是，2011 年第四季度银监会叫停 1 个月以内的短期银行理财产品，一定程度上导致理财产品的平均委托期限出现延长趋势，而周期滚动的开放式理财产品逐渐取代以往短期理财产品的功能。从理财产品期限分布来看，短期理财产品依然为市场主流。3 个月（含）以内理财产品的占比达 66%，较 2010 年上升 6. 3%。近九成理财产品的投资期限均不超过半年。从同比表现来看，2 年期（含）以上理财产品增长 221%，增幅最大，其次是 3 ~ 6 个月期限产品，同比增长 127%，3 个月（含）以内理财产品紧随其后，增长 126%（见图 6）。

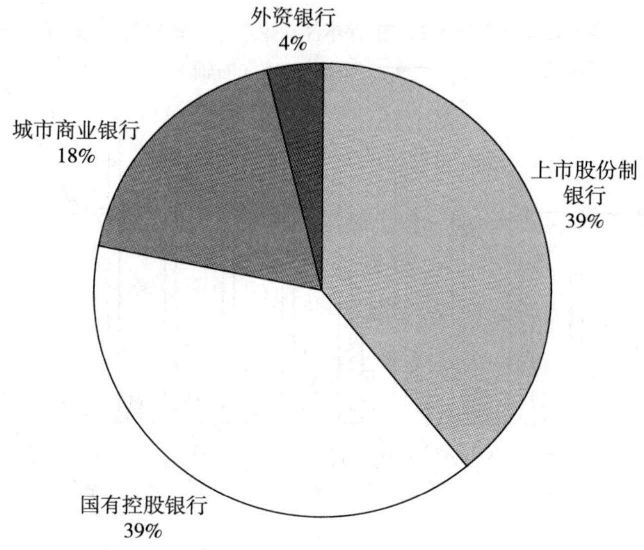

图 5　2011 年银行理财产品发行机构分布

资料来源：中国社会科学院金融研究所金融产品中心。

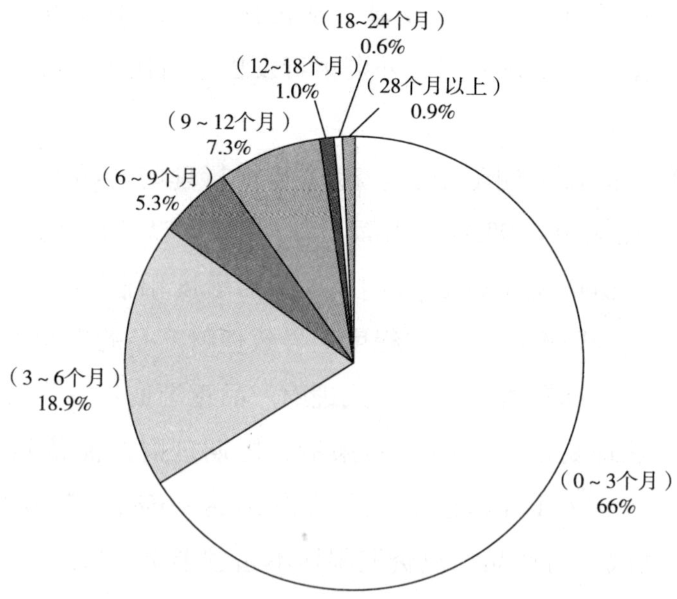

图 6　2011 年银行理财产品投资期限分布

资料来源：中国社会科学院金融研究所金融产品中心。

二　银行理财产品市场热点剖析

（一）通胀理财产品重出江湖

2011 年，通货膨胀成为新兴经济体面临的最大风险。负利率时代，如何选择投资产品以抵御通胀对个人财富的侵蚀成为投资者关注的问题。国际市场上的投资者通常将目光聚焦于通胀挂钩债券、大宗商品市场及黄金等资源类股票等，通胀挂钩结构化票据也是国外投资者抵御通胀风险的重要选择。

然而，目前中国尚未推行通胀保护债券且金融衍生品市场尚不太发达，通胀理财上升为现阶段居民财富管理中的难点和热点。于是，中国商业银行和信托公司都瞄准通胀理财产品。4 月，建设银行推出“‘乾元—特享型（跑赢 CPI）’2011 年第 1 期网银专享理财产品”，预期最高收益率与 CPI 挂钩，具体为：（产品成立日前国家统计局发布的最近一期的 CPI－100＋0.02）/100。这是继 2006 年北京银行率先推出挂钩 CPI 的理财产品以来，通胀理财产品在中国银行理财市场中的又一次重大突破。平安信托则于 8 月推出中国首款通胀挂钩信托理财产品——“平安财富超越通胀（防御型）2 号”，结构特点与前述产品相似。

此外，“随息而动”理财产品也卷土重来。2011 年 9 月，农业银行发行“挂钩定存利率型人民币理财产品”，如果央行调整存款基准利率，则本产品收益率同步调整，产品分段计息且到期一次性支付本息，预期收益率为年期定存利率＋1.25%。

通胀理财产品，一方面可以引导投资者合理投资，避免因投资者囤积、抢购、储蓄搬家、资产炒作等行为刺激物价上涨，进一步推高通胀；另一方面可以满足投资者在通胀背景下的理财需求，实现资产的保值增值，避免因投资者情绪波动而可能引发的不良社会问题。中国推行通胀挂钩债券指数之路任重而道远，通过 QDII 方式只能规避境外通胀风险且存在汇率风险。因此，鼓励中国金融机构特别是商业银行大力发展通胀挂钩理财产品，成为管理通胀风险的最简便且行之有效的方法。长期来看，商业银行应当考虑继续推出挂钩中国消费价格指数的结构化产品，并进一步丰富产品的设计结构，更大程度地满足中国投资者的多样化需求。

（二）理财“团购”，风险难散

作为一种新兴而又时尚的购物模式，“团购”已悄悄潜入银行理财产品市场。监管机构一般通过设定投资门槛来区分理财产品购买群体中的合格投资者和非合格投资者，从而实现“将合适产品卖给合适投资者”的销售适应性原则。另外，为实现投资收益与投资规模的匹配，发行主体通常会引入资金阶梯型支付条款，即投资者投资的资金规模越大，产品的收益越高。

恰恰是上述两种结构化安排让“团购”嗅到了商机。中铁信托·极元汇利 1 期集合资金信托计划在产品销售过程中就引入了“团购”模式，投资门槛从规定的 100 万元直线下降到 30 万元，产品预期收益从 6.00% 提高到 6.50%。

2011 年 1 月，光大银行发售的阳光理财 A 计划 2011 年第二期产品引入了“团购”策略，名曰“理财一起团”一年期美元产品团购计划。老客户只要带领一位新客户“团购”理财产品，即可以普通客户的购买金额享受高端客户的产品收益，预期最高收益水平为 4.3%，比普通客户产品预期收益水平高 30 个基点。单个“团购”客户都将单独完成自己的产品购买流程。

团购理财作为一种新兴的金融消费模式，除具备传统“团购”的信息透明度不高、售后服务不完善、发生纠纷不易处理等相关风险

外，还有如下四个方面的潜在风险。

第一，弱化了有效监管的效力，资金门槛高低的主要功能之一就是区分合格投资者和非合格投资者，“团购”却使这一监管措施失去效力。

第二，增加了投资者风险承受能力与产品风险水平的错配风险，虽然发行主体声称单个“团购”客户都将单独完成自己的产品购买流程（包括独立进行风险评估、签署独立的购买协议等），如果“团购”者只可以购买当前产品，那风险评估又有何用？如果可以购买其他产品，那表明拉来客户就可以增加收益，这与饱受诟病的“传销策略”又有何异？

第三，违背了产品设计初衷。银行理财产品是一种满足不同客户投融资需求的多样化投融资工具，每月千款产品发售量的初衷也是如此。如果大家一起“团购”某款产品，那也就失去了银行理财产品的应有之义。

第四，提高了维权成本。在极端情形下，一旦产品出现亏损和出现法律纠纷，“团购”成员该如何维权？是通过“团购”负责人，还是直接与发行主体面对面处理？这有待进一步的探讨。

（三）低碳理财从“间接”到“直接”

近年来，随着全球对低碳环保的关注，低碳金融和低碳理财逐渐成为一种时尚。自2007年开始，低碳环保概念开始进入银行理财产品领域。2010年底，国务院颁发《关于加快培育和发展战略性新兴产业的决定》，将新能源列为七大战略性新兴产业之一。中国商业银行再次从低碳环保概念中嗅到了商机。

2011年4月，南京银行和北京银行分别发售了新能源题材的理财产品。南京银行针对高端客户推出“聚富11号—私银三号”金梅花人民币理财产品，所募集资金对扬州新能源月亮湾置业有限公司进行股权投资。北京银行推出“心喜系列：人民币153天信托债权理财产品”，理财资金用于购买华能资本服务有限公司委托华能贵诚信托有限公司向中国节能环保集团公司发放的信托贷款债权。

这两款产品区别于以往低碳理财产品的特色主要体现在设计结构和基础资产两个方面。从设计结构来看，两款产品均属于直接投资型产品而非嵌入衍生结构的结构性理财产品。从基础资产来看，理财资金主要用于中国新能源企业的投资而非与国际新能源市场中的股票、期货等挂钩。而此前，银行理财产品缺乏对新能源领域的直接投资，而是将产品收益挂钩于环保和新能源行业相关的一篮子股票、股票指数、基金及期货合约（比如二氧化碳排放权期货合约）等。低碳理财产品基本秉承了相同的投资理念，即看好环保及新能源行业的增长潜力，因此，普遍采取了看涨型的设计结构。

新型低碳理财产品的推出实现了新能源理财产品的一大突破，一方面贯彻了国家通过财政金融手段扶持战略性新兴产业的号召；另一方面也增大了商业银行的中间业务收入，拓宽了普通投资者参与新能源行业的渠道。然而，低碳类银行理财产品所投资的环保、新能源领域属于未来成长潜力巨大的新兴行业，更适合于熟悉环保概念、看好其长期发展趋势且具有价值投资理念的投资者。此外，环保题材的投资价值通常需要一定时间才能显现，环保概念产品投资期限相对较长，流动性较差，提前赎回则通常需要支付昂贵的赎回费用。

除了基础资产低碳化以外，发行机构也积极在理财产品销售模式上寻求创新。五大国有控股银行先后推出网银专属理财产品，投资者通过网上银行即可办理理财产品认购，既节省了时间，又降低了交易成本，在营销模式上实现了“另类低碳”。目前，上海银行、南京银行等城市商业银行也已开通银行理财产品网银销售渠道。

（四）另类理财产品饕餮盛宴

2011 年，在国际经济环境复杂多变和中国通胀预期高企的背景

下，另类理财产品凭借其可观的收益逐渐在众多投资产品中脱颖而出，成为银行理财市场中一道亮丽的风景线。自民生银行2007年首次发售艺术品投资产品以来，中国的银行理财产品已逐步涉及另类理财市场。

2011年4月，工商银行推出期酒收益权信托理财产品。该产品依然采取了“实期结合”的设计方式，但相比以往的另类理财产品有两大特色：其一，采用组合资产管理方式，将部分募集资金用于购买沱牌股份持有的舍得30年年份酒的收益权，其余资金将投向符合监管机构要求的其他资产；其二，投资者可以选择部分实物行权，对于实物行权部分，客户除可获得收益权所对应的白酒外，还将获得预期年化收益率为6.7%的现金增值收益。7月，深发展银行也推出期酒理财产品——“2011年五粮液收藏型理财产品”。

2011年8月，中信信托发起的“中信龙藏1号艺术品投资基金”宣布正式募集，该基金针对以油画为代表的中国当代艺术品进行投资。无独有偶，建设银行也发售一款艺术品投资类理财产品——“2011年‘乾元五号’第1期艺术品投资类人民币理财产品（优先级）”，两款产品的结构非常类似。

2011年11月，银行理财首次染指奢侈品行业。中国农业银行推出中国首款挂钩手表的理财产品——“中国农业银行‘金钥匙·天工’海鸥手表受益权投资理财产品”。产品特色在于其支付条款：产品投资期限为1年，投资半年时可提前赎回，获得年化收益率（5.0%～5.3%）；如果持有到期，则获得年化收益率（5.5%～5.8%），以及按期初约定价格获得确定款式的海鸥手表，少于认购资金的部分将返还投资者。玄机有二：其一，手表的选择款式有限，适合计划购买特定款式手表的投资人，如果投资者只想获取投资收益，不想购买手表，则只能选择提前赎回。其二，产品通过“海鸥手表受益权信托计划”100%投资于银行间货币市场，尽管收益支付方式较为新颖，但资金投向并无过人之处。

不管是白酒、红酒、普洱茶还是挂钩艺术品及奢侈品的理财产品，其根本的形式都是将能够产生现金流的资产转化为可交易的金融产品，符合了资产证券化的本质。

而在银行理财市场以外的领域，资产证券化模式也逐渐兴起。2011年，中国金融市场出现了知识产权证券化的雏形。电影《大唐玄机图》的权益共享“新融资模式”引起广泛关注。与影视企业传统融资模式不同，该片的投资方除基本投资外，还通过金融交易平台募集资金，用于电影拍摄及制作，电影制作成功后将电影版权、票房等未来收益与投资人共同分享。

不论是另类理财产品还是电影证券化，都是金融创新的表现形式，适度创新有利于中国金融市场的发展。一方面，证券化模式拓宽了企业的融资渠道，让更多的资金可以进入艺术品、酒类及文化产业；另一方面，为投资者提供了多元化的投资方式，让普通投资者有机会参与另类投资。然而，证券化产品属于高风险投资领域，尤其是在当前中国的有关证券化产品的法律法规和配套设施处于真空状态的情况下，投资者对该类产品应持谨慎态度。首先，另类理财产品涉及的艺术收藏品、酒类等市场具有相当的专业性，要求投资者对其所投资标的的商品质地、性能有足够了解，因此，目前这类理财产品主要是为高端人群设计的；其次，中国尚没有类似国外成熟的权威红酒评级机构，也没有电影票房的权威发布平台，这就意味着红酒的价格没有统一的衡量标准，电影票房的真实性也毫无保障，投资者完全处于弱势地位；最后，另类理财产品的流动性一般较差，大部分属于固定期限投资，不能提前赎回，中国缺少成熟的高端酒及奢侈品的交易平台以及标准化的另类理财产品二级市场，这使得中国投资者只能陷入“购买并持有”的困境。

（五）结构化票据变身“低息揽存”

2006年11月24日，中国银监会公布《中华人民共和国外资银行管理条例实施细则》，其中规定，由外资银行分行改制的或由总行单独出资成立的外商独资银行以及条例实施前设立的外商独资银行，中外合资银行应当于2011年12月31日前满足《中华人民共和国商业银行法》第三十九条规定的“贷款余额与存款余额的比例不超过75%”的规定。

目前，对外资银行而言，离“大考”的日子越来越近。银行理财产品是中国商业银行进行高息揽存的重要变通手法。我们一直在想，在“大限”即将到来之际，外资银行是不是也会通过银行理财进行高息揽存呢？在多发结构性产品的大背景下，外资银行又是如何进行高息揽存的呢？

近日，汇丰银行发售的3款同结构理财产品向我们揭开了谜底。第一，利用结构化产品，外资银行同样可以实现揽储功能；第二，相对其自身的存款利息而言，外资银行是低息揽存而不是高息揽存。譬如，汇丰银行2011年12月1日发售的“1年期澳元指数挂钩结构性投资产品”，产品挂钩标的为恒生指数，产品支付条款为：首先确定挂钩标的的期初表现水平，然后按日观察，当观察日挂钩标的表现大于或等于期初价格的35%时，产品收益为7%，否则当日产品收益为零。持有产品到期将保证投资者100%的本金。同期，汇丰银行还发售两款同结构的港币和欧元产品。

这里，需要澄清四个事实：第一，截至2010末，汇丰银行（中国）贷款和垫款人民币总额为943.8亿元，吸收存款达人民币1431.2亿元，由此得到的存贷比为65.94%。第二，汇丰银行（中国）官网公布1年期澳元定存利率为7.4%，如果成功注册网银用户，存款利率将自动上浮5个基点，即1年期澳元定存利率将调整为

7.45%。第三，结构化票据的核心理念是“在规避高风险的基础上博取高收益”。如果收益和风险都限定在非常狭窄的区间内，那最多只能把其当做“类固定收益产品”。

值得注意的是，自2000年12月13日至2011年12月5日这十年来，我们采用回溯法对恒生指数进行回溯检验，发现恒生指数在这十年中没有一个观察日不符合上述最高收益的实现条件（见图7）。

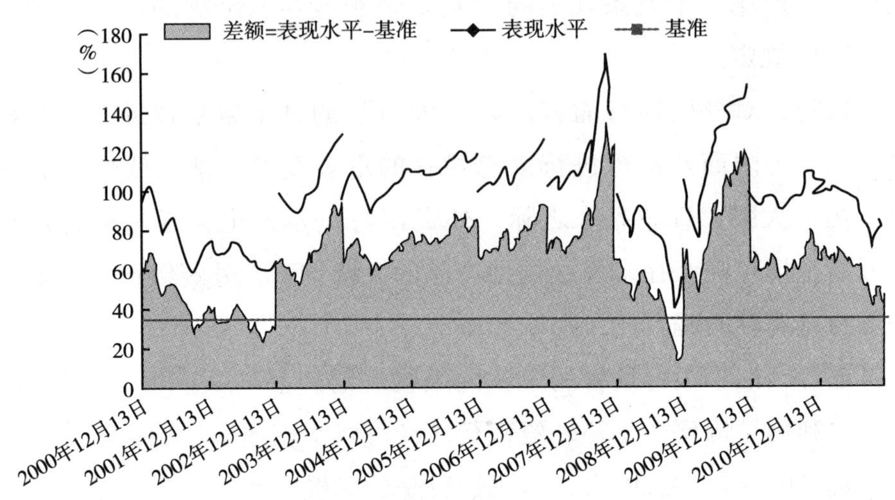

图7 恒生指数年度表现等数据时序图

资料来源：Bloomberg，中国社会科学院金融研究所金融产品中心。

结论简单明了：第一，汇丰银行此类结构化票据的本质是固定收益类产品。第二，即使该产品能实现预期最高收益7%，但依然低于该行的定期存款利率7.4%，更低于该行的网银存款利率，意义何在？第三，2011年汇丰银行并无“存贷比红线”的压力，由于产品的到期日是2012年底，是否在为2012年的存贷比进行未雨绸缪的规划？

中国银监会新主席上任以来，对银行理财产品的规范发展提出了诸多措施，如近期在一次内部讨论会上明令禁止商业银行通过发售超

短期产品进行变相揽存，事后发现依然无法限定开放式产品、滚动产品或到期日“恰好”在月末的产品的发售。对外资银行而言，目前更没有针对其“通过理财产品进行高息揽存”出台相应政策。总之一句话，对银行理财产品市场而言，我们真的需要考虑“娜拉出走”之后的事情了！

三　银行理财业务监管动态

纵观2011年银行理财市场，繁荣的背后隐藏了诸多问题：运用银行理财开展委托贷款，提高理财收益进行恶性竞争以及购买他行或本行理财产品逃避监管指标等。理财市场违规问题愈演愈烈，监管部门屡出重拳对银行理财市场进行规范治理。2011年银行理财市场的监管重点主要集中在理财业务规范、理财产品风险控制、理财产品合规销售等方面。接下来，对2011年中国银行理财市场的主要监管政策予以梳理。

2011年1月13日，中国银监会发布《关于进一步规范银信理财合作业务的通知》，强调2011年底前将银信合作业务表外资产转入表内，原则上按每季度不低于25%的降幅制订转表计划。此文件的主要目的在于完善2010年72号文件的执行效果。

2011年6月29日，中国银监会发布《商业银行理财产品销售管理办法》征求意见稿。

2011年7月5日，中国银监会下发了一份针对银行理财业务进行规范的会议纪要，要求银行对包括理财资产池中涉及委托贷款、信托转让、信贷资产转让、监管套利的票据以及高息揽存、银银合作等在内的违规行为进行自查整改。

2011年9月30日，银监会以特急件方式向各家银行印发《关于进一步加强商业银行理财业务风险管理有关问题的通知》（以下简称

《通知》)，并要求金融机构在30日之内完成整改。《通知》强调："商业银行开展理财业务，应严格遵守'成本可算、风险可控、信息披露充分'原则；不符合该原则的理财产品不得销售。"一方面，明确要求各商业银行重点加强发行期限在1个月以内的理财产品的信息披露与合规管理，杜绝高息揽储行为；另一方面，要求商业银行充分披露理财产品的相关信息，不得笼统规定各类资产的投资比例，应明确各类资产的具体种类和比例区间，并对每个理财计划进行单独核算，对其对应的投资组合实现单独管理。这一严厉的规定对于采取集合运作、统一管理的资产池模式构成冲击。

2011年10月9日，中国银监会正式印发《商业银行理财产品销售管理办法》(以下简称《办法》)。《办法》主要从三个方面规范理财市场：一是要求商业银行必须在理财产品销售文件中制作专页风险揭示书。二是要求商业银行必须在理财产品销售文件中制作专页客户权益须知，内容至少应包括办理理财产品的业务流程、客户风险承受能力评估流程、商业银行进行信息披露的方式、渠道和频率等内容。三是要求商业银行按规定对理财产品进行风险评级，对客户进行风险承受能力评估。此外，《办法》明确禁止银行理财产品变相高息揽储：商业银行不得将理财产品作为存款进行宣传销售，不得违反国家利率管理政策变相高息揽储；商业银行不得无条件向客户承诺高于同期存款利率的保证收益率；商业银行从事理财产品销售活动，不得通过销售或购买理财产品方式调节监管指标，进行监管套利。

2011年10月12日，银监会发布《商业银行流动性风险管理办法(试行)》征求意见稿。该文件规定了商业银行流动性风险管理体系的基本要素及相应的监管要求，完善了中国银行业的流动性风险监管指标体系和监测分析框架，进一步明确对商业银行流动性风险水平及流动性风险管理有效性进行评估的监管方法和手段。

四　2012 年展望与策略建议

2012 年银行理财产品市场将展现两大趋势：

第一，产品数量或将略有下降，预期收益率更趋市场化。抗通胀无疑是 2011 年中国宏观经济的主旋律，2011 年，央行先后 6 次上调存款准备金率，3 次上调存贷款基准利率，如此频繁地动用货币政策工具表明央行抑制通胀的决心，起到了很好的效果，但同时，这也导致整个市场资金面的紧张。商业银行不得不另辟蹊径，将目光投向理财产品市场。所以，从某种程度上说，紧缩的货币政策造成了 2011 年商业银行理财产品无论是数量还是收益率都创下历年新高。

2012 年的情况或许会发生转变，2011 年 11 月 CPI 数据创 14 个月以来的新低，从短期来看，通胀已进入下行通道。根据中国社会科学院宏观经济运行实验室的预测，中国经济增长速度可能从 2011 年的 9.3% 左右下滑至 2012 年的 8.6% 左右。2012 年保增长的压力可能会超过抗通胀的压力。货币政策主基调变化的可能性不大，但央行无疑会增加货币政策的灵活性。2011 年 11 月 30 日，央行 3 年来首次下调存款准备金率 0.5 个百分点，大型、中小型金融机构的存款准备金率分别降至 21.5% 和 19%。2012 年继续下调存款准备金率的可能性很大。这不仅会增加市场的资金供应，也会相应地降低银行间的拆放利率。商业银行对理财产品的依赖程度将有所减弱，“高息揽储”的被动局面也将会有所缓解。理财产品的数量随之会有所下降，但降幅有限，因为理财产品市场仍将是各商业银行非常看重的中间业务之一。而预期收益率则更趋市场化，其与资金供求之间的联系更加密切。

第二，监管力度或将逐步加大。中国商业银行理财产品计入表外业务，不在存款准备金政策管理范围之内，商业银行大量发售理财产品导致存款数量剧减，这在很大程度上削弱了央行货币政策工具的效

果。11 月 17 日，央行发布的《第三季度货币政策执行报告》显示，截至 2011 年 9 月末，商业银行表外理财产品余额为 3.3 万亿元，比年初增加 9275 亿元，同比增长 45.7%。报告还表示，表外理财产品具有一定的存款替代特征，已成为商业银行争夺客户资金资源的重要方式。这表明，央行已经非常关注商业银行理财产品的走向问题。

自 2012 年 1 月 1 日起，《商业银行理财产品销售管理办法》正式实施，这对商业银行理财产品设计与产品销售提出了更高的要求。如办法突出规定商业银行不得通过发售理财产品方式调节监管指标，进行监管套利。在实际操作中，商业银行往往将理财产品发售日或产品到期日安排在月末，这样在有利于商业银行赚取中间收入、稳定客户资源的同时增加月末存款额，有助于其顺利通过考核，这种安排方式被认为是一种监管套利。此外，新任银监会主席尚福林在银监会第四次经济金融形势通报分析会上强调，要加强合规风险管理，高度关注岁末年初的资金运行特点，严格执行存贷款指标日均考核要求，严禁通过发行短期理财产品变相高息揽储、规避监管要求、进行监管套利。我们预测，2012 年将会有更多针对理财产品市场的法律法规出台。

完善银行理财产品市场，有许多工作需要展开，其中包括：

第一，加大对“资产池”类产品的监管力度。2011 年，“资产池”类理财产品被商业银行广泛采用，实际上这也是商业银行的一大创新，但由于其信息透明度很低，导致其出现了一些问题。“资产池”一般包括债券、票据、拆借、股票、基金、委托贷款等各种投资标的。银行通过发行各种形式的理财产品，将募集到的资金统一纳入一个或多个“资产池”。此类产品信息透明度很低，这对银行来说是有利的，因为增加了其投资的灵活性。但同时也带来很多问题，“资产池”里各类标的资产的风险系数不同，将不同风险系数的标的放在同一个池子里且各类标的的占比含糊，这不但造成风险测算难度加大，容易给投资者带来误区，同时也给监管层出了一个难题。2012

年，监管层应该加大对此类产品的监管，明确商业银行应在“资产池”类产品说明书中标明各类投资标的的比重。

第二，适当放宽银行理财产品投资渠道。理财产品市场若健康发展，可以很好地分流中国的资金，减轻因资本炒作而带来的短期物价上涨的压力。只是目前中国商业银行理财产品市场同质化问题严重。这主要是因为商业银行受限于狭窄的投资渠道，钱多而投资渠道窄，造成堵塞（大量不同类型产品投资标的近乎相同）。适当放宽投资渠道后，商业银行可设计不同风险级别的产品供投资者选择，投资者可根据自身的风险承受能力选择适合自己的理财产品，从而盘活整个理财产品市场。

第三，大力发展高端理财产品。随着中国富裕人口的不断增加，高端理财业务成为各商业银行竞争的主要领地。中资商业银行纷纷推出自己的私人银行业务，以吸纳这类富裕人群。各商业银行所能提供的理财产品质量将成为吸引高端客户的关键。不过，在理财产品设计领域，显然整个市场都面临一个产品同质化的尴尬局面。私人银行产品投资标的与普通产品并无大异，只是因其资金门槛高而获得略高的预期收益率。长此以往，在与外资私人银行的较量中，中资私人银行必将会流失大量高端客户。

第四，建立、健全第三方评级/评价机制，为市场提供揭示、分析、比较各种类型产品、各种理财机构信息的准公共品服务。目前，中国已经出现第三方销售机构，各商业银行也逐步建立起自己的内部评级/评价体系。但从国外的经验来看，光有第三方销售机构是远远不够的，而商业银行自己的评级/评价体系也存在公正性和客观性问题，只有引入独立第三方评级/评价机制才能更好地促进整个市场的健康发展。

B.8

分报告 7

债券市场运行

2011 年，全球经济复苏的不稳定性和不确定性进一步增加，欧洲债务危机风险加剧，美国经济持续低迷，新兴经济体通胀压力高企，国际经济在危机中艰难前行。债券市场在复杂的经济环境中平稳运行，债券发行方式和发行品种不断创新，发行主体信用层次进一步丰富，从融资功能看，债券市场作为中国直接融资的主要渠道之一，较好地沟通了资金供求双方的信息和需求，充分发挥了金融市场在资源配置中的基础作用，进而在推进经济增长方面发挥了重要作用。

2011 年是“十二五”开局之年。《“十二五”规划纲要》明确要求，要“加快多层次金融市场体系建设，显著提高直接融资比例”。在这一目标下，2011 年我国债券市场保持快速发展势头，从债券融资的发展速度和趋势看，债券市场已成为企业融资的重要场所。2011 年，非金融企业通过债券市场净融资 1.37 万亿元，占直接融资总量的76%，较2010 年提高9 个百分点；通过股权融资4377 亿元，占直接融资总量的24%。企业融资方式的转变，符合我国利率市场化改革的要求与金融市场的发展方向，有利于各金融市场板块的合理定位、协调发展。

一　2011 年债券市场总体情况

总体来看，债券市场规模仍然保持稳定增长，2011 年末各类债

券产品余额达22.74万亿元，较2010年增加1.63万亿元，其中企业债券规模达到5.17万亿元，与政府债券和金融债券的差距在逐渐缩小；全年各类产品发行额达7.85亿元，扣除到期量后的净增额达1.63万亿元，其中金融债券和企业债券两类产品的发行额和净增额分居前两位；全年交易额仍然保持稳定增长，累计成交规模达200.76万亿元，较2010年增长18.39%（见表1）。在通胀压力高企、经济增速放缓的环境下，人民银行实施稳健的货币政策，市场资金面处于紧平衡状态，二级市场交易仍较活跃，市场收益率全年波动幅度较大，阶段性变化显著，总体呈前升后降走势。

表1　2011年债券市场整体状况

单位：亿元

券　种	2011年末余额	2010年末余额	发行额	净增额	交易额*
政府债券	78649.07	72493.29	17397.91	6155.78	559770.52
央行票据	21289.72	40908.83	14140.00	-19619.11	322294.91
金融债券	75652.55	59355.94	23501.20	16296.61	631093.02
企业债券	51686.35	38144.01	23479.92	13542.34	494167.16
资产支持证券	95.27	182.32	0.00	-87.05	2.35
国际机构债券	40	40.00	0.00	0.00	251.80
合　计	227412.96	211124.39	78519.03	16288.57	2007579.76

注：表中政府债券含国债和地方政府债；金融债券含政策性银行债、商业银行债、政府支持机构债（即汇金债）和非银行金融机构债；企业债券含发改委审批的企业债、中期票据、超短期融资券、短期融资券、私募票据、公司债、可转债、可分离交易可转债、中小企业集合债和中小企业集合票据。

*表示含现券、质押式回购及买断式回购成交总额。

资料来源：中债信息网、中国证券登记结算有限公司、上海证券交易所、深圳证券交易所、中信证券。

从市场行情看，2011年前三季度，高通胀和紧缩政策成为市场的主导因素，准备金率的持续上行使得市场流动性明显趋紧，通胀和存款利率的上行又进一步抬升了市场收益率的底部，市场因而进入深

幅调整状态，值得一提的是，对平台贷款和地产行业的定向调控使得市场对城投债和地产债的信用风险极度恐慌，这两类产品在第三季度经历了少有的垂直下跌；自第四季度以后，随着通胀趋于下行，经济增速明显放缓，市场对于政策放松的预期明显升温，而年末准备金率的下调更是在一定程度印证了这一预期，因此债券收益率转而明显下行，第四季度债市大幅度反弹，基本收复失地。全年来看，市场波动仍然明显，年末中债总全价指数收于118.94，上涨2.52%。

（一）2011年债券市场运行简析

2011年中国债券市场中市场一级发行、二级交易、投资者结构以及市场收益率变动等方面情况大致如下。

1. 一级市场发行

2011年债券市场合计发行量达78519.03亿元，其中金融债券和企业债券发行量居前两位，而央行票据发行量明显下降，居政府债券之后（见表2）。

表2　2011年债券市场发行量

单位：亿元，%

券种＼年份	2011		2010		2009	
	发行量	占比	发行量	占比	发行量	占比
政府债券	17397.91	22.16	19778.18	20.11	18213.58	20.40
央行票据	14140.00	18.01	46608.00	47.38	39740.00	44.52
金融债券	23501.20	29.93	15262.20	15.52	14749.10	16.52
企业债券	23479.92	29.90	16712.75	16.99	16557.04	18.55
资产支持证券	0.00	0.00	0.00	0.00	0.00	0.00
国际机构债券	0.00	0.00	0.00	0.00	10.00	0.01
合　计	78519.03	100.00	98361.13	100.00	89269.72	100.00

资料来源：中债信息网、中国证券登记结算有限公司、上海证券交易所、深圳证券交易所、中信证券。

2011年以来，整体宏观经济政策处于趋紧状态，顺应这一大的政策环境，积极财政政策有所收缩，2011年的预算赤字为9000亿元，较2010年的9500亿元有所下降。全年国债发行量为1.54万亿元，较2010年下降13.39%，而地方政府赤字依旧为2000亿元，与2009年和2010年的水平相当。值得一提的是，2011年财政部允许四省市试点自主发行地方政府债，这可能将逐渐开启中国式的市政债券市场。

央行票据发行量在2011年有较大幅度下降，全年发行量仅为1.41万亿元，净发行量为-1.96万亿元。这一数据说明央行在公开市场大量投放流动性，从表面上看，这似乎与央行货币政策紧缩的意图相左，但是如果与2011年上半年准备金率的持续上调联系在一起，我们发现央行票据发行量的下降更多是缘于准备金率上调所带来的流动性紧缩和机构对央行票据需求的疲软。因此，央行票据发行量的下降更多是政策紧缩被动的结果，如果将两者合起来考虑，则整体的流动性环境仍然是偏紧的。

政策性银行债仍是金融债券发行的主力，2011年的发行总量达2.00万亿元，较2009年大幅增长51.39%，是三大利率产品中增速最高的一个品种。由于商业银行补充资本金的需求仍然较强，因此以商业银行次级债为主体的商业银行债发行量在2011年同样大幅上升，达3518.50亿元，是2010年的近4倍。从总量看，2011年金融债共发行2.35万亿元，同比增长53.98%。

企业债券发行近年来保持稳步增长，2011年全年共发行2.35万亿元，较2010年增长40.49%，其中中期票据和公司债发行规模增长较快，全年分别发行7269.7亿元和1291.4亿元，分别增长47.64%和155.47%，而短期融资券和企业债券的发行规模则相对稳定，分别为7973.8亿元和3485.48亿元，增幅分别为18.26%和-3.90%。

考虑到每年债券有一定的到期规模，为考察债券市场净发行规模，我们将各类债券的发行量减去兑付额后得到的净发行规模进行分析（见表3）。

表3　2011年债券市场净发行量

单位：亿元，%

券种＼年份	2011		2010		2009	
	发行量	占比	发行量	占比	发行量	占比
政府债券	6155.78	37.79	8996.92	32.65	8618.01	34.64
央行票据	-19619.11	-120.45	-1417.28	-5.14	-5794.84	-23.29
金融债券	16296.61	100.05	8403.68	30.50	9983.92	40.13
企业债券	13542.34	83.14	11788.78	42.78	12216.79	49.10
资产支持证券	-87.05	-0.53	-216.26	-0.78	-152.48	-0.61
国际机构债券	0.00	0.00	0.00	0.00	10.00	0.04
合　计	16288.57	100.00	27555.84	100.00	24881.40	100.00

资料来源：中债信息网、中国证券登记结算有限公司、上海证券交易所、深圳证券交易所、中信证券。

从表3的数据可以看到，受央行票据净增量大幅下滑影响，2011年全年的债券净发行量有明显下降，全年为1.63万亿元，较2010年下降40.89%。净发行量最高的两个品种仍然为金融债券和企业债券，分别达1.63万亿元和1.35万亿元；近年来政府债券的发行量呈稳中有降的趋势，虽然有政策趋紧的原因，但也有财政收入的稳定增长使得赤字预算的必要性下降的原因。

从债券发行的期限结构看，1年以下发行量所占比重明显下降，主要源于1年以下央行票据发行量的下滑，而3年以上各期限的比重均有所上升，其中以3~5年和5~7年两个期限上升幅度最为明显（见表4）。

表4　2011年债券发行的期限结构

单位：亿元，%

债券期限	2011年		2010年		2009年	
	发行量	占比	发行量	占比	发行量	占比
1年以下	27577.29	35.12	48402.09	49.21	51461.00	57.65
1~3年	13104.63	16.69	18761.20	19.07	11424.93	12.80
3~5年	15411.90	19.63	9695.60	9.86	8686.35	9.73
5~7年	9383.30	11.95	8046.83	8.18	5658.76	6.34
7~10年	7236.30	9.22	8174.10	8.31	7408.73	8.30
10年以上	5805.60	7.39	5281.30	5.37	4629.95	5.19
合　计	78519.02	100.00	98361.12	100.00	89269.72	100.00

资料来源：中债信息网、中国证券登记结算有限公司、上海证券交易所、深圳证券交易所、中信证券。

2. 债券市场存量

2011年末，债券市场存量规模达22.74万亿元，较2010年增长7.72%，增速较上年有所下降；其中政府债券余额达78649.07亿元，所占比重基本保持稳定，央行票据余额则较上年有明显下滑，所占比重已连续两年大幅下降，年均下降10个百分点左右；金融债券和企业债券所占比重则明显上升，2011年两类债券所占比重分别达33.27%和22.73%，较上年分别上升5.16%和4.66%（见表5）。

表5　2011年债券市场存量规模

单位：亿元，%

券种＼年份	2011		2010		2009	
	发行量	占比	发行量	占比	发行量	占比
政府债券	78649.07	34.58	72493.29	34.34	63496.37	34.58
央行票据	21289.72	9.36	40908.83	19.38	42326.11	30.32
金融债券	75652.55	33.27	59355.94	28.11	50952.26	25.82
企业债券	51686.35	22.73	38144.01	18.07	26355.23	8.91
资产支持证券	95.27	0.04	182.32	0.09	398.58	0.35
国际机构债券	40	0.02	40	0.02	40.00	0.02
合　计	227412.96	100.00	211124.39	100.00	183568.55	100.00

资料来源：中债信息网、中国证券登记结算有限公司、上海证券交易所、深圳证券交易所、中信证券。

3. 市场交易情况

2011 年，债券市场交易规模继续大幅增长，全年成交量达 200.76 万亿元，同比增长 18.39%；其中交易所市场交易量继续保持快速增长，全年成交 20.85 万亿元，较 2010 年增长 193.82%，银行间市场全年成交 179.91 万亿元，同比增长 10.73%，银行间市场交易规模绝对优势仍然明显（见表6）。

表6　2011 年债券市场交易规模

单位：亿元，%

交易场所	2011 年		2010 年		2009 年	
	发行量	占比	交易量	占比	发行量	占比
银行间市场	1799062.65	89.61	1624801.68	95.81	1214412.24	96.88
交易所市场	208517.11	10.39	70968.75	4.19	39143.71	3.12
合　计	2007579.76	100.00	1695770.43	100.00	1253555.95	100.00

资料来源：中债信息网、中国证券登记结算有限公司、上海证券交易所、深圳证券交易所、中信证券。

具体来看，现券和买断式回购的交易量基本保持稳定，质押式回购交易是整体市场交易规模上升的主要原因，其中交易所市场质押式回购交易规模上升超过 13 万亿元，达 2010 年的 3 倍以上，银行间市场成交量为 109.24 万亿元，增长 19.05%（见表7）。

表7　2011 年债券市场各类交易规模

单位：亿元

交易场所	现券		质押式回购		买断式回购	
	2011 年	2010 年	2011 年	2010 年	2011 年	2010 年
银行间市场	677585.52	676872.18	1092429.36	917646.63	29047.77	30282.87
交易所市场	4047.28	4734.79	204469.83	66233.96	0.00	0.00
合　计	681632.80	681606.97	1296899.19	983880.59	29047.77	30282.87

资料来源：中债信息网、中国证券登记结算有限公司、上海证券交易所、深圳证券交易所、中信证券。

分券种看，企业债券在2011年度成为现券交易规模最高的品种，中期票据成交仍占主要比重，金融债券、央行票据的现券成交规模分居第二、第三位；质押式回购则以政府债券和金融债券为主，反映市场更偏好以利率产品作为质押式回购的券种；2010年企业债券买断式回购规模有一定幅度上升，基本上弥补了金融债券买断式回购规模的下降（见表8）。

表8　2011年债券市场各类产品交易规模

单位：亿元

券种＼方式	现券		质押式回购		买断式回购	
	2011年	2010年	2011年	2010年	2011年	2010年
政府债券	94139.52	80375.55	462261.94	292536.33	3369.06	2218.80
央行票据	124694.66	179828.37	196483.02	248612.75	1117.23	3067.48
金融债券	205452.50	228862.42	415045.74	298535.02	10594.78	13350.63
企业债券	257092.47	192510.58	223107.99	144028.70	13966.70	11645.96
资产支持证券	1.85	20.17	0.50	166.69	0.00	0
国际机构债券	251.80	9.88	0.00	1.10	0.00	0
合　计	681632.80	681606.97	1296899.19	983880.59	29047.77	30282.87

资料来源：中债信息网、中国证券登记结算有限公司、上海证券交易所、深圳证券交易所、中信证券。

考察不同市场各券种的换手率，银行间市场总体仍然高于交易所市场，前者在2011年的全部债券换手率为320.88%，后者仅为55.04%，交易所质押式回购规模的放量使得现券交易活跃度反而明显下降；从各券种看，对于银行间市场，仍以企业债券换手率最高，达655.50%，继而是央行票据和金融债券；交易所市场企业债券换手率仍然远远低于银行间市场，反映了信用类产品在两大市场的流动性差异（见表9）。

表 9　2011 年债券市场各类产品换手率

单位：%

券种＼市场	全市场		银行间市场		交易所市场	
	2011 年	2010 年	2011 年	2010 年	2011 年	2010 年
政府债券	124.57	118.21	126.23	119.35	63.13	81.25
央行票据	400.96	432.10	400.96	432.10	—	—
金融债券	304.35	414.95	304.35	414.95	—	—
企业债券	572.40	596.94	655.50	660.48	52.05	86.14
资产支持证券	1.33	6.94	1.33	6.94	—	—
国际机构债券	629.50	24.70	629.50	24.70	—	—
全部债券	310.87	345.39	320.88	353.03	55.04	84.36

资料来源：中债信息网、中国证券登记结算有限公司、上海证券交易所、深圳证券交易所、中信证券。

4. 投资者结构

由于交易所市场未公布各类投资者的债券持仓数据，因此，我们对于投资者结构的分析以银行间市场为主。

第一，表 10 给出了银行间市场的参与者数量。2011 年在中央国债结算公司直接或间接开立一级托管账户的投资者继续上升，至 2011 年末达 11162 个，较 2010 年上升 927 个，增长幅度为 9.06%；其中以基金类机构数量增加最多，主要反映了基金专户理财、商业银行理财等投资者规模的扩大，而非金融机构数量则上升 72 个，另外，商业银行、信用社和非银行金融机构分别增加 38 个、34 个和 13 个；证券公司和保险机构投资者数量则变化不大，与其所在行业对新设立公司限制相对严格有关。

考察在中央国债登记公司二级托管的非金融机构和个人投资者数量（托管在柜台），其数额同样有一定幅度上升，其中二级托管的非金融机构由 2421 家上升至 2533 家，个人投资者数量则增加 127.77 万个至 1004.80 万个。

表 10　2011 年银行间市场投资者数量

单位：个

类别 / 参与者	合计		甲类		乙类		丙类	
	年末	本年增加	年末	本年增加	年末	本年增加	年末	本年增加
特殊结算成员	15	1	4	0	9	1	2	0
商业银行	483	38	51	3	329	27	103	8
信用社	903	34	0	0	399	74	504	-40
非银行金融机构	188	13	5	0	118	15	65	-2
证券公司	128	5	55	0	67	6	6	-1
保险机构	144	9	0	0	97	11	47	-2
基金	2890	720	0	0	2455	728	435	-8
非金融机构	6371	72	0	0	3	0	6368	72
其他	40	35	0	0	0	0	40	35
合　计	11162	927	115	3	3477	862	7570	62

资料来源：中债信息网。

第二，从各类投资者的具体持仓量看，商业银行仍然在银行间市场居主导地位，2011 年底的持仓量达 14.41 万亿元，占银行间债市规模的 67.47%，其中尤以全国性商业银行所占比重最高，保险机构和基金的持仓规模稳定在第二和第三位，达 2.06 万亿元和 1.69 万亿元，分别占银行间债市规模的 9.65% 和 7.92%（见表 11）。

表 11　2011 年银行间债券市场各类投资者持仓量

单位：亿元，%

年份 / 机构	2011		2010		2009	
	持仓量	占比	持仓量	占比	持仓量	占比
特殊结算成员	17059.02	7.99	17532.52	8.69	18632.59	10.63
商业银行	144102.13	67.47	140870.16	69.82	121496.45	69.31
全国性商业银行	121798.54	57.03	121924.37	60.43	107360.79	61.25

续表

机构＼年份	2011		2010		2009	
	持仓量	占比	持仓量	占比	持仓量	占比
外资银行	12557.58	1.20	11806.76	0.90	11576.30	0.90
城市商业银行	4199.96	6.65	12149.83	6.02	9288.65	5.30
农村商业银行	4728.83	2.21	4100.67	2.03	2393.02	1.37
农村合作银行	673.71	0.32	803.43	0.40	875.63	0.50
村镇银行	5.85	0.00	3.75	0.00	2.05	0.00
其他	137.65	0.06	81.35	0.04	0.00	0.00
信用社	5241.97	2.45	4259.31	2.11	5010.34	2.86
非银行金融机构	835.67	0.39	859.45	0.43	840.21	0.48
证券公司	1851.99	0.87	1513.42	0.75	1142.89	0.65
保险机构	20611.24	9.65	19621.74	9.73	15766.79	8.99
基金	16907.05	7.92	11946.59	5.92	7958.85	4.54
非金融机构	357.26	0.17	436.93	0.22	310.67	0.18
个人投资者	2240.30	1.05	1657.30	0.82	1306.18	0.75
交易所	3502.75	1.64	2878.50	1.43	2818.87	1.61
其他	866.6	0.41	172.04	0.09	10.87	0.01

资料来源：中债信息网。

第三，从各类投资者的交易规模可以看出各类机构的交易风格，其中全国性商行和保险机构作为持仓量居前两位的投资机构，其交易规模却并不高，反映其相对较低的交易活跃度，而城商行、证券公司、外资银行、基金、农商行等虽然持仓量不高，但交易规模相对较高，交易活跃程度较高。考察各类机构自营的净买入净额，以全国性商业银行、基金和外资银行的净买入最高，而城商行和证券公司则大举卖出债券（见表12）。

表12 2011年银行间债券市场各类投资者现券交易规模

单位：亿元

机构＼方式	总计		自营		委托	
	买卖总额	买卖净额	买卖总额	买卖净额	买卖总额	买卖净额
特殊结算成员	118419.01	-188.21	118419.01	-188.21	0.00	0.00
商业银行	875884.28	-116.88	875419.71	-129.71	464.58	12.84
全国性商业银行	279545.85	4556.41	279200.62	4557.24	345.24	-0.82
外资银行	146029.60	1635.14	146022.30	1627.84	7.30	7.30
城市商业银行	336009.08	-5309.08	335961.84	-5306.04	47.24	-3.04
农村商业银行	86931.15	-971.57	86919.25	-976.67	11.90	5.10
农村合作银行	27031.99	-106.59	27001.09	-112.09	30.90	5.50
村镇银行	26.10	2.90	4.10	4.10	22.00	-1.20
其他	310.50	75.90	310.50	75.90	0.00	0.00
信用社	38165.32	-289.76	37993.18	-272.56	172.16	-17.20
非银行金融机构	1968.04	53.58	1624.52	82.36	343.51	-28.79
证券公司	201758.53	-3883.75	201758.23	-3883.45	0.30	-0.30
保险机构	7621.39	-1784.89	7453.49	-1878.21	167.90	93.32
基金	103838.19	5087.23	44969.15	3454.53	58869.04	1632.70
非金融机构	6191.16	21.36	939.65	-36.05	5251.51	57.41
个人投资者	0.00	0.00	0.00	0.00	0.00	0.00
其他	1325.12	1101.32	0.00	0.00	1325.12	1101.32

资料来源：中债信息网（表中买卖总额为买入和卖出额之和，买卖净额为买入与卖出额之差）。

5. 市场收益率变动

根据基本面的变化和市场的表现，2011年债券市场可以分为四个大的阶段：

第一个阶段：1～2月，受准备金率上调、春节因素影响，流动性在年初出现了极度紧张的状况，7 天回购利率一度达到 8% 以上，而较高的通胀也使得市场对于紧缩政策有一定预期，因此年初收益率有所上行，其中 10 年期国债由年初的 3.8% 上行至 2 月的 4.1%（见图 1）。

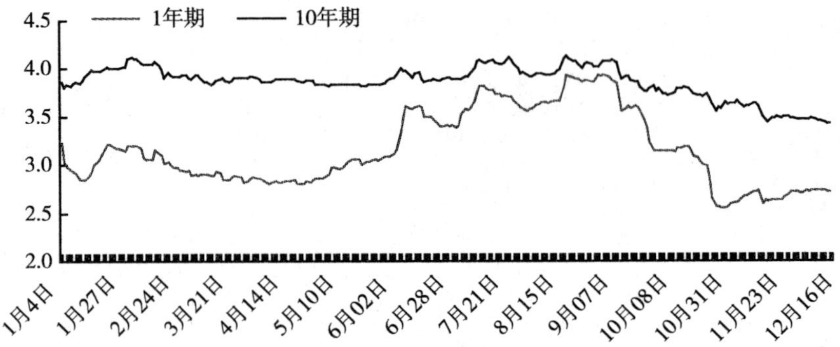

图 1　2011 年国债收益率曲线变动

资料来源：WIND。

第二阶段：3 ~ 5 月，春节后的现金回流使得资金面有明显缓解，即使准备金仍然月度上调一次，但回购利率仍然能维持在 2% ~ 3% 的水平，对通胀上行预期的减弱也使得市场对于中长期品种的担忧有所回复，即使存款基准利率在 4 月被上调一次，但由于基本在市场预期之内，因此影响也相对较小，从收益率水平看，1 年期和 10 年期国债分别由 3.2% 和 4.1% 左右的水平下行至 2.8% 和 3.8% 左右。

第三阶段：6 ~ 9 月，资金面自 5 月始明显紧缩，可能是准备金率持续上调已经达到临界点，7 天回购利率在这一阶段大多维持在 4% 以上，高点甚至达到 9% 以上，而通胀的继续上行更是使得政策紧缩预期加强，收益率因此明显上行，其中短端利率受影响更为明显，1 年期国债从 2.8% 上行至 3.9% 左右，而 10 年期国债最高点仅达到 4.10% 左右，因此收益率曲线扁平化趋势十分明显。

第四阶段：10 月开始，通胀逐渐自高位开始下行，而持续的政策紧缩使得对经济增长的负面影响开始显现，市场开始对政策放松有所预期，这一预期带动了收益率自 10 月开始的跳跃式下行，1 年期和 10 年期国债至年末分别达到 2.8% ~2.9% 和 3.4% ~3.5% 的水平。

2011 年以来，信用债的走势基本上与利率产品类似，1 ~2 月有所调整，3 ~5 月收益率震荡调整，6 月因资金面和通胀的因素，使得收益率大幅上行，至 10 月因通胀、政策和经济增长预期的变化，收益率转而大幅下行，然而需要关注的是，下半年以来，受经济增速下滑和市场对信用风险担忧的影响，高评级与中低信用评级债券的表现有明显分化，从第三季度来看，AA 评级收益率的上行幅度要明显高于 AAA 评级，而第四季度收益率下行时期，AA 评级收益率下行也相对犹豫（见图 2）。

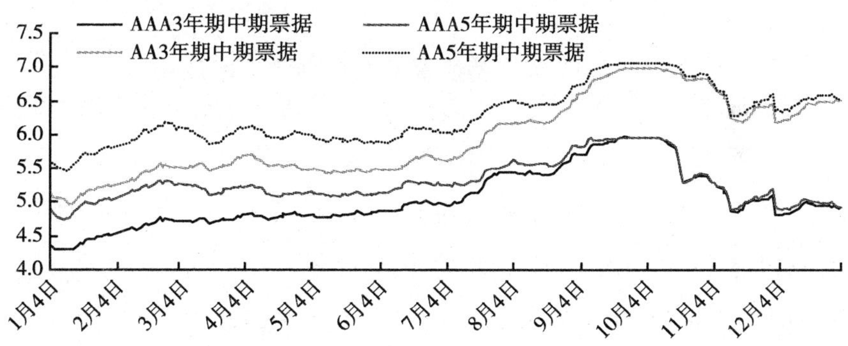

图 2　2010 年中期票据及企业债收益率曲线变动

资料来源：Wind。

整体来看，2011 年的债券市场与通胀和资金面的走势相关性较强，整体来看，虽然收益率波动较为明显，但是第四季度的行情使得年底利率产品的收益率水平明显低于年初，而信用产品收益率也基本与年初相当，整体可以认为是一个“过山车”式的行情。

交易所市场信用债收益率波动与银行间市场比较类似，上半年受资金面影响，收益率震荡调整，而下半年受通胀上行、经济下滑等因素影响，收益率大幅上行，至10月再明显下降，值得关注的是交易所城投债收益率，在第三季度因市场对平台贷款业务的极度恐慌，收益率大幅冲高，至第四季度才有所下行（见图3、图4）。

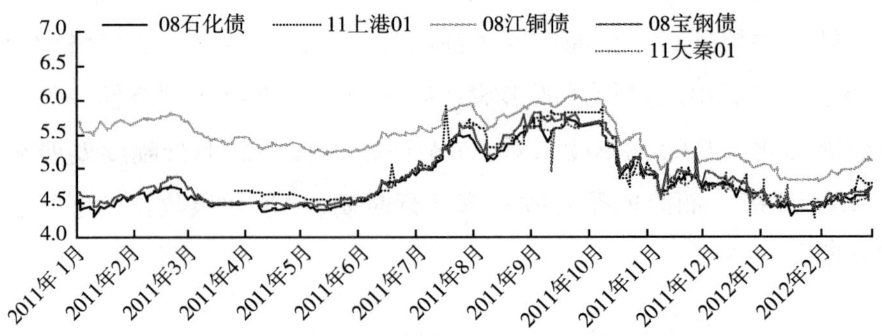

图3　2011年交易所高等级券种收益率波动

资料来源：Wind。

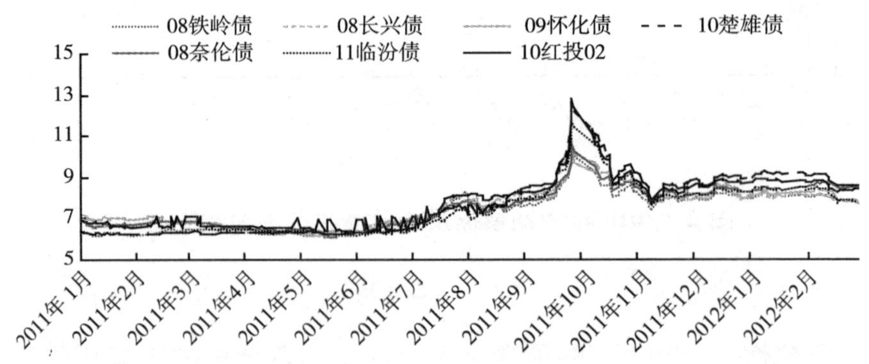

图4　2011年交易所中低等级券种收益率波动

资料来源：Wind。

二　2011 年利率产品市场运行分析

（一）2011 年利率产品[①]市场运行情况

为中央和地方政府、政策性银行和政府支持机构等筹集资金，以及货币政策操作的需要，2011 年利率产品发行量达到了 5.15 万亿元，发行量较 2010 年降低 36.15%。其中，政府债券发行 1.74 万亿元，较上年降低 13.04%；中央银行票据发行 1.41 万亿元，较上年降低 69.66%；政策性银行债发行 2.00 万亿元，较上年增长 51.39%。截至 2011 年 12 月底，利率产品存量达到 16.58 万亿元，较 2010 年下降 0.17%。其中，政府债券存量为 7.86 万亿元，较上年增长 8.49%，中央银行票据托管量为 2.13 万亿元，较上年下降 47.96%，政策性银行债托管量为 6.48 万亿元，较上年增长 25.53%（见图 5、图 6）。

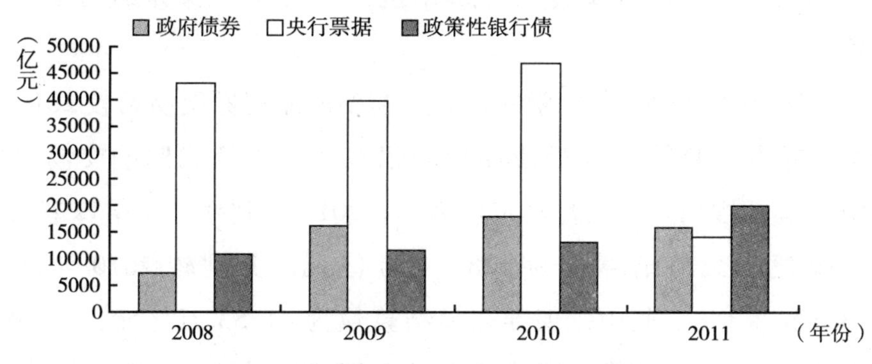

图 5　2011 年利率产品发行量

资料来源：中债信息网、中信证券。

总体来看，2011 年政策性银行债发行量较 2010 年有明显增长，政府债券发行量比上年小幅下降；由于发行量大于到期量，

① 我们将政府债券（含国债、地方政府债，不含凭证式国债）、政策性银行债、央行票据等归为利率产品。

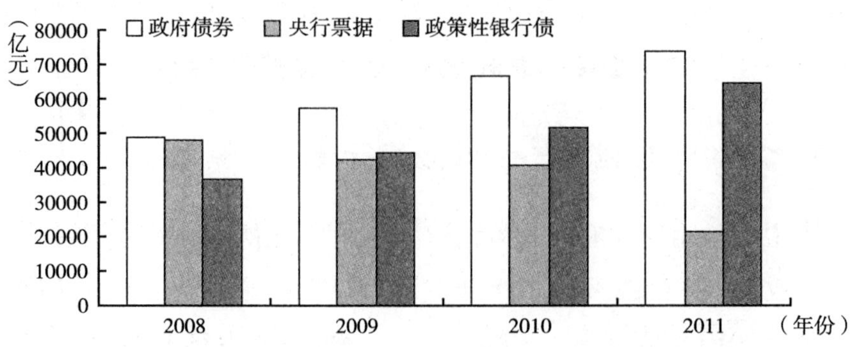

图 6　2011 年利率产品存量

资料来源：中债信息网、中信证券。

政策性银行债、政府债券的托管量继续增加。2011 年央行票据发行量比 2010 年大幅下降，主要由于 2011 年银行间市场资金成本总体较高，央行票据一级市场利率和二级市场利率在部分时间段出现倒挂，央行通过发行央行票据进行公开市场操作的力度减弱所致。

2011 年资金面呈现偏紧的状态，利率产品现券交易量较 2010 年下滑；但由于政策性银行债存量增幅较大，质押式回购交易量较 2010 年继续增长。以银行间市场为例，2011 年利率产品结算笔数为 414419 笔，交易结算量为 128.54 万亿元，分别较 2010 年增长 21.8% 和 2.1%。其中，现券交易结算量为 41.53 万亿元，较 2010 年降低 13.45%；质押式回购结算量为 85.55 万亿元，较 2010 年增长 12.50%；买断式回购结算量为 1.46 万亿元，较 2010 年减少 20.0%。

随着国内外宏观形势的变化，2011 年利率产品收益率整体呈现了平坦化上行到陡峭化下行的运行趋势。全年来看，10 年期国债收益率从年初的 3.85% 左右的水平震荡上行到 8 月末的 4.10% 左右的高点，上行幅度 25 个基点左右；从 9 月开始，收益率逐渐

震荡下行，10 月资金面的宽松、通胀下行趋势的确认和政策的适当放松加速了收益率下行的趋势，10 年国债收益率到年底达到了 3.4% 左右，下半年下行幅度 70 个基点，年底 10 年期国债收益率水平较年初低 45 个基点左右。政策性金融债与国债的走势基本一致，10 年期金融债从年初的 4.15% 左右上升到 8 月末的 4.90% 左右，上升幅度达到 75 个基点；到年底则降至 4.0% 左右的低点，波动幅度略高于 10 年期国债。3 年期央行票据走势也比较接近，从年初的 3.60% 附近的收益率水平震荡上行到 8 月末最高 4.40% 左右的高点，之后快速回落到年底 3.45% 左右的低点。总之，2011 年利率产品市场波动性增大，在一年中经历了收益率大幅上升和快速下降的过程。当然，从结构上看，中长期利率水平上升幅度较小，而短期利率上升幅度较大，这与货币政策的逐步收紧导致资金面偏紧的状况相匹配。从这个意义上说，2011 年的利率产品市场体现了基本面和政策面的变化，而资金面的影响也非常重要（见图 7、图 8）。

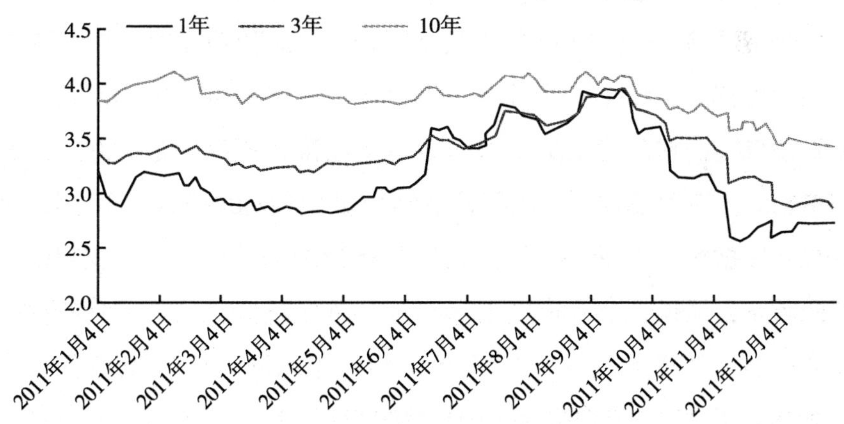

图 7　2011 年各期限国债收益率走势

资料来源：中债信息网、中信证券。

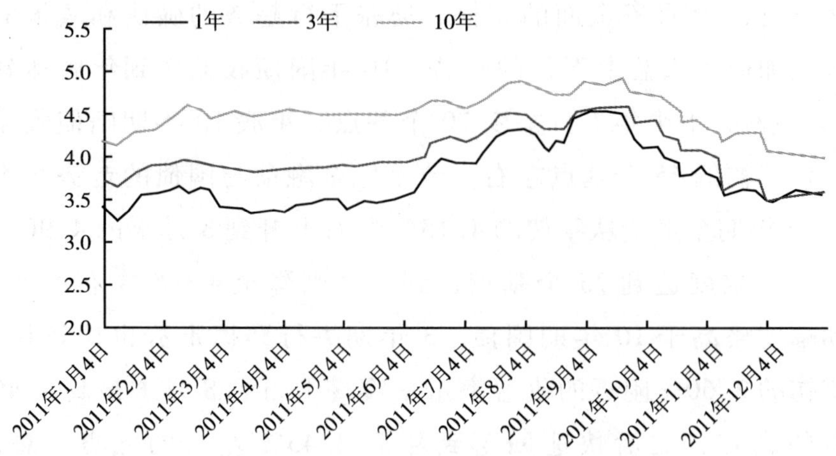

图 8　2011 年各期限政策性银行债收益率走势

资料来源：中债信息网、中信证券。

（二）利率产品市场运行特点

1. 利率产品发行量下降

2011 年，利率产品发行规模较 2010 年下降。分类来看，央行票据、政府债券的发行规模低于 2010 年的水平，但政策性金融债发行规模创出历史新高。2011 年由于国外经济下行风险较大，中国经济复苏仍需要继续巩固，在此背景下，我国政府继续推行积极的财政政策以促进经济增长。由于财政收入大幅提高，政府债券发行规模较 2010 年有所下降。央行票据发行方面，由于 2011 年实行稳健的货币政策，相比于 2010 年开始收紧，体现在公开市场上净投放的货币减少。从总的发行规模来看，央行通过公开市场操作回笼货币的效果减弱，央行票据发行量较 2010 年大幅下滑，央行票据存量较 2010 年减少 1.96 万亿元。而政策性银行为了支持国家大中型基础设施、基础产业的发展，随着经济的不断增长，自身资产负债表也需要持续扩张，每年融资规模都维持上升趋势，2011 年政策性银行债发行规模同样达到历史最高（见图 9）。

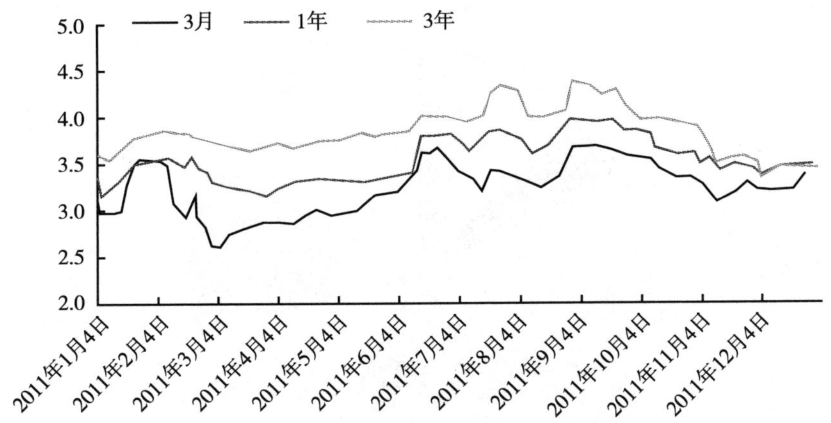

图9　2011 年各期限央行票据收益率走势

资料来源：中债信息网、Wind、中信证券。

2. 产品结构更加丰富

政府债券方面，2011 年共发行 12446.50 亿元的记账式国债、1551.41 亿元的电子式储蓄国债、1400 亿元的储蓄式国债和 2000 亿元的地方政府债，四类占比分别为 71.54%、8.92%、8.05% 和 11.50%。

政策性银行债方面，各政策性银行除了发行常规品种外，国开行发行了总额 200 亿元的可互换式固息/Shibor 浮息 10 年期债券以及总额 300 亿元可互换式定存浮息/Shibor 浮息 7 年期债券。此举为需求方提供了多样化的选择，大大提升了债券的吸引力，互换优势引发机构比较旺盛的投资需求。

3. 期限结构更加完善

2011 年国债市场的期限品种延续了 2010 年的发行特点，记账式附息国债各关键期限都有发行，发行总量比较均衡，收益率曲线持续完善。此外，贴现式国债也延续了 2010 年的期限结构特点，3 个月、6 个月、9 个月品种都各有发行。目前我国国债市场的期限品种已经较为丰富，进一步向发达国家靠拢（见图 10）。

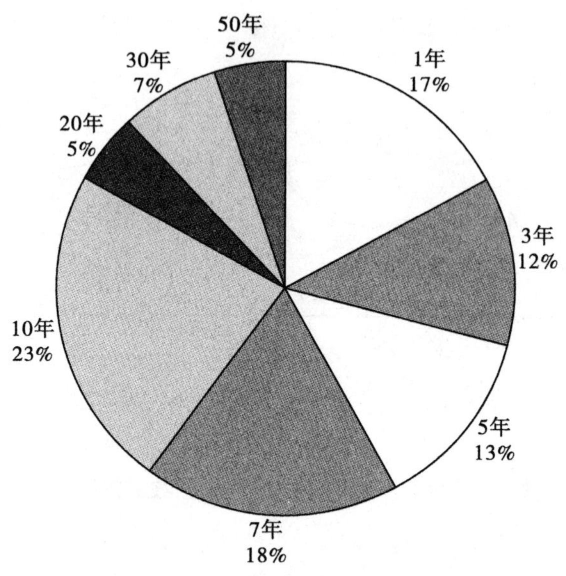

图 10　2011 年记账式附息国债各期限发行情况

央行票据方面，由于央行通过上调存款准备金率等措施回笼银行体系流动性，资金面在 2011 年前三季度整体偏紧，货币市场利率高位运行，央行票据一、二级市场利率出现倒挂，使得央行通过公开市场操作回笼货币的效果减弱，央行票据发行量较 2010 年大幅下降。全年来看，3 个月央行票据发行量为 5350 亿元，发行量同比下降 69.3%；1 年期央行票据发行量为 7550 亿元，发行量同比下降 51.6%；3 年期央行票据发行量为 1240 亿元，发行量同比下降 88.0%。从结构来看，2011 年央行票据发行以 3 个月和 1 年期品种为主，3 个月、1 年期和 3 年期央行票据发行规模占比分别为 37.8%、53.4%、8.8%。

4. 地方政府试点自行发债

财政部 2011 年 11 月出台《2011 年地方政府自行发债试点办法》，明确 2011 年由上海市、浙江省、广东省和深圳市开展地方政府自行发债试点。与以往由财政部代办发行不同，此次地方政府在国务

院批准的发债规模限额内，自行组织发行本省（市）的政府债券，由财政部代办还本付息。

《2011 年地方政府自行发债试点办法》出台后，上海市、浙江省、广东省和深圳市分别组织发行地方政府债，合计规模 229 亿元，均为 3 年期和 5 年期品种。由于财政部代办还本付息，业界将试点省市发行的地方政府债视为享有主权信用，发行利率水平与国债接近。

三　2011 年信用产品市场运行分析

（一）2011 年信用产品[①]市场运行情况

1. 一级市场发行

2011 年银行间市场信用产品（含金融债、企业债、短期融资券、私募票据、中期票据和集合票据等）发行量达2. 5 万亿元，与比上年信用产品发行总量上升 53. 64%。其中，商业银行债全年发行规模 3518. 5 亿元，较上年大幅上升 278. 7%，非银行金融机构债发行总量为 10 亿元，大幅下降 80%；短期融资券累计发行 7973. 8 亿元，较 2010 年上升 18. 26%；中期票据发行 7269. 7 亿元，比上年增加 47. 64%；私募票据发行量达 904 亿元；超短期融资券发行 2090 亿元，较 2010 年的 150 亿元有大幅上升；中小企业集合票据发行 52. 34 亿元，较上年增加 12. 39%；企业债发行 3485. 48 亿元，比上年减少 3. 9%（见表 13）。

① 我们将除政府债券（含国债和地方政府债）、政策性银行债、央行票据和政府支持机构债（即汇金债）的其他券种归为信用产品，具体包括商业银行债、非银行金融机构债、发改委审批的企业债、中期票据、超短期融资券、短期融资券、公司债、可转债、分离债、中小企业集合债、中小企业集合票据、资产支持证券。

表 13　2011 年银行间债券市场发行量

单位：亿元

券种＼年份	2011		2010	
	发行次数	发行量	发行次数	发行量
商业银行债券	34	3518.5	22	929.50
非银行金融机构债券	1	10	5	50.00
企业债券	193	3485.48	182	3627.03
超短期融资券	25	2090	2	150
短期融资券	595	7973.8	442	6742.35
中期票据	407	7269.7	223	4924.00
私募票据	32	904	0	0
集合票据	17	52.34	19	46.57
合　计	1304	25303.82	893	16468.45

资料来源：中债信息网、中信证券。

从发行主体来看，发行主体仍然较多集中在高信用评级企业，但 AA + 和 AA 评级的中等信用资质主体逐渐增多。2011 年，非金融企业中长期信用债净发行中，AA + 及以下发行人占总发行量的 50% 左右，达到 5000 亿元左右，10 年为 3400 亿元，占比为 38%。由于市场的扩容，以及企业发债余额不超过 40% 的限制等规定，发行主体信用等级多元化的趋势不可逆转，新的发行人在不断涌入。

2011 年，交易所债券一级市场仍然维持较低水平，全年发行公司债 83 只，共计 1291.4 亿元，相对 2010 年的 505.50 亿元大幅上升 155.5%，但整体公司债发行仍然保持较低频率。相对应的是，可转债发行量有所减少，全年发行可转换债 413.2 亿元，相对 2010 年的发行规模减少了 42.4%（见表 14）。但随着证监会提倡大力发展公司债市场，预计公司债的发行将有可观的增长。

表 14　2011 年交易所债券市场发行量

单位：亿元

券种	2011 年	2010 年
可转债	413.20	717.30
公司债	1291.40	505.50

资料来源：中国证券登记结算有限公司、上海证券交易所、深圳证券交易所、中信证券。

2. 二级市场交易

2011 年，银行间债券市场交易结算呈整体快速增长的趋势，信用产品无论是交割量，还是交割笔数均有较大增长，其中信用产品交割量 25.9 万亿元，相对 2010 年增长 32.3%，交割笔数 226784 笔，较 2010 年增长 30.4%。

具体来看，中期票据交割量 14.32 万亿元、企业债 5.60 万亿元、短期融资券 5.23 万亿元、商业银行债券交割 6963.48 亿元，现券交割量和交割笔数的快速增长表现了投资者对信用产品的需求大幅增长（见表 15）。

表 15　2011 年银行间债券市场交割量

单位：亿元

券种＼年份	2011		2010	
	债券交割量	笔数	债券交割量	笔数
商业银行债券	6963.48	3747	6360.23	3592
非银行金融机构债券	538.04	386	216.36	282
企业债券	55963.8	57957	46168.98	49020
短期融资券	52312.72	56960	44402.48	47075
资产支持证券	1.85	7	20.17	27
中期票据	143162.57	106714	98613.19	73439
集合票据	467.3	1013	252.78	452
合　计	259409.76	226784	196034.19	173887

资料来源：中债信息网、中信证券。

3. 信用产品存量

截至2011年底，信用产品市场债券总存量达6.16万亿元，相对2010年净增加1.66万亿元。其中以中期票据、企业债券和商业银行债券位居净增量前三位，三者合计净增量达1.26万元（见表16）。

表16　2011年信用债券市场存量

单位：亿元

券　种	2011年	2010年	净增量
商业银行债券	9242.50	6095.20	3147.30
非银行金融机构债券	542	567	-25.00
企业债券	17799.49	14511.10	3288.39
超短期融资券	450.00	150.00	0.00
短期融资券	7806.80	6530.35	1276.45
中期票据	19742.70	13536.00	6206.70
私募票据	919.00	0.00	904.00
集合票据	93.68	55.12	38.56
公司债	2855.6	1623.9	1231.70
可转债	1162.93	786.89	376.04
分离债	871.15	950.65	-79.50
资产支持证券	95.27	182.32	-87.05
合　计	61566.12	44988.53	16277.59

资料来源：中债信息网、中国证券登记结算有限公司、上海证券交易所、深圳证券交易所、中信证券。

4. 信用产品投资者结构

以银行间市场为例，2011年信用产品持仓仍然延续2010年的结构。其中第一大投资者是商业银行，持有信用产品2.22万亿元，其次是保险公司持有1.08万亿元，基金（含理财产品）持有1.06万亿元，信用社和证券公司分别持有信用产品2582亿元和1597亿元。发行人主体信用等级趋于多元化，中低评级的发行人开始涌现，但投资者的偏好没有明显变化。银行和保险公司（含理财）是债券市场的主要投资者，占到信用债持仓的80%（见表17）。

表 17　2011 年信用产品投资者结构

单位：亿元

券种	合计	企业债		短期融资券		中期票据	商业银行债
		2011	2010	2011	2010	2011	2011
商业银行	22167	5668	4964	2501	3458	11815	2183
信用社	2582	1151	880	150	144	1101	180
非银金融机构	459	161	176	45	90	229	24
证券公司	1597	683	520	193	292	666	55
保险机构	10825	5064	5497	135	367	348	5278
基金	10582	2407	1386	1715	1994	5036	1424
非金融机构	278	106	129	40	37	67	65
合　计	—	15240	13552	4779	6382	19262	9209

注：这里的信用产品特指中国债券网提供投资者持仓数据的企业债、短期融资券、中期票据和商业银行债。

资料来源：中债信息网。

5. 信用产品收益率走势

2011 年恰逢信贷政策趋于紧缩，经济增速也有所放缓，但一直到第四季度通货膨胀率一直高企。在这种情况下，市场流动性一直偏紧，并且在第二、第三季度，市场对少数企业违约的担忧急剧上升，导致收益率大幅上扬。但随着 2011 年第四季度紧缩政策的结束，以下调存款准备金为信号，全年市场走出了先抑后扬的行情。从期限结构看，流动性的收紧使得短端收益率上升幅度较大，长端则上升幅度相对较小，信用产品收益率曲线平坦化调整贯穿全年（见图 11）。

从全年看，信用债体现出几个特点：第一，随着收益率的大幅走高，绝对收益较高，信用债成为机构配置的首选，并在第四季度获得不错的投资回报。第二，流动性紧张对收益率影响较大。尤其是第三季度，市场的资金利率始终居高不下，收益率上行速度较快。第三，随着经济增长的减速以及市场对城投债务问题的关注，信用风险成为市场关注的热点问题。

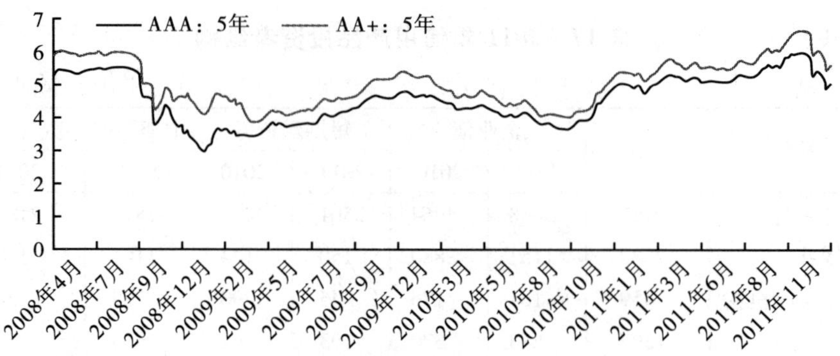

图 11　2011 年银行间信用产品收益率变化

资料来源：中债信息网、Wind。

（二）信用产品市场发展特点

1. 信用债稳步扩容

2011 年，包括商业银行债及次级债、银行间非金融企业债务融资工具、企业债与公司债等在内的信用债市场持续发展，总体发行量仍保持高位，存量规模继续大幅提升，加快了我国债券市场由容量小、产品类型单一、未覆盖信用风险向容量持续扩大、产品类型逐步丰富、债券品种覆盖的期限结构和风险类型日益齐全的转变。信用债市场稳步发展，在丰富企业直接融资渠道和促进国民经济发展中发挥了重要作用。同时，信用债交易活跃，拥有较好的流动性，发行和交易定价市场化程度高，在推进债券利率基准体系建设和利率市场化改革中的作用也日益凸显。

2. 投资者日益多元化

中国债券市场进一步开放，投资者类型更加丰富。2011 年，银行间市场投资者进一步丰富，资金集合型投资主体增加较多，境外机构投资银行间债券市场试点稳步推进。截至 2011 年末，共有 51 家境外机构获准进入银行间债券市场投资试点。截至 2011 年末，银行间市

场共有机构投资者11162家，较上年增加9.06%；本年新增的927家机构投资者中包括基金投资者720家、非金融机构投资者72家，二者约占新增机构数的85%。在持有结构上，商业银行仍是债券最主要的持有机构，但基金公司和保险公司债券持有量及持有占比较上年均有明显增长，债券的投资者持有和交易结构更趋均衡，多元化趋势加强。

3. 产品创新加速

债券品种类型有所增加，在拓宽企业融资渠道的同时丰富了债券市场投资品种。5月，首单非金融企业债务融资工具非公开定向发行，拓宽了企业融资渠道；8月，信贷资产证券化扩大试点获批，进一步探索推进中小企业金融产品和服务创新；11月，首单区域集优票据成功发行，通过在发行、信用增进和风险缓释等多方面的创新，很好地契合了中小企业融资的特点。信用风险缓释工具的创新推动了债市衍生品创新，市场交易工具更加丰富，为投资者信用风险转移和对冲等提供管理工具，推进了多层次信用市场的建设和发展。

4. 信用风险引起关注

2011年4月以来，城投债和地产债市场出现了一系列的信用事件。4月，四川高速未经债权人同意，即将其最核心资产成渝高速股权无偿划转至四川交投，引发市场对城投公司转移核心资产设立新平台再次融资以及资金链紧张的担忧，随之媒体开始广泛报道云南高速公路建设融资平台近千亿元贷款违约后，引起市场高度关注，到6月30日媒体广泛渲染上海申虹债务逾期调查，平台贷流贷固投成潜规则等问题彻底引发市场对城投债的担忧，市场开始出现明显下跌。

此后，9月16日，山东海龙评级的大幅下调（主体评级由A+下调至A-，11海龙CP01债项评级由A-1下调至A-2）再度引发了市场对低等级产品信用风险的担忧，而9月22日，市场传言银监会调查绿城房地产信托情况，市场信心再度遭受重创，城投债和地产债大幅冲高。从整个过程来看，“滇公路”的报道应该是标志性事件，此后，市场对城投债和地产债违约风险的担忧越来越强，要求的信用风险溢价水平也持续攀升，引发这两类债券出现大幅调整。

四　2011 年衍生品市场运行分析

（一）利率衍生产品运行情况

1. 通胀预期变化剧烈，利率互换曲线大幅震荡

与现货市场类似，在 2011 年上半年货币政策紧缩以及流动性收紧的情况下，互换收益率先大幅上行而后又迅速下降，1 年 FR007 利率互换从 3.1% 上行至 4.5% 的高位，尔后在年末又下降到 2.79% 左右震荡，全年大幅波动 177 点（见图 12）。显示在通胀上行见顶以及经济下行的过程中，投资者对于利率走势的巨大分歧。

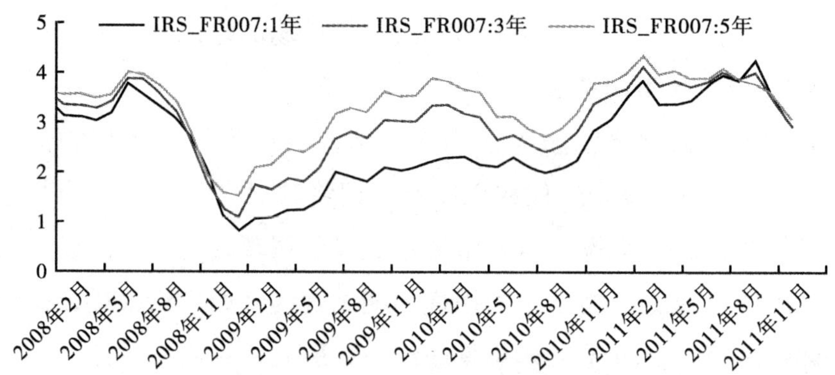

图 12　利率互换收益率先高后低

资料来源：Wind。

2. 利率互换交易量大幅增加

2011 年利率互换全年成交 20203 笔，达到 2.68 万亿元，远远高于 2010 年的 10423 亿元，同比涨幅 78%，对比 2009 年的 3557 亿元，增加了接近 8 倍。利率互换从 2006 年推出以来，在 2011 年迎来了爆

发式的增长，特别是随着通胀预期的剧烈变化，以利率和货币互换为代表的场外金融衍生产品成为金融机构进行风险对冲的手段。其中 1 年以下的利率互换交易高达近 2 万亿元，占到全部交易金额的 78%，反映了在货币市场资金紧张的格局下，投资者采用利率互换工具管理资金成本的诉求（见图 13）。

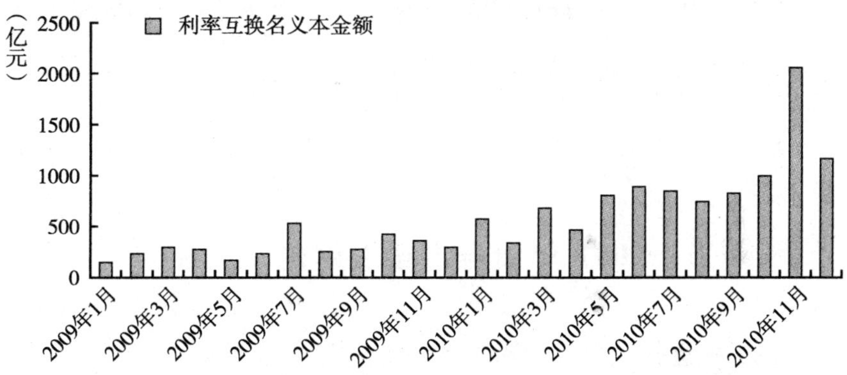

图 13　利率互换交易量大幅增加

资料来源：中国货币网、中信证券。

3. 债券远期交易大幅下降

2011 年债券远期交易完成 436 笔，成交金额 1030.11 亿元，同比下降 67.64%。从标的债券来看，债券远期交易以政策性金融债为主，其交易量占到 63.5%，从期限看，短期产品占到主要币种，2 ~ 7 天期产品占到 62.1%（见表 19）。

表 19　2011 利率远期交易情况

单位：亿元

券　种	2011 年	2010 年	券　种	2011 年	2010 年
政策性金融债	668.17	1736.17	短期融资券	0.51	2.69
国债	57.45	253.5	地方政府债	8.63	3.02
企业债	128.82	486.02	其他债券	26.54	7.71
中期票据	21.14	678.18	合　计	1030.11	3183.43
央行票据	118.85	16.14			

（二）信用风险缓释工具交易情况

自银行间市场交易商协会于2009年3月制定发布了《NAFMII主协议》以及配套的交易确认书参考文本以来，截至2011年底，已有250家机构签署备案了1347份主协议，53家机构签署贷款转让主协议。

当前，信用风险缓释凭证的交易仍然较为清淡，CRM交易商43家，核心交易商25家，凭证创设机构28家。合约交易25亿元，凭证交易7.4亿元。

五　2011年债券市场发展的主要特点

（一）主要特点

1. 债券融资对银行信贷替代的趋势仍然持续

1997年以来，随着债券市场的大跨步发展，每年通过债券等直接债务融资渠道获取资金的规模逐年上升，尤其是2008年以来，在相对宽松的宏观经济政策的刺激下，企业对低成本、多渠道融资途径的需求较强，因此市场化程度相对较高的债券市场就成为银行贷款的替代选择之一。目前来看，2009年非金融企业通过新增债券融资量就超过万亿元，2011年达1.32万亿元，在信贷规模控制相对严格的背景下，债券融资保持一定规模上升，因此债券融资对银行信贷的替代趋势仍然在持续。债券融资对银行信贷的替代更多是发行人规避存贷款利率管制的需求所致。由于存贷款利率并非由市场化决定，且利差较高，对于相对优质的发行人来说，贷款利率一般高于债券发行利率，因此企业有通过债券发行来替代银行贷款的需求，从图14可以看到，目前这一趋势仍然在持续。

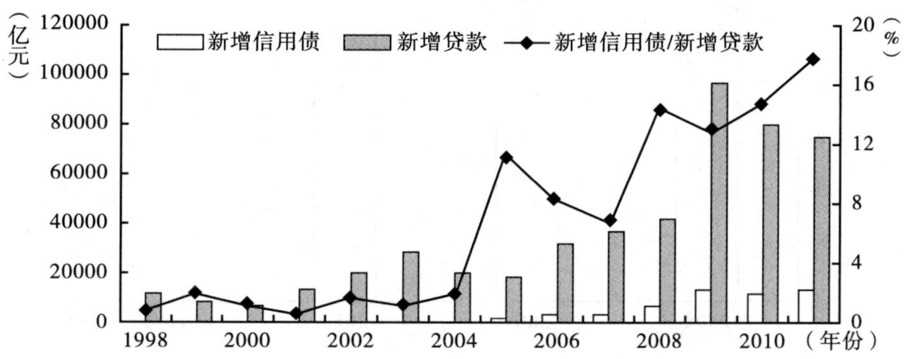

图 14　2011 年非金融企业信用债与银行贷款比较

资料来源：中债信息网、中国证券登记结算有限公司、上海证券交易所、深圳证券交易所、中信证券。

2. 信用债所占比重持续提升

近年来，由于企业债券融资规模的快速上升和商业银行通过次级债补充资本金的较强动力，信用债规模保持了较快的增速，而传统的三大类利率产品中，仅政策性银行债保持了较快的增速，政府债券发行的必要性和规模因财政收入的大幅增长而有所下降，央行票据在近两年更是出现了存量大幅下降的趋势，因此近年来信用产品在整体债券市场中的比重明显上升，截至 2011 年底，在我们统计口径内的信用产品（除政府债券、央行票据、政策性银行债和政府支持机构债之外的其他券种）规模为 6. 16 万亿元，与利率产品（包括政府债券、央行票据、政策性银行债和政府支持机构债）在债券市场中所占比重持续呈现结构性变动。如图 15 所示，前者的权重至 2011 年已达 27. 07%，较 2008 年上升 15. 14%。

3. 银行间市场依然居主导地位，交易所质押式回购规模的放量值得关注

目前，银行间债券市场自 1997 年成立以来，经历了长足的发展，事实上近 20 年来中国债券市场的发展更多地归功于银行间市

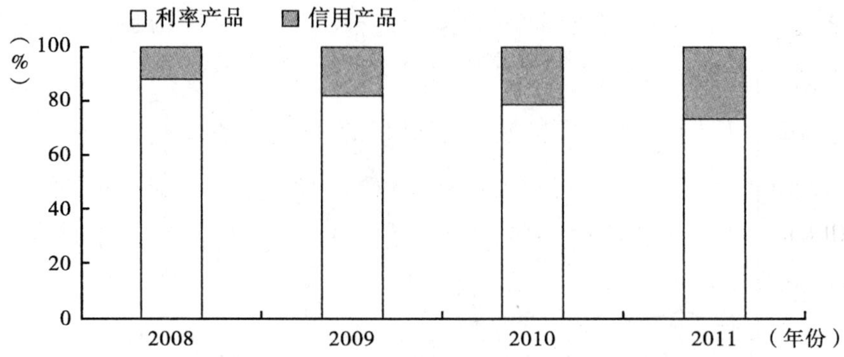

图 15　2010 年债券市场存量结构

资料来源：中债信息网、中国证券登记结算有限公司、上海证券交易所、深圳证券交易所、中信证券。

场，因此目前来看，对于中国债券市场来说，银行间市场仍然居主导位置，以存量规模看，2011 年银行间市场和交易所市场存量规模分别为 21.90 万亿元和 0.84 万亿元，交易所市场存量占比维持在 4.0% 左右。

然而，我们需要关注的是，自上海证券交易所新质押式回购推出以来，由于融资的相对便利性，使得投资者通过交易所质押式回购融资在难度和成本上均有一定优势，因此回购规模大幅上升，2011 年仅上海证券交易所此类交易的规模就达 19.96 万亿元，是 2010 年的 3 倍多，合并深圳证券交易所的质押式回购交易规模，2011 年交易所质押式回购占全市场的比例达 15.77%，较 2010 年的 6.73% 有明显上升。

4. 2011 年商业银行托管量不升反降，基金、城商行、保险类投资需求相对稳定

图 16 给出了各类机构 2010 ~ 2011 年在银行间债券市场的新增债券托管量。可能是受央行票据规模大幅下行的影响，2011 年全国性商业银行在银行间市场的债券托管量不升反将，年底为 12.18 万亿元，较 2010 年下降 125.83 亿元；基金类投资者在 2010 年异军突

起之后，2011年债券投资需求保持稳定，当年银行市场债券投资总额上升4960.46亿元，成为当年银行市场托管规模上升最多的机构，与2010年类似，其中可能更多反映的是商业银行理财、企业年金等配置型机构的需求，而不完全是公募基金的投资需求，城商行、保险机构、农信社等机构的需求同样相对稳定，其银行间市场托管量有所上升（见图17）。

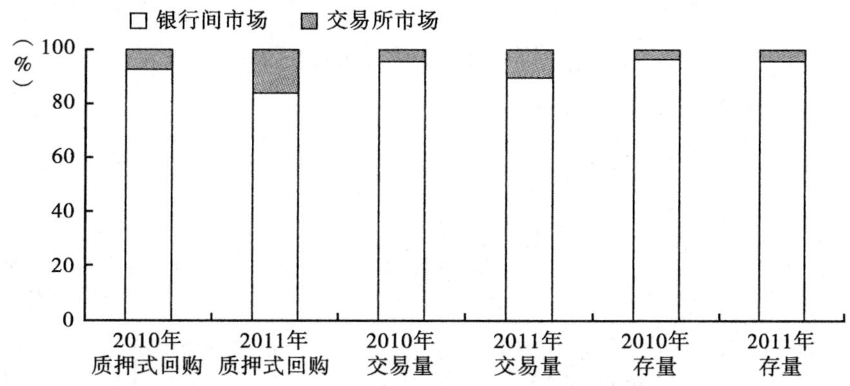

图16　2010年银行间和交易所市场比较

资料来源：中债信息网、中国证券登记结算有限公司、上海证券交易所、深圳证券交易所、中信证券。

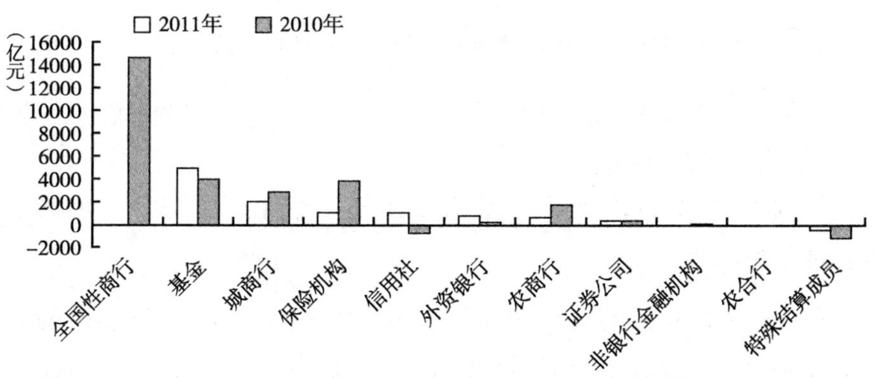

图17　2010年银行间市场各类投资者托管净增量

资料来源：中债信息网。

5. 新型直接债务融资工具不断涌现

作为市场创新的前沿，2011 年的债券市场同样推出了多类新型的融资工具，主要是为了顺应政策要求和市场需求的要求，具体表现为：

第一，与中小企业相关的债务融资工具创新。在原有的中小企业集合债、中小企业集合票据的基础上，为支持小型微型企业融资，银监会发布通知允许符合一定条件的商业银行发行小型微型企业专项金融债，由于其在贷存比、风险资本券种等方面的优势，对商业银行具有相当的吸引力。2011 年 12 月，由兴业银行发行了首期小型微型企业专项金融债，规模为 300 亿元。

第二，地方政府启动自主发债试点。2011 年 10 月，财政部四省市开展地方政府自行发债试点，11 月 15 日，上海市自主发行的两期债券（共计 71 亿元）正式亮相我国债券市场，这可能是中国发展市政债券市场的开端。

第三，非公开定向发行工具推出。2011 年 4 月 29 日，交易商协会发布《银行间债券市场非金融企业债务融资工具非公开定向发行规则》。5 月初，五矿集团、国电集团和中航工业集团发行了首批私募中票，三只债券规模总计 130 亿元。

（二）2011 年债券市场的基础设施建设

2011 年，债券市场基础设施建设持续推进，相关制度进一步完善，保证了市场的稳健有序运行。

1. 债券市场交易系统、备案系统与清算机制

全国银行间同业拆借中心于 5 月 3 日起为银行间市场成员提供非公开定向债务融资工具交易服务，允许发行人与投资人通过谈判确定更具灵活性和个性化的发行协议，降低了债券发行对信息披露和再融资等条款设计的限制。

12 月 19 日，银行间债券市场净额清算业务正式推出，标志着银

行间债券市场集中清算机制正式建立。这是我国债券市场基础设施建设取得的重大突破，也是我国在落实 G20 承诺、推动场外交易集中清算迈出的重要一步。目前，债券净额清算服务仅适用于托管在上海清算所的短期融资券、超短期融资券、定向工具以及中小企业集合票据。

2. 中央国债登记结算公司新一代客户端系统全面上线

继 2010 年推出桌面客户端以后，2011 年 7 月，中央国债登记结算公司网上客户端成功上线，2011 年 7 月 8 日，中央国债登记结算公司直联客户端项目成功上线。网上客户端的开放，实现了市场成员通过互联网进行债券业务的实时、动态查询。直联接口的开通，实现了结算成员债券业务从前台交易、中台风控到后台结算的一体化全流程管理，不仅可以极大提高债券交易结算处理效率，同时可以有效降低成员的结算操作风险及资金管理风险，有利于债券市场的安全高效运转。

3. 境外直投人民币结算与人民币合格境外机构投资者（RQFII）正式启动

2011 年 1 月 14 日，央行发布了 2011 年第一号文件《境外直接投资人民币结算试点管理办法》，明确规定境内机构可以将其所得的境外直接投资利润以人民币汇回境内，银行可向境内机构在境外投资的企业或项目发放人民币贷款，办法自发布之日起施行。央行表示，该办法旨在为配合跨境贸易人民币结算试点，便利境内机构以人民币开展境外直接投资。

2011 年 12 月 16 日，中国证监会、人民银行和国家外汇局联合公布《基金管理公司、证券公司人民币合格境外机构投资者境内证券投资试点办法》，人民币合格境外机构投资者（RQFII）正式启动。RQFII 试点将从基金公司、证券公司的香港子公司开始，运用其在港募集的人民币资金在经批准的人民币投资额度内开展境内证券投资业务，初期试点额度约 200 亿元，据称，其中 80% 的资金将投资于固

定收益证券，不超过募集规模20%的资金投资于股票及股票类基金。

4. 利率互换交易确认业务顺利开展

2011年3月28日，中国外汇交易中心通过电子化方式推出利率互换交易确认业务，截至12月末，已有42家金融机构通过交易系统进行电子化确认，占比超过80%。通过设置统一的确认流程和标准化的确认书模板，实现了利率互换交易确认的标准化和电子化操作，在规范衍生品交易确认流程的同时满足市场成员对衍生品交易后服务的需求，利率互换作为债券市场进行利率风险控制的最常用手段，其交易手段的规范化也为债券市场的顺利运行提供了保障和支持。

5. 管理制度建设细化与行业自律性加强

2011年，债券市场相关制度继续完善，在债券发行管理、信息披露、后续管理、二级市场交易等环节得到进一步规范。2011年4月13日，中国人民银行发布公告，进一步完善全国银行间债券市场交易管理制度，上海清算所被正式纳入银行间债券市场监测管理体系中，此外，公告还对市场异常交易情况的处理作出了规定。4月21日，中国人民银行和财政部发布联合公告，对新发关键期限国债做市制度作出了一系列规定。6月7日，中国人民银行发布《银行间债券市场债券招标发行管理细则》，通过细化债券招标发行有关要求进一步规范债券招标发行行为。10月19日，中国保监会发布了经修订的《保险公司次级定期债务管理办法》，进一步规范了次级债的管理和偿还，明确规定次级债可以登记托管，取消定向募集的限制，限定次级债募集资金的运用范围，细化次级债提前赎回的管理要求等。2011年，证监会推出公司债审批"绿色通道"制度，将债券融资审核与股权融资审核分离，优化债券审核机制与流程，审核周期明显缩短。

在自律管理方面，交易商协会通过发布《非金融企业债务融资工具发行规范指引》，修订《银行间债券市场非金融企业债务融资工

具注册工作规程》，进一步发挥市场自律管理作用，推动非金融企业债务融资工具注册、发行和信息披露的规范。

（三）2011年债券市场的主要创新

创新是市场发展的原动力。2011年政府工作报告强调要“继续大力发展金融市场，鼓励金融创新”。2011年，我国债券市场以市场需求为导向，积极推动债券发行方式、增信方式等方面的创新，进一步丰富了债券市场的产品结构，在改善地方政府和中小企业融资、推动债券市场“走出去”等方面都取得了一定突破。2011年债券市场创新主要呈现以下特征：

第一，债券发行方式更加灵活、更加市场化。4月29日，中国银行间市场交易商协会（以下简称交易商协会）发布《银行间债券市场非金融企业债务融资工具非公开定向发行规则》，正式推出非公开定向发行方式。10月17日，财政部发布了关于《2011年地方政府自行发债试点办法》的通知，批准上海市、浙江省、广东省、深圳市开展地方政府自行发债试点，使地方政府债由财政部代发向自主发行转变。

第二，债券增信方式更加多样、更具针对性。信用增进作为债券市场不可或缺的制度安排，在分散、分担市场风险的同时，还为信用等级较低的企业进入债券市场提供了可能。2011年，交易商协会在中小企业集合票据的基础上进行再创新，推出区域集优融资模式，其中信用增进是创新力度较大的环节。该模式针对中小企业信用等级较低的状况，一方面鼓励地方政府设立偿债基金，另一方面积极引入第三方担保机构，支持中小企业通过债券市场融资，纾解了中小企业的融资困境。

第三，探索债券募集资金用途的专项性。为解决中小企业融资难题，人民银行、中国银行业监督管理委员会（以下简称银监会）出台一系列新政支持商业银行开展小型微型企业贷款，其中的一项重要举措就是推出支持小型微型企业贷款的专项金融债，即鼓励商业银行发行金融债，并将募集资金用于小型微型企业贷款。专项金融债的推出，有利于更好地发挥债券支持实体经济发展与结构调整的作用。

第四，债券市场国际化进程加快。11 月 25 日，宝钢集团在香港成功发行了 36 亿元离岸人民币计价债券（俗称“点心债”），这是我中国内地首家赴香港直接发行人民币债券的非金融类企业，也是迄今为止规模最大的一宗由企业赴中国香港发行人民币计价债券的交易。12 月 16 日，证监会、人民银行和国家外汇局联合公布《基金管理公司、证券公司人民币合格境外机构投资者境内证券投资试点办法》，人民币合格境外机构投资者（RQFII）启动。2011 年，共有 38 家境外商业银行获准进入银行间债券市场，人民银行与奥地利国民银行（即奥地利央行）于 11 月 10 日在北京正式签署了奥地利央行投资我国银行间债券市场的代理协议。

六　2012 年债券市场展望

（一）宏观面与市场层面分析

从基本面看，2012 年经济增长将触底回升。2011 年第四季度，通胀趋于下行使得宏观经济政策的紧缩力度有所放松，当季 GDP 同比增长 8.9%，超出 8.6% 的市场预测均值，季调后环比折年率达到 9.5% 左右，经济处于温和复苏的过程中，当然环比回升的可持续性仍然有待进一步观察。

第一，从外需看，尽管短期内美国经济数据好于预期，但复苏仍较脆弱；欧元区经济正陷入衰退，将拖累全球经济增长，因此发达国家经济前景仍偏悲观。金融危机后，新兴经济体与发达国家脱钩的程度有所增强，然而，新兴经济体和发达国家之间的贸易依存度依然较高，发达经济体的经济下行必然会拉低新兴经济体的经济增长，中国

也不例外。外围经济的疲软使得中国的出口增速将处于低位，因此中国的增长将更多地依靠内需拉动，政策仍需要加大放松力度以进一步刺激内需增长。

第二，从内需看，首先，实际社会消费品零售总额可能保持相对稳定的增长水平；其次，对于投资来说，2011 年制造业投资是固定资产投资的最大支撑，基建和房地产投资增长较弱，2012 年在房地产调控政策持续的情况下，房地产投资增速加快的可能性较小，未来投资增速的加快主要将依靠制造业投资和基建投资，而政策进一步放松将是有利支撑；最后，PMI 的连续上行，也从侧面印证了内需回升和经济企稳的迹象。

总体来看，对于通货膨胀，重点应根据货币总量、经济增速、国际大宗商品价格、农产品供给来判断通胀未来的趋势。当前货币政策依然维持稳健，经济增速也相对温和，PMI 指数处于历史偏低的水平，国际大宗商品价格仍在震荡调整，没有明显上涨的势头。因此，我们判断上半年 CPI 环比有望继续维持偏低的水平，CPI 同比也将稳步下行，而下半年随着政策的逐步放松和内需的反弹，通胀水平也将逐渐回升，有观点认为，全年 CPI 预计在 3% 左右的水平。

对于信用产品，政策放松使得流动性风险、信用风险、供给及利率风险均向有利于信用产品市场的方向转变，而较高的收益率水平及信用利差则具备明显的安全边际。每一轮行情的结束都伴随着低等级债信用利差的大幅缩窄，建议可以重点关注。

从大类资产选择角度看，如果考虑风险调整后的收益（以货币收益作为无风险收益），在不同的市场背景下，能清晰地看到货币—债券—股票的轮动顺序（见图 18 和图 19）。

随着 2011 年信用市场的几次大波动，在机构风险偏好和信用债资质分布更为平均后，产品和机构风险偏好匹配度也越来越高，这意味着信用债投资资金更为稳定，有利于市场波动的降低。除了常规的

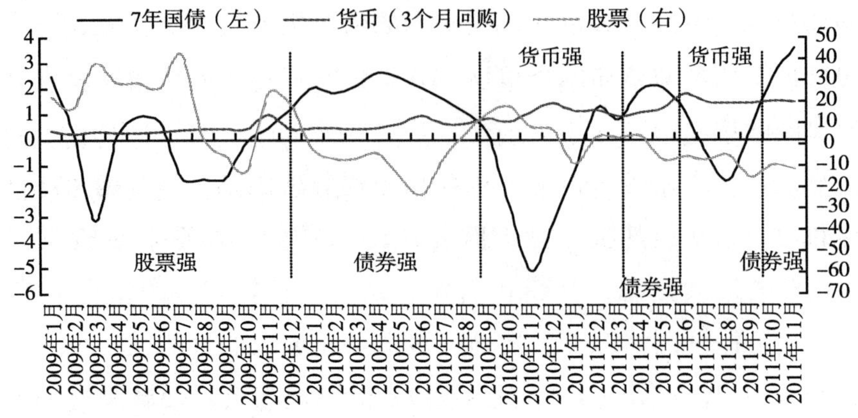

图 18　债券、股票和货币的 3 月持有期间收益

资料来源：申万研究。

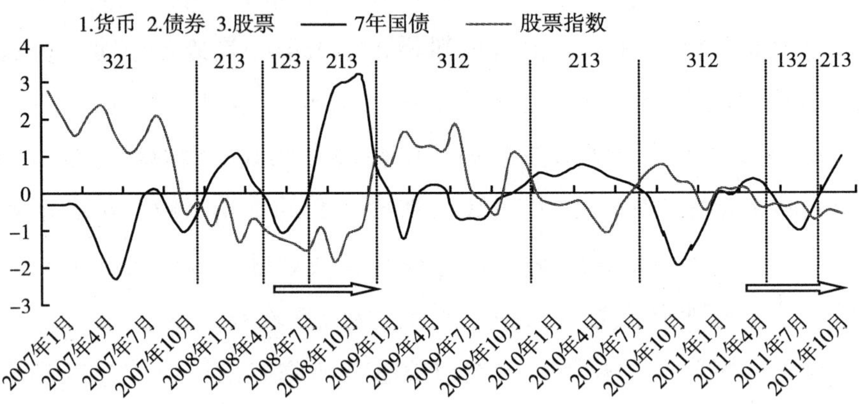

图 19　风险调整后的收益变化

资料来源：申万研究。

信用债，2012 年以下债券品种会得到关注：主要包括银行间定向私募债：非公开定向工具，目前以大企业为主，2011 年发行量达 919 亿元，主要是一些到达公募 40% 上限的企业；创业板定向公司债：中小企业集合债券/集合票据：采用担保公司/增信公司担保增信；区域集优中小企业集合票据：地方政府担任组织协调，政府设立中小企业直接债务融资发展基金。目前已有佛山、潍坊和常州三地发行。地

方政府的参与有利于降低违约风险。同时，2012 年融资环境改善，经济寻底后整体信用资质不会继续恶化，有观点认为在经济下滑的背景下，风险主要集中在几个方面：一是房地产回售债券，回售博弈对现金流的影响；二是因投资下滑导致相关行业的影响；三是城投债的信用风险；四是并购重组可能引发的信用风险，应关注对债权人的保护。

（二）市场发展展望

2011 年底的中央经济工作会议提出，2012 年将实施积极的财政政策和稳健的货币政策，而“稳中求进”的宏观基调也为 2012 年的经济走势给出了方向。为贯彻积极财政政策的目标，预计 2012 年政府部门的融资规模将有所增加。企业债券方面，随着市场的发展及成熟，债券融资已成为企业融资的重要渠道。同时，在中央关于缓解中小企业融资困难的要求下，预计 2012 年企业债券供给量将上升，中低评级的债券占比或将有所加大。短期融资券、中期票据以其发行的便利和良好的流动性，将成为企业在银行间市场进行债券融资的重要方式，交易所公司债的发行规模也将保持高位。

随着债券市场的深入发展，创新已经成为支持经济发展和结构调整的有效途径。《“十二五”规划纲要》明确提出，推动债券品种创新和多样化，稳步推进资产证券化。2012 年，人民银行实施稳健的货币政策并适时适度进行预调微调，为债券市场提供了良好的政策环境与流动性保障，产品创新力度将进一步加大。一是地方政府债券在经过 2011 年的试点之后，或在 2012 年完善相关配套机制，扩大自行发债的规模和范围。二是信贷资产证券化试点有望重启，在分散银行风险、缓解流动性压力的同时，为中小企业信贷提供支持，为高收益债券产品发行搭建平台。三是积极探索利用定向发行工具、超短期融资券等债务融资工具、高收益债券等创新品种，为更多符合资质和条件的企业融资提供支持。

同时，债券市场制度建设将稳步推进。完善的制度体系是债券市场平稳运行及健康发展的保证。2011 年，在国内外经济形势极为复杂的背景下，我国债券市场着力推进制度建设，有效地维持了市场秩序、防范了市场风险。今后，随着债券市场的进一步发展，其在信息披露、信用评级等方面的制度建设也将不断向前推进和完善，全面、系统的市场制度创新和规范建设将得以应用和落实。

B.9
分报告 8
股票市场运行

受宏观经济形势不确定性增强等原因的影响，2011 年我国股票市场经历了较大幅度调整，市场融资额和股票交易量均出现不同程度下滑。年末指数略有企稳，但投资者信心仍未全面恢复。2012 年，在“稳中求进”的宏观经济调控目标指导下，国民经济有望实现“软着陆”，若干制度性变革可能给股票市场提供新的上升动力，为适应新经济增长方式而积极增加投资的行业和上市公司，有可能成为市场热点。

一 2011 年股票市场运行分析

2011 年是国际金融危机爆发后的第三个年头。这一年，美欧经济依然没有走出衰退阴影，欧洲主权债务危机逐步深化，各国宽松的货币政策和迅速上涨的大宗商品价格，加剧了新兴市场国家的通货膨胀。2011 年我国实现了 9.2% 的经济增长，消费、投资和出口均保持较高增速，但 CPI 比上年提高 5.4%，超过年初制定的政府调控目标。经济过热迹象增强了央行进行干预的决心，1 ~ 7 月，央行先后 6 次上调金融机构存款准备金率，3 次上调存贷款基准利率，回收银行系统流动性和提高企业融资成本。货币政策调整对股票市场产生了比较明显的影响。年初对于经济基本面还反应比较乐观的市场指数，自 4 月中旬开始缓步向下调整，虽然经历了 6 月下旬至7月上旬、10月下旬至11月上旬两个阶段的盘整，但指数下调的趋势没有发生根本改变。12月31日，上证指数收于2199.42点，比年初下跌21.7%，相当于2009年3月的水平。随着指数的下调，市场成交量同步减少，从1~4月的平均日成交175亿股，降至此后的平均约123亿股，下降幅度达30%。12月的平均日成交量更降至90亿股，一定程度上反映了投资者的惜筹心理（见图1）。

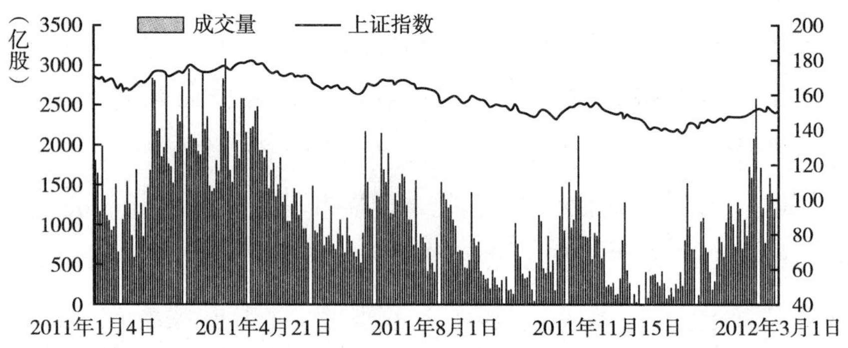

图1　2011年上证指数运行趋势

资料来源：招商证券行情系统。

2011年股市下调同上市公司经营业绩并不存在直接关系。前三季度上市公司利润总额达到2.47万亿元，同比增长23.6%（见图2）。分行业看，除造纸印刷、公用事业、交运仓储和木材家具四个行业的上市公司利润出现负增长外，其他主要行业均获得10%以上的增长。机械设备制造、生物医药、建筑、金融服务等行业利润增长均在20%以上；食品饮料、金属和非金属制品制造、商贸、服装、文化传播和石油石化行业的利润增长率更是超过40%。[①] 根据目前已经掌握的上市公司业绩预告情况，2011年第四季度上市公司总体赢

① 根据Wind资讯数据计算得出。

利环比可能有所下降，但全年仍可保持约20%的增长。赢利增加而股价却持续下跌，这使得股市平均市盈率走入历史低位。到2011年末，A股市场平均市盈率不到13倍，低于2008年金融危机期间的市场低谷，也是2000年以来的最低水平（见图3）。市盈率不断下降意味着按照当期赢利状况衡量股价的估值方法在2011年基本失效，市场对上市公司前景的悲观预期占据了主导地位。而悲观预期的基础则是对原有经济增长方式的信心下降，以及依然不稳定的外部需求。

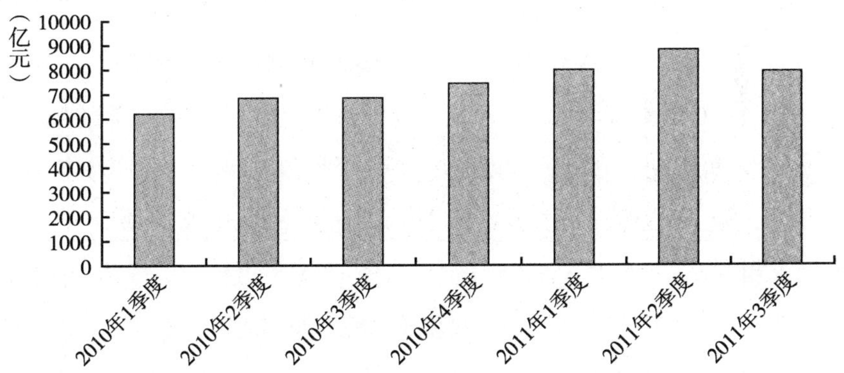

图2 2010~2011年A股上市公司季度利润总额

资料来源：Wind。

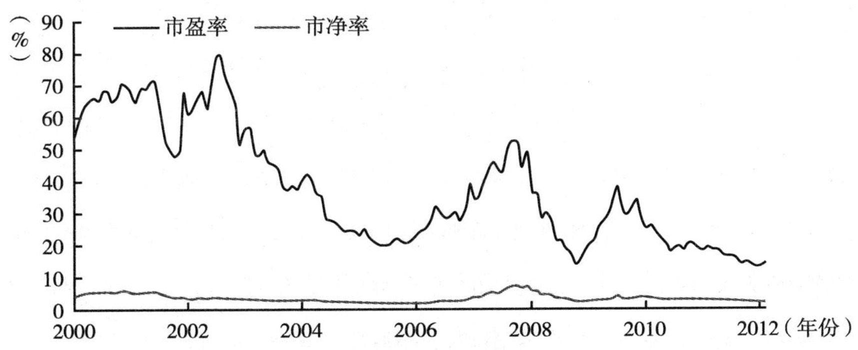

图3 2000年以来A股市场估值历史趋势

资料来源：Wind。

二级市场表现在一定程度上影响了市场融资功能。根据中国证监会数据，2011 年股票市场融资总额为 5073 亿元，同比下降 43.3%。其中 IPO 募资 2825 亿元，下降 42.1%；定向增发 1665 亿元，下降 23.4%；配股 422 亿元，下降 70.7%。IPO 募资下降超过 2000 亿元，甚至高于 2009 年新股发行的募资总额，新上市公司数量从上年的 345 家减少到 279 家，而且有 77 家公司股票上市首日收盘价即跌破发行价。新股发行体制所存在的弊端被认为是在弱市中影响大市的另一个重要因素。2009 年以前，新股上市的高溢价和无风险收益吸引大量资金进入一级市场"打新"，甚至影响到二级市场的稳定，招致部分市场投资者的不满。这一类持续多年的不正常现象终于导致了 2009 年的发行制度改革。此次改革分为两个阶段，第一阶段意在突出市场化改革方向，淡化行政指导，更好地发挥询价机制的作用，为新股确定合理发行价格，降低新股上市溢价率。改革的最大受益者应是发行人群体，因为发行价格的提高实质上降低了发行人的筹资成本，并在一定程度上抑制了新股溢价率，但其后形成的"高发行价格、高市盈率和高超募资金"的"三高现象"，也引起一定争议。2010 年 11 月开启的第二阶段改革，在第一阶段的基础上进一步细化了各个发行环节的规范性要求，扩大了询价对象范围，完善了回拨机制和中止发行机制。两个阶段的改革淡化了监管机构对发行价格、网上网下配售比例等关键指标的行政性指导，但过于细化的发行规则在一定程度上代替了中介机构的诚信和勤勉工作，实际上并未降低监管机构对新股发行的参与度，反而限制了承销商和投资者的选择权，强化了监管机构在发行市场中的管理者责任。在新股发行的行政化审批没有发生根本改变之前，2011 年新股发行节奏并没有得到适当控制，"新股发行过多过密"再次被认为是市场走弱的主因。

本轮市场下调所涉及的另一个制度性议题是上市公司的现金分红问题。一些人士指出，相当一部分上市公司长期赢利而不分红，应从制度上迫使上市公司主动提高分红比例，增加对投资者的回报。对这一问题我们的看法有所不同。我们考察了自2000年以来有完整财务记录的2038家A股市场上市公司的现金分红状况。2000年以来，随着我国上市公司数量的不断增加和赢利能力的增强，进行现金分红的公司数量持续增加，分红金额基本保持同步增长。当年实行现金分红的公司从2000年的648家增加到2010年的1258家，分红额度从310亿元增加到近5000亿元。从相对水平来看，各年度进行现金分红的上市公司比例基本保持在45%～65%的水平，平均达到55%。如果仅考察当年赢利的上市公司，该比例还可以更高一些（62%）。这一指标已接近2000年以后欧美发达市场的水平。不过上市公司总体的股利支付率存在下降趋势，2010年该指标为30.2%，接近少数国家的强制分红下限（见图4）。

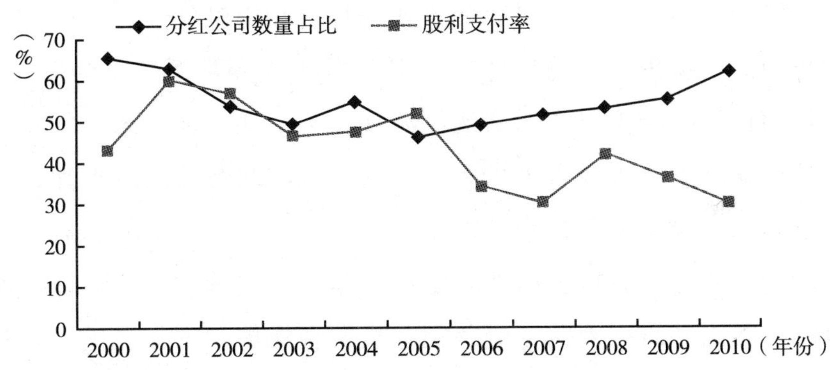

图4　A股上市公司现金分红历史趋势

我们需要对A股市场股利支付率的下降趋势保持关注，但没有必要过分担忧。首先，我国仍是一个发展中经济体，为保持经济长期可持续增长，应鼓励上市公司进行有效率的投资，在外部融资成本较高的前提下，上市公司保持充足的可投资资金就成为实现这一目标的必要条件。其次，2000年以来上市公司股利支付率平均达到43.5%，高于实行强制分红制度的巴西和智利的法定最低分红比率（25%和

30%）。从这个角度看，我国上市公司股利支付率在2000年以后的逐步下降可以理解为自高位向均值的回归。而且如果将股利支付率强制性地提高至40%，将有近八成的上市公司达不到这一要求，那么该限制的合理性和可行性将受到巨大质疑。再次，买卖差价是当前我国股市投资者的主要获利方式，但理论界的研究并没有发现现金股利具有提高公司股价的作用，现金股利派发后，市场往往以“除权”方式调低股价，而不会因分红预期而抬高股价。至于有些人士提出的将股市获利模式由买卖差价为主转向现金分红为主，很容易将市场导向过度分红的误区，对于稳定上市公司长期回报并无益处。最后，A股市场按照现金股利计算的年化股票投资收益率仍然处于较低水平。这一指标在2000～2008年平均仅为1.4%，低于同期银行存款利率，与投资者所承担的资产缩水风险严重不对称。这也从侧面印证了将现金分红作为股市投资者主要获利方式仍具有相当难度。

目前需要特别关注的是部分上市公司的“异常派现行为”。这些异常行为包括：异乎寻常的高比例派现，甚至在亏损状态下的高额派现；长期赢利不派现或者极少派现；现金分红政策缺乏原则性、持续性和透明度。异常派现行为反映了控股股东对少数股东的利益侵占和对短期利益的过分看重。这些问题往往是由不完善的公司治理结构所导致的。国内外研究表明，应从完善投资者保护制度，强化少数股东的行权意识和行权保障入手，形成兼顾“控股股东利益与少数股东利益”，兼顾“股东当期回报与长远回报”的分红决策机制。

二　2012年股票市场运行展望

2012年是中国经济保持平稳较快发展和转变增长方式的关键一年。国际经济形势依然不容乐观，实现国内经济“软着陆”的任务十分艰巨。2012年是本届政府执政的最后一年，党的十八大即将召开，“稳

中求进”成为政府经济工作的基本指导方针，各方面要把稳增长、控物价、调结构、惠民生、抓改革、促和谐更好地结合起来。股票市场方面，经历了 2011 年的调整之后，市场投资者信心尚未完全恢复，上市公司质量和效益有待提升，为实现节能减排和可持续增长而进行的技改投资需要与宏观经济政策更好地协调。新股发行体制、上市公司分红制度和退市制度改革有望取得突破性进展，为股市转暖创造一定条件。

（一）复杂的宏观经济形势增加股市运行不确定性

2012 年，中国经济需要更好地平衡经济增长、物价稳定与产业结构转型升级的关系。短期看，物价水平仍然是制约经济增长的主要因素。一方面，在经历了 2011 年上半年的物价快速上涨后，下半年物价升幅开始逐步回落，12 月的居民消费价格同比涨幅降至 4.1%，但全年物价涨幅仍处于 5.4% 的高位。2012 年 1 月，受节日因素影响居民消费价格仍上涨 4.5%，2 月降至 3.2%（见图 5）。尽管物价水平出现了回落趋势，但高位运行格局并未根本改变。以往对物价水平影响较大的食品和农产品价格，在国际大宗商品价格持续波动的大背景下，仍存在进一步上涨的可能。另一方面，随着国际金融危机应对措施的正向宏观效应逐步减弱，拉动经济增长的主要动力——消费和投资的增长速度有可能回复到危机以前的水平，全球经济衰退所带来的外需减少，2012 年仍将制约出口的迅速增长，不过出口的恢复性增长还是可以期待的。全年经济增长预期目标下调已写入年初的政府工作报告，但经济增速的下调是否能够带来经济增长质量和效益的提高，目前仍不能确定。至少在 2012 年上半年，央行对于物价反弹将继续保持高度警惕，并据此对货币政策进行预调和微调。与此同时，货币政策还必须设法保持经济稳定增长所需的相对宽松的信贷环境，对于二者的权衡将成为上半年乃至全年的货币政策主线，因此不应对 2012 年的货币政策过于乐观。

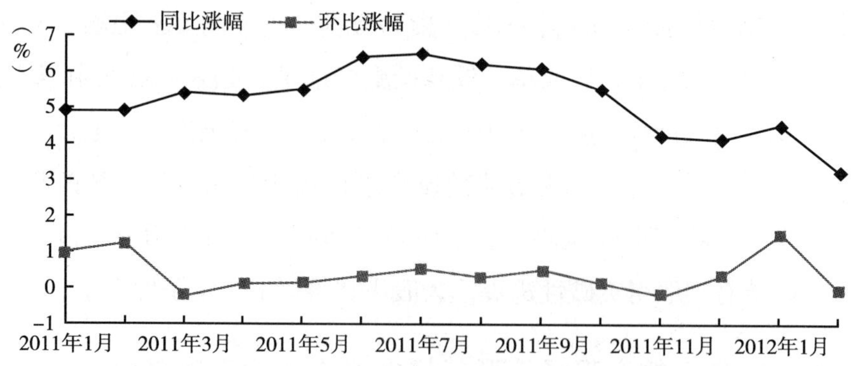

图5　2011 年居民消费价格变动趋势

资料来源：国家统计局。

在未来一个时期内，工业化、城镇化和农业现代化将是中国经济增长的主要推动力。在这一过程中，转变经济增长方式将起到关键性作用。也就是说，在资源和环境约束日益增强的形势下，能否成功转变经济增长方式是我国实现“三化”的必要条件。而转变经济增长方式所需的大量新增投资和人力资本的积累，能否在短时间内完成，目前还有待观察。在工业领域，传统制造业中被逐步淘汰的落后产能，需要被以新型工业装备为代表的先进产能所代替，传统制造业和高新技术产业等重点产业的自主创新能力和技术工艺水平，决定了我国产业结构调整、升级和经济转型的速度与效率。上述目标的实现，离不开大规模技术改造和创新投资的支持。在城镇固定资产投资中，代表技术改造投资的设备和工器具购置总额从 1995 年的 3758 亿元增加到 2010 年的 5.2 万亿元，而该项支出在固定资产投资总额中的比重则从 24% 下降至 21.4%，这意味着技改投资仍需加强。在我国，随着政府职能的逐步转变，技改投资主体已从政府转向企业。而企业中具有相应投资实力的又主要是国有企业特别是中央企业。在垄断行业改革和国有企业改革任务没有全面完成的情况下，国有企业是否有足够动力和能力完成高效率的技术改造和创新投资，是存在疑问的。

此外，民间资本进入关键产业领域仍有不少障碍，鼓励民间资本投资的具体政策有望在 2012 年出台，其政策力度和效果仍然有待进一步观察。综合来看，经济增长方式的转变还是需要看技术改造和创新投资的增长速度、新产能的形成速度以及运行质量的。

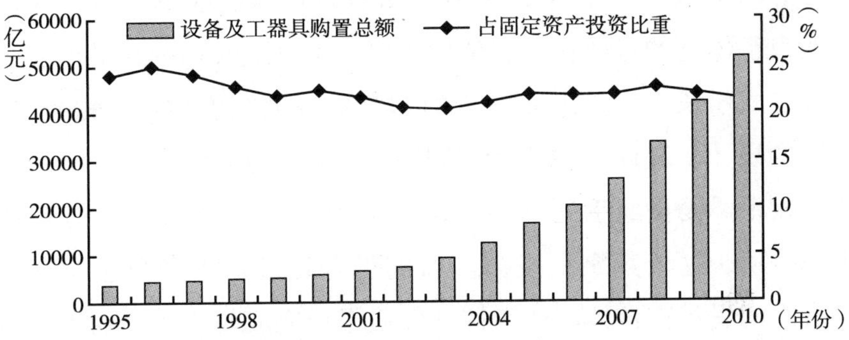

图 6　固定资产投资中的技术改造投入

资料来源：国家统计局，数据为当年值。

面对复杂的宏观经济形势，上市公司和股市投资者的反应具有较大不确定性。一方面，投融资能力较强的上市公司有可能顺应潮流积极增加技改投入，提升企业经营效率，完成自身生产方式和产品结构的转型，不过这类企业行为仍需要足够的外部压力促成。而投资活动的增加将减少企业当期可分配利润并有可能提高财务杠杆，其对公司股价的作用方向具有不确定性。另一方面，复杂的宏观经济形势会促使风险厌恶型投资者选择离场，从而减少市场资金供应；同时也会吸引风险偏好型投资者进场寻找交易性机会，市场短期波动可能性增大。

（二）证券监管制度改革为市场转暖创造条件

依照中国以往股票市场运行的经验，每逢弱市，一些与证券发行和交易监管有关的政策性议题就会受到市场投资者关注，似乎某项监管制度的改变能够对市场回暖起到决定性作用，这为决策层引导股市走向提供了契机。在2011年的市况下，多项改革议题受到市场关注。如新股发行体制改革、上市公司强制性分红制度、退市制度和投资者适当性制度等。新任证券监管部门负责人对于上述热点问题给予积极回应，通过体制改革促使市场回暖的用意十分明显。

在经历了2009年以来的两阶段新股发行体制改革以后，我国股市新股发行体制的行政化色彩依然浓厚。不过随着拟发行上市公司数量的爆发式增长，投入新股发行的监管资源大幅度增加。根据Wind数据库的统计，2011年A股市场共发行新股270余只，平均每位主板市场发审委委员经手的IPO公司达42家，如果算上未通过审核的拟上市公司，这个数字会更多。目前仍有超过500家企业在排队上市，现有的发行审核体制能否保证高质量地完成与之相关的大量审核工作，是值得探讨的。而且随着多层次资本市场的逐步完善，新上市公司的数量还有可能继续增加，按照现行体制，将需要更多、更复杂的审核程序和监管资源。

现行的新股发行体制对新股发行的询价机制、股票配售对象、回拨机制等应由发行人、承销商和投资者自主商定的细节，都制定了明确的行政性规定，一级市场的创新活力难以释放，而且监管机构的过多参与也没有完全解决发行人与投资者的利益分配问题。目前对于新股发行弱化实质审核、强化过程监管的呼声很高，市场化的改革取向得到很多人拥护。不过依照目前我国股市的发展水平，如果真的完全放开新股发行，实行注册制，监管机构不再控制拟发股公司的数量和节奏，将非常有可能出现大批公司争抢上市，以及随之而来的大规模圈钱活动，对于投资者而言，其后果无疑将是灾难性的。因此从近期来看，新股发行改革更有可能从放宽实质性审批、加强过程监管、提高发行透明度和加强中介机构责任等几个方面入手，为新股发行的市场化做好准备。此外，作为新股发行改革的一部分，近期上海证券交易所、深圳证券交易所先后发布了抑制新股炒作的交易规则，在深圳

证券交易所上市新股，若上市首日涨跌幅达到或超过 10%，或者盘中换手率达到或超过 50%，交易所将对其实行临时停板至当日 14:57；上海证券交易所的规则相类似，只是将涨跌幅和换手率限制放宽至 20% 和 80%。对于新股炒作的限制，有利于缩小新股首日交易收益率，降低市场“打新”热度，为投资者理性投资新股创造条件。

关于上市公司的强制性分红制度，目前已有的信息是监管机构已经不再寻求建立强制性的现金分红量化标准，转而寻找促进上市公司分红的其他措施，比如，增加对赢利而不分红公司的信息披露要求，建立长期不分红公司的约谈制度，与财政税务部门协商降低股息红利个人所得税税率，等等。对于上市公司分红的约束性要求，会促进上市公司制定有利于少数股东的现金分红决策，增加投资者当期回报，在弱市状况下能够起到提振市场信心的作用。此项改革需要注意措施的力度和覆盖面，防止在一段时间内过分强调现金分红，而减少上市公司可支配资金量，从而削弱投资能力，导致其失去投资机会，甚至无法抵御未来可能发生的经营风险。

上市公司的退市制度改革取得了突破性进展。目前，深圳证券交易所已完成就创业板退市制度的修订，新的创业板退市方案很快会公布。新方案增加了创业板股票的退市条件，提高了退市速度，杜绝了退市公司通过“借壳”方式恢复上市的可能性。创业板退市制度仅是我国股票市场退市制度改革的前奏，主板和中小板市场的退市制度改革也会很快推出。退市制度的完善，增加了持有绩差公司股票的风险，有利于扼制炒作 ST 股票的投机行为，促使投资者将关注点从单纯的重组概念转向上市公司的真实业绩。除上述几项改革以外，监管机构提出的投资者适当性制度也有可能进一步完善。该项制度旨在将非专业投资者排除在某些高风险市场以外。此前的股指期货和创业板市场，都建立了投资者准入制度，目前有必要将这些零散的、各自适

应某个特定细分市场的制度进行全面整合，以满足股票市场和投资者队伍建设的需要。

目前市场关注的改革措施，其宗旨是抑制市场短期投机活动，提高上市公司整体质量和促进投资者理性投资，对于推动股票市场的健康发展具有长期积极意义。在当前市场环境下，这些措施的市场影响也应当是正面的，并极有可能促进增量资金入市，从而抵补投机炒作资金离场所造成的成交量减少。

（三）场外资金入市意愿增强

2012 年初以来，在多种因素的共同作用下，股票市场开始止跌企稳。至 3 月 12 日，上证指数收于 2434. 86 点，比年初上涨约 12%。实际上投资者进场迹象自 2011 年下半年已有所显现，8 月以后活动账户中的空仓账户持续减少，表明部分投资者从做空转向做多。2012 年 2 月末，空仓账户数量从 2011 年同期的 2046 万户降至 1741 万户，降幅为 17. 5%（见图 7）。鉴于股市反弹幅度和空仓账户减少量均比较有限，目前还不能断言股市反转趋势已经形成。但在各方面利好因素的配合下，投资者入市意愿有望进一步增强。

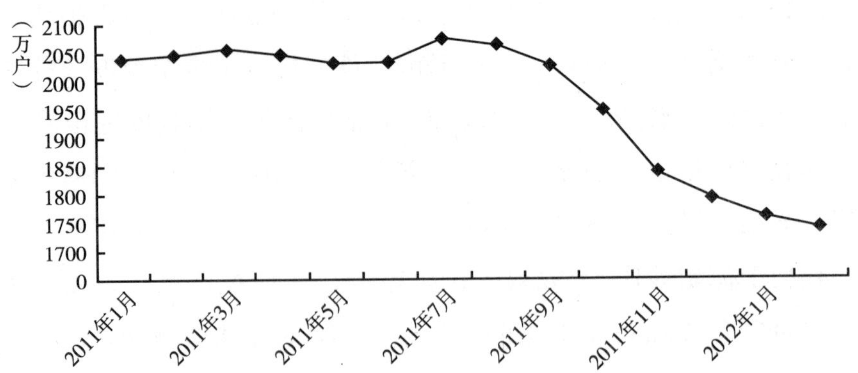

图 7　最近一年有交易记录的空仓股票账户数量

资料来源：中国证券登记结算公司。

B.10
分报告9
期货市场运行

一 2011年中国期货市场运行的基本情况

（一）总体情况①

2011年，中国三大商品期货交易所各迎来一个新品种上市，虽然全年期货市场成交量为10.54亿手，同比下降32.72%，成交额为137.51万亿元，同比下降11.03%，但股指期货稳步发展，成交量与成交额分别增长9.89%和6.56%。

第一，从各交易所的情况来看，根据中国期货业协会统计的各期货交易所2011年成交情况显示，上海期货交易所2011年累计成交量为3.08亿手，累计成交额为43.45万亿元，分别占中国市场29.24%和31.60%的份额，成交量与成交额同比下降50.44%和29.62%。郑州商品交易所2011年累计成交量为4.06亿手，累计成交额33.42万亿元，分别占中国市场38.55%和24.30%的份额，成交量与成交额同比下降18.04%和增长8.17%。大连商品交易所2011年累计成交量为2.89亿手，累计成交额为16.88万亿元，占中国市场27.42%和12.27%的份额，成交量与成交额同比下降28.31%和19.07%。与三大商品期货交易所成交全线下降相比，股指期货则出现了稳步增长态

① 参考《2011年中国期货市场数据盘点》，2012年1月17日《证券时报》；中国期货业协会网站，http：//www.cfachina.org。

势。中国金融期货交易所2011年累计成交量5041.19万手，累计成交额为43.77万亿元，分别占中国市场4.78%和31.83%的份额，成交量与成交额同比增长9.89%和6.56%（见图1）。

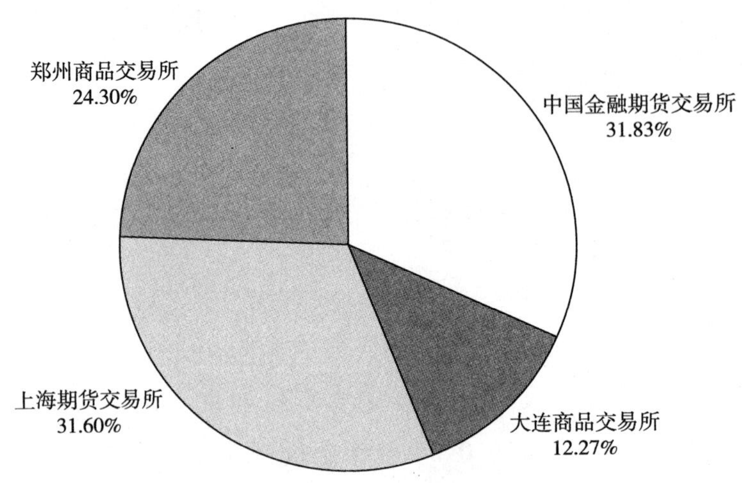

图1　2011年各期交所品种成交额占比

就四大期货交易所成交额占有率来看，中国金融期货交易所的占有率最高，达31.83%，其次为上海期货交易所，为31.6%，郑州商品交易所和大连商品交易所的成交额分别占24.3%和12.27%（见图1）。若从成交量角度统计，各交易所市场占有率则出现明显不同，郑州商品交易所以38.55%排名第一，其次为上海期货交易所和大连商品交易所，而中国金融期货交易所的股指期货全年成交量仅占中国市场4.78%的份额。此外，从年末各品种持仓量考虑，大连商品交易所的各品种累计持仓量排名第一，占据市场43.48%的份额（见图2）。

第二，从交易品种来看，2011年三大商品交易所均推出一个新品种，分别为：2011年3月24日，上海期货交易所铅合约上市，挂盘首日合约基准价为18350元/吨；2011年4月15日，大连商品交易所焦炭合约上市，挂盘首日各合约基准价为2180元/吨至2220元/吨

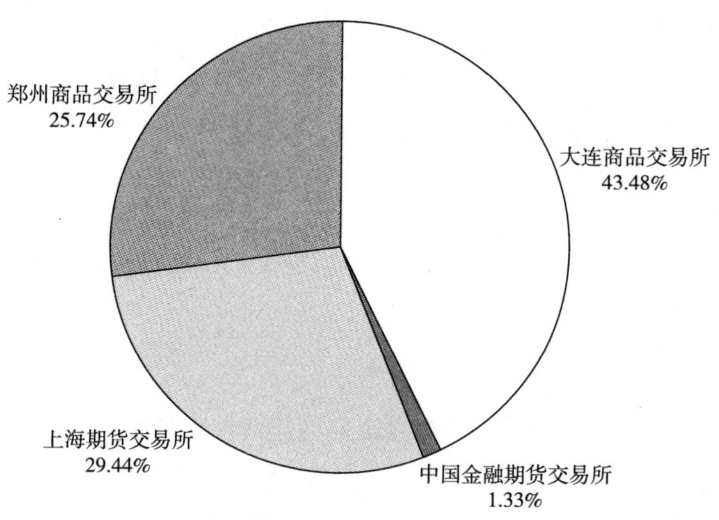

图 2　2011 年各期交所持仓量占比

不等；2011 年 10 月 28 日，郑州商品交易所甲醇期货合约上市，挂盘首日合约基准价为 3050 元/吨。

从各品种的活跃度来看，全年成交超过 1 亿手的有棉花、白糖、PTA、天然橡胶四品种，成交量分别为 1.39 亿手、1.28 亿手、1.21 亿手和 1.04 亿手。若从成交额方面统计，股指、棉花、天然橡胶、铜全年成交额均超过 10 万亿元，其中，沪深 300 股指期货高达 43.77 万亿元（见表 1）。此外，2011 年众多期货品种价格创历史新高。其中：2011 年 2 月，沪胶、菜子油、螺纹钢、强麦、硬麦、玉米、PTA 创历史新高，郑棉创历史次高；5 月早籼稻创历史新高，7 月白糖创历史新高，9 月黄金创历史新高。而 2011 年初创出新高的品种此后几乎都一蹶不振，沪胶、郑棉的跌幅较大。白糖此后也一路下滑回探至 6000 元/吨附近（见图 3）。

就 2011 年成交量同比增减情况看，上海期货交易所的各品种累计成交量同比下降达五成，大连商品交易所和郑州商品交易所同比下降 28.31% 和 18.04%。由于 2011 年黄金大牛市以及其后的震荡行

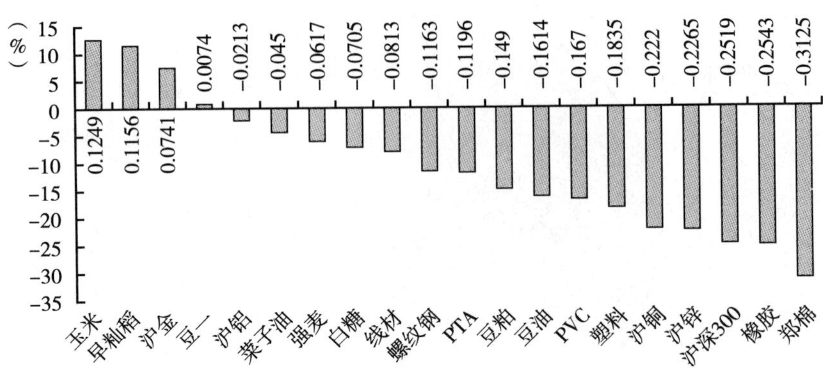

图 3　2011 年主要品种连续合约涨跌

情，使得沪金期货活跃度大幅提升，全年成交量同比翻番。与之相比，锌、燃料油、早籼稻、豆粕等成交量同比降幅过半（见图 4）。

整体来看，2011 年中国股票市场与期货市场均处于相对低迷状态。A 股成交量创三年来新低，期货市场则在连续十年放量后，2011 年出现逾三成的下滑。股市与期市相关性日益体现，特别是股指期货的上市使我国迈入金融期货，并充分发挥了对证券市场的套期保值功能。

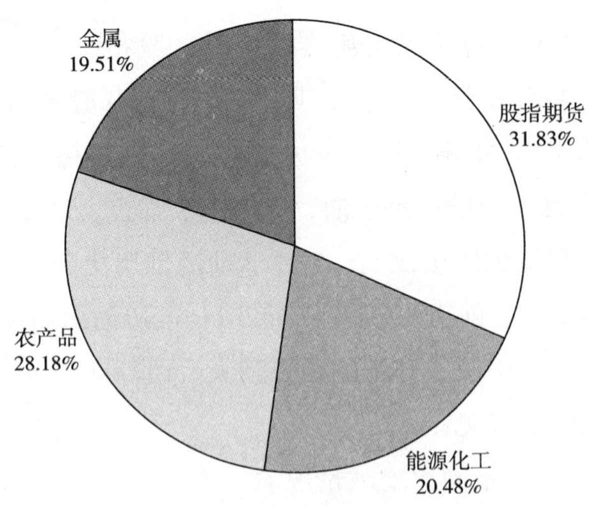

图 4　2011 年各类型期货品种成交额占比

表1　2011年全国期货市场成交情况

交易所名称	品种名称	2011年累计成交总量(手)	同比增减(%)	2011年累计成交总量占全国份额(%)	2011年累计成交总额(亿元)	同比增减(%)	2011年累计成交总额占全国份额(%)	本月月末持仓量(手)	本月月末持仓量占全国份额(%)
上海期货交易所	铜	48961130	-3.60	4.64	149667.09	0.98	10.88	214791	5.91
	铝	9953918	-42.34	0.94	8535.17	-39.77	0.62	124947	3.44
	锌	53663483	-63.39	5.09	46182.75	-63.88	3.36	186834	5.14
	铅	293280	—	0.03	1280.80	—	0.09	1282	0.04
	黄金	7221758	112.59	0.69	25488.04	178.68	1.85	51156	1.41
	天然橡胶	104286399	-37.71	9.89	165237.11	-22.51	12.02	149665	4.12
	燃料油	1971141	-81.55	0.19	964.39	-80.49	0.07	460	0.01
	螺纹钢	81884789	-63.71	7.77	37177.51	-62.73	2.70	340850	9.38
	线材	3242	-97.86	0.00	1.49	-97.68	0.00	25	0.00
	总额	308239140	-50.44	29.24	434534.36	-29.62	31.60	1070010	29.44
郑州商品交易所	棉花	139044152	59.93	13.19	181294.14	76.07	13.18	133111	3.66
	早籼稻	5925454	-77.93	0.56	1518.63	-76.01	0.11	25662	0.71
	甲醇	316107	—	0.03	454.60	—	0.03	7446	0.20
	菜子油	4320115	-54.62	0.41	2249.07	-47.44	0.16	47445	1.31
	白糖	128193356	-58.00	12.16	88323.72	-47.41	6.42	451081	12.41
	PTA	120528824	96.25	11.43	58073.67	124.05	4.22	185837	5.11
	强筋小麦	7909755	36.27	0.75	2237.43	49.39	0.16	83126	2.29
	普通小麦	152901	335.68	0.01	33.91	344.66	0.00	1892	0.05
	总额	406390664	-18.04	38.55	334185.15	8.17	24.30	935600	25.74

续表

交易所名称	品种名称	2011 年累计成交总量(手)	同比增减(%)	2011 年累计成交总量占全国份额(%)	2011 年累计成交总额(亿元)	同比增减(%)	2011 年累计成交总额占全国份额(%)	本月月末持仓量(手)	本月月末持仓量占全国份额(%)
大连商品交易所	黄大豆一号	25239532	-32.50	2.39	11365.29	-26.32	0.83	239808	6.60
	黄大豆二号	10662	-27.51	0.00	5.09	-17.72	0.00	40	0.00
	玉米	26849738	-25.42	2.55	6304.50	-17.95	0.46	305787	8.41
	焦炭	1512734	—	0.14	3430.26	—	0.25	2230	0.06
	LLDPE	95219058	52.38	9.03	49663.57	44.56	3.61	151549	4.17
	豆粕	50170334	-60.05	4.76	16267.91	-57.91	1.18	420629	11.57
	棕榈油	22593961	-45.95	2.14	20194.25	-35.44	1.47	133778	3.68
	聚氯乙烯	9438431	11.25	0.90	3749.62	11.58	0.27	21429	0.59
	豆油	58012550	-36.53	5.50	57775.73	-25.70	4.20	305078	8.39
	总额	289047000	-28.31	27.42	168756.19	-19.07	12.27	1580328	43.48
中国金融期货交易所	沪深300 股指	50411860	9.89	4.78	437658.55	6.56	31.83	48443	1.33
	总额	50411860	9.89	4.78	437658.55	6.56	31.83	48443	1.33
全国期货市场交易总额		1054088664	-32.72	100.00	1375134.25	-11.03	100.00	3634381	100.00

注：1. 本表根据上海期货交易所、郑州商品交易所、大连商品交易所和中国金融期货交易所提供数据计算；2. 表中数据均为单边计算；3. 表中数据均不含期转现数据。

（二）主要品种的走势

1. 金属期货受欧元区拖累最深

纵观 2011 年中国金属期货走势，前半年维持高位震荡走势，而下半年欧美债务危机全面恶化，从 8 月开始，金属市场持续走弱，而 9 月德国法国主权信用评级遭降的风波更一次性将金属价格推入谷底。可以说，欧债危机之下期货市场最大的受害者就是金属，在之后的 3 个月里，虽然美国经济逐渐向好，但积弱难返的欧债问题、中国经济数据的日益走低、连续几个月全球市场供应过剩的增加、对需求方面减少的担忧增加等因素，都造成金属市场上升动能不足，基本维持弱势震荡。

2. 农产品期货波动较大

2010 年在通货膨胀的压力下，农产品成为期货市场中收益最大的一类，糖、豆、油、棉都涨幅巨大。而 2011 年，虽然农产品市场的各品种走势都有不同，但总体来说，相对 2010 年都呈现小幅走低趋势。究其原因，欧债问题的影响是重要的因素之一。而农产品相对其他产品，影响其价格变动的因素里，又多了气候这一要素。气候的好坏直接影响当季农产品的收成，也影响着农产品的价格。2011 年，大豆的平稳走势、棉花的大起大落、白糖的忽上忽下，都体现出气候因素的影响。

3. 能源化工期货表现突出

2011 年，能源化工类产品基本跟随市场，维持大半年高位之后，于 9 月欧债危机爆发之后持续下滑，但具体情况却各不相同。天然橡胶期货自 2 月 9 日达到历史高位之后，由于中东地区动乱，价格不断下滑，再受全球经济形势影响，下跌趋势便已确立。值得一提的是燃料油期货，作为世界上主要能源之一，也是各国争相竞逐的资源，过去一年不论经历战乱还是金融海啸，其价格都能保持稳定，逐步攀升。

4. 黄金期货仍然具有避险优势

黄金以其稳定、抗腐蚀的性质，稀有、珍贵的程度，一直作为各国重要的战略储备之一，也是相对稳妥的一种投资。近两年，由于战乱、天灾、经济危机频繁发生，黄金作为一种避险工具，价格不断攀升。尤其是在美国出现债务违约的潜在风险时，黄金价格一次次突破高峰。但是欧元的持续走弱，使得美元被动走强，进而使黄金暂时失去了避险光环。2011 年 9 月起，黄金价格开始持续走低，并在 1600 美元/盎司左右徘徊。但纵观整年的走势，黄金依然有不错的涨幅，且未来的趋势仍被人们所看好。

5. 股指期货逐渐成熟

股指期货自上市以来，市场成熟度较高，主要体现在以下三个方面：一是期现货价格拟合度较好。沪深 300 股指期货与现货指数保持高度相关性，主力合约与沪深 300 指数相关系数为 99.6%。上市以来，基差率最大为 3.6%，平均基差率为 0.5%，基差率较低，市场套利空间较小，市场成熟度较高。近月合约为主力合约，交易最为活跃，占市场总成交的 90% 以上，符合成熟市场的一般规律。二是持仓稳步增长。上市以来，股指期货持仓从开业初期的 5000 多手，增加至 2011 年底的近 5 万手。市场成交持仓比呈下降趋势，目前该比值在 4 左右，较上市初期的 20 已大幅下降，逐渐接近海外成熟市场水平。三是交割平稳顺畅。共实现 20 个合约的顺利交割，各合约交割量较低，市场没有出现对到期合约的过度炒作，合约价格始终围绕交割结算价微幅波动，走势平稳，收敛性好，未出现“到期日效应”。①

（三）市场运行中的主要特点

1. 市场规模有所缩减

为配合国家宏观调控、抑制过度投机，监管部门针对期货市场相

① 叶苗：《股指期货全年成交逾 435 万亿》，2011 年 12 月 30 日《上海证券报》。

继出台了提高保证金比率、双边收取手续费和实行“大合约”等一系列措施，造成期货市场成交量显著下滑，致使投机资金被挤出，以经纪为核心业务的广大期货公司整体经营状况也随之下滑，期货公司手续费收入减少，而2011年上半年交易所佣金返还政策的取消，也让绝大多数的中小期货公司挣扎在盈亏的边缘。不过在2011年末，随着行业利益格局的重新调整，交易所再度减免所收取的手续费，期货公司整体利润又有所回升。虽然行业利润同比下滑，但排名前20的期货公司所受影响不大，个别公司的利润反而小幅上升，行业集中度提高了。据调查，2011年，券商系的期货公司虽然整体发展速度有所减缓，但增长情况仍好于非券商系。

2. 产品创新有所突破

2011年，随着期货市场的发展，新的品种在不断推出，铅、焦炭和甲醇相继上市，这说明国家已开始重视战略性能源，如焦炭、甲醇等，同时，后期还可能会推出石油、铁矿石等品种。在国际市场上，我国是这些商品的消费大国，但基本没有定价话语权。战略性能源期货的逐渐推出，能加大我国对这些能源的定价权。铅、焦炭和甲醇期货相继以“大合约”的形式登台，不仅为市场发展扩容了空间，也为实体企业提供了更多的避险工具。当然，“大合约”的形式在抑制过度投机的同时，也延缓了新品种发挥市场功能和活跃的过程。

3. 期货市场客户类型进一步丰富

2011年，各类机构客户进入期货市场的步伐明显加快，除传统产业客户外，证券公司、基金管理公司等“特殊单位客户”对期货市场的参与热情逐渐升温。此外，信托账户也已获批开户，合格境外机构投资者（QFII）被允许参与期指交易，基金管理公司特定客户资产管理计划被允许参与商品期货交易，券商、基金及信托已形成全面介入期市之势。

4. 期货公司资本实力继续提高

海通期货、中国国际期货、广发期货等期货公司2011年纷纷增资，注册资本金达到或超过10亿元，其中广发期货注册资本金增至11亿元，成为中国注册资本金最大的期货公司。截至2011年第三季度末，中国163家期货公司注册资本合计270.1亿元，净资本308.5亿元，同比增幅均在30%以上，期货公司资本实力继续保持快速提高势头。

5. 期货公司兼并重组加快

2011年，期货公司不断改革创新，通过重组规划顺应局势发展。例如中国国际期货吸收合并珠江期货、中证期货并购浙江新华期货，两宗强强联合并购案开启了期货公司通过兼并重组做大做强的帷幕。一方面，中国中期于2011年9月披露，公司参股公司国际期货拟以3.875亿元的代价溢价吸收合并同行珠江期货。其中包括现金1.5亿元和合并后存续公司中国国际期货2500万股股权（按9.5元/股计算，折合2.375亿元）。珠江期货原股东之一广东双飞龙投资控股有限公司承接中国国际期货2500万股股权，成为中国国际期货新股东，珠江期货原其他股东退出。兼并珠江期货后，国际期货的营业部网点会扩充到50家。另一方面，中证期货和新华期货两家的合并，是传统期货公司和券商系期货公司的优势互补，其中也体现了地域的互补。2011年10月21日，中证期货发公告称，拟斥3.1175亿元收购新华期货全部股权，中证期货作为合并后的存续公司，注册资本（8亿元）及股权结构（中信证券全资子公司）均保持不变。可以看到，期货公司之间优势互补、强强联合不失为一种理想与便捷的扩张方式，而从监管层的态度来看，其对期货的兼并也是较为支持的，高层官员多次表示“推动期货公司通过兼并、重组等多种途径做优做强”，而且在监管要求上制定了规则鼓励兼并重组。

二　2011年中国期货市场的政策与制度变革

（一）期货投资咨询业务开闸

2011年2月11日，证监会发布《期货公司期货投资咨询业务试行办法》公开征求意见；5月1日《期货公司期货投资咨询业务试行办法》实施，办法规定，期货公司申请该业务需要满足：公司注册资本不低于1亿元、净资本不低于8000万元；最近6个月净资本等风险监管指标持续符合监管要求；至少有1名具有3年以上期货从业经历和取得期货投资咨询业务从业资格的高管人员，至少有5名具有两年以上期货从业经历和取得期货投资咨询业务从业资格的从业人员；公司最近3年持续合规经营；具有完备的业务管理制度等。

2011年9月“期货投资咨询”业务开闸，此前的8月中下旬，宏源期货、华泰长城期货、浙商期货、永安期货、海通期货、新湖期货等14家期货公司被中国证监会核准，成为《期货公司期货投资咨询业务试行办法》自5月1日施行以来，首批取得期货投资咨询业务资格的期货公司。据统计，目前已有40家左右的期货公司获得期货投资咨询业务的牌照，部分公司已经完成了工商登记变更。不过截至2011年底，期货投资咨询业务仍然处于摸索阶段，该业务的赢利模式也没有统一的收费标准。

投资咨询业务是证监会近年筹划的期货公司创新业务之一，与境外期货经纪业务和资产管理业务（CTA）并称为期货业三大转型业务。而期货投资咨询业务的突破，意味着期货公司将告别长期凭借单一经纪业务的“同质化”竞争时代，进入“差异化”经营时代。具体来看，“期货投资咨询”业务的推出，对期货公司有几方面好处：

改变了期货公司单一的经纪业务模式；有利于提高研究咨询人员的工作积极性；标志着中国期货创新业务迈出了第一步。

（二）开展期货账户规范工作

中国证监会于2011年9月2日发布《关于开展期货市场账户规范工作的决定》，对期货市场账户管理进行规范。此次账户规范工作主要集中在两方面：一是对长期不用的客户账户进行休眠处理，让休眠账户退出交易领域，待客户申请时再予以激活；二是对非休眠的历史账户按照《期货市场客户开户管理规定》进行规范，全部纳入统一开户系统。账户规范工作从账户管理这一基础环节入手，将较彻底地解决期货市场20年发展过程中积累的账户管理遗留问题，使期货市场实名制和统一开户等基础制度最终得到全面和彻底的落实。

2011年12月15日，证监会又颁布《关于修改〈期货市场客户开户管理规定〉的决定（征求意见稿）》，其目的是适应机构投资者参与期货交易的需要，重点内容包括：解决机构投资者期货市场开户问题；删除有关客户影像资料格式要求的附件；删除阶段性工作的规定；进一步明确修改客户资料应当统一通过监控中心办理。该举措的影响非常深远，因为在期货开户的实践中，机构投资者很难满足“单位客户的实名制要求包括，其身份证明材料为组织机构代码证和营业执照，同时期货经纪合同、期货结算账户与有效身份证明文件名称一致”，修改后的决定将法律、行政法规和规章规定的需要资产分户管理的机构投资者定义为特殊单位客户，具体的证明文件则交由期货保证金监控中心灵活处理。通过该政策，证监会发出对机构投资者参与期货市场进行松绑的信号。

（三）首次公示期货公司分类评价结果

2011年8月15日，中国期货业协会公布了2011年期货公司分类

结果。这是期货公司分类监管制度实施3年以来首次对外公布结果。证监会在广泛深入征求市场各方意见的基础上，对2009年颁布的《期货公司分类监管规定（试行）》进行了全面修订，增加了评价指标，使得分类评价更加客观公正地反映期货公司的情况。修订后，删除了“期货公司不得对外公布分类结果”的内容。同时，监管部门决定从2011年起尝试在每年分类评价工作结束后向社会公开期货公司分类评价结果。

分类评价结果显示，在参与分类评价的163家期货公司中，A类20家，占比为12.3%，其中AA级3家，分别为中国国际期货、浙江永安期货、中粮期货。获得A类评级标志着期货公司风险管理能力、市场竞争力、培育和发展机构投资者的状况、持续合规的综合状况评价在行业内最高，能够控制业务风险。此外，华泰长城期货、广发期货、南华期货、海通期货、银河期货、浙商期货、江苏弘业期货、浙江中大期货、新湖期货、国泰君安期货、上海中期期货、申银万国期货等17家公司获得A级。光大期货、格林期货等39家公司获得B类，占比为23.9%，其中BBB级14家，BB级15家，B级10家。C类79家，占比为48.5%，其中CCC级21家，CC级39家，C级19家；D类25家，占比15.3%。与2010年的结果相比，2011年A类公司多2家，B类公司少5家，C类公司多8家，D类公司少4家，没有E类公司。

（四）境外期货经纪业务开闸

中国国际期货、中粮期货和永安期货于2011年9月初收到中国证监会的通知，获准参与境外期货经纪业务试点筹备工作。此次批准的境外期货经纪业务，是指中国的企业或个人可以通过有试点资格的期货公司参与境外交易所的全球期货交易。证监会计划开放的只是中国期货公司代理境外商品期货及其衍生产品的交易，不包括金融期货在内。在筹备工作完成后，中国相关企业就可以通过有试点资质的期货公司，直接与美国、英国等全球主要资本市场进行对接，建立中国期货与世界期货之间的通道，形成“中国境外期货直通车”。可以说，境外期货经纪业务试点针对的是中国企业日益增多的“涉外”期货服务需求。中国“入世”以来，中国的企业竞争越来越多地面向国际，利用期货市场避险的需求也在不断增加。但由于企业参与外盘交易还需自行换汇，每人最高只有5万美元的额度，这对于有风险管理需求的企业显然不够，也不方便。中国期货市场此前基本接近封闭性市场，只有31家大型央企获批可以在境外期货市场开展期货业务。而有了中国期货公司可参与境外期货业务试点后，企业参与外盘的套期保值会有更多的途径。

（五）清理整顿各类交易场所

国务院办公厅2011年11月11日发布《国务院关于清理整顿各类交易场所切实防范金融风险的决定》，建立由证监会牵头，有关部门参加的“清理整顿各类交易场所部际联席会议”制度，统筹协调有关部门和省级人民政府清理整顿违法证券期货交易工作，督导建立针对各类交易场所和交易产品的规范管理制度。

针对一些交易场所未经批准违法开展证券期货交易活动，其中存在的管理不规范、严重投机和价格操纵、个别交易场所股东直接参与买卖甚至侵吞客户资金、经营者卷款逃跑等问题，此次清理整顿明确，除依法经国务院或国务院期货监管机构批准设立从事期货交易的场所外，任何单位一律不得以集中竞价、电子撮合、匿名交易、做市商等集中交易方式进行标准化合约交易。

（六）修改《期货交易管理条例》

现行《期货交易管理条例》（以下简称《条例》）自2007年4月

施行以来，对于维护期货市场秩序，保护期货交易各方的合法权益，促进期货市场健康发展发挥了重要作用。同时，随着新情况、新问题的出现，《条例》有的规定需要进一步修改完善，主要是：近年来，一些大宗商品中远期交易市场开展以大宗商品标准化合约为交易对象，采用集中竞价、电子撮合、匿名和保证金担保的交易方式进行具有明显期货交易特征的交易活动。这些交易活动在市场开办、主体资格、交易品种、交易规则、信息披露和风险防范等方面缺乏统一的规范和要求，脱离期货监督管理机构的统一监管，存在严重的市场风险和资金安全隐患，直接影响经济金融安全和社会稳定，亟须进行清理整顿。

因此，2011 年 12 月 21 日，国务院法制办公室、中国证券监督管理委员会共同起草《国务院关于修改〈期货交易管理条例〉的决定（征求意见稿）》公开征求意见。对于 2007 年 4 月起施行的《期货交易管理条例》进行修改。此次修改主要包括三方面内容：一是明确了“期货交易”的定义，删去有关“变相”期货交易的规定；二是进一步完善期货交易制度的一些具体规定；三是规定地方政府查处取缔非法期货交易场所的职责。

三　2011 年关于期货市场的理论探讨

综合 2011 年中国理论界关于期货市场的研究文献，主要包括如下几方面的内容。

（一）期货市场与实体经济的关联

例如，杨迈军认为，国外的经验证明，期货市场价格发现和风险规避的功能为“转方式、调结构”提供市场化的工具和环境。应该稳步发展期货市场，实现从量的积累到质的提升的转变，使期货市场对实体经济的发展发挥重要的作用。①

朱国华等在总结已有研究的基础上提出了价格发现是期货市场基本功能的观点，并将价格发现功能归结到微观上的套期保值、投机、套利和宏观上的节约社会试错成本上。他们通过南华期货商品综合指数与PPI的关系检验，证实了我国商品期货市场起到了节约社会试错成本的作用。并认为，为更好地发挥这一功能，应大力推进期货市场建设，完善商品期货体系，推出权威合理的商品期货指数。②

魏振祥则认为，在市场经济条件下，“三农”问题中的农民增收问题也需要市场化的解决手段。他借鉴国际经验，提出期货市场是促进农民增收的重要渠道，但是我国农民不具备直接进入期货市场的条件，需要中介机构的参与。他还通过分析当前我国期货市场促进农民增收的几种间接模式，提出了改进和完善这些模式的建议。③

（二）期货市场的改革与发展

高建卿认为，第二轮中美战略与经济对话敲开了中国股指期货的大门，股指期货的发展进程一直深受中外各方机构的关注。他在分析我国QFII发展现状的基础上，进一步从正反两个层面分析了QFII对我国股指期货市场的影响，最后有针对性地提出了保持我国中国金融市场持续、稳定、健康发展的对策建议。④

张聿静认为，近几年来，我国宏观经济形势、运行环境和金融监

---

① 杨迈军：《关于利用期货市场促进经济发展方式转变的思考》，《上海金融》2011年第1期。

② 朱国华、杨迈军、崔彬彬：《我国商品期货市场节约社会试错成本研究》，《财经研究》2011年第1期。

③ 魏振祥：《期货市场促进农民增收的模式分析》，《中国农业大学学报（社会科学版）》2011年第2期。

④ 高建卿：《QFII参与我国股指期货市场的利弊分析》，《甘肃联合大学学报（社会科学版）》2011年第1期。

管情况都发生了重大的变化，作为国债期货市场依托的国债现货市场也得到长足发展，我国期货交易的法律法规得到了完善，建立了有效的风险控制机制，金融期货也成为人们关注的话题。加之保值国债的取消以及国债市场的规范管理，这些都为恢复国债期货市场创造了条件。由此看来，重新推出国债期货交易，发展国债期货市场是社会主义市场经济发展的大势所趋。①

安毅和常清认为，在发达国家，期货投资基金规模庞大，具有成熟的交易策略和交易技术，已经成为期货市场所有功能有效发挥的中坚力量。中国要全面提升期货市场功能，确保价格安全和产业安全，应加快探索期货投资基金的具体模式、市场结构和法律框架，将期货投资产业链中的各要素进行重新整合，确立不同品种期货的产业集群式发展模式。为此，政府应主动打破路径依赖，实现以投资者结构多样化为基础的期货市场全面创新。②

周秋玲认为，碳排放权期货品种已成为世界期货市场研究和发展的重要战略品种。根据碳排放权期货市场的发展现状，她选取欧洲气候交易所的交易品种作为研究对象，分阶段、分品种对其交易品种的流动性特征进行了分析。她通过总结碳排放权市场流动性特征的变化，得出了碳排放权期货市场的发展经验。③

（三）期货市场监管与风险控制

邢楠认为，引入做空机制的股指期货市场给新型跨市场带来了风险。为了有效防范和监管跨市场风险，促进股指期货市场风险管理功能的更好实现，应当找出跨市场风险的制度根源，通过理论转向建立跨市场监管思想，通过制度供给为跨市场监管提供立法支持，通过环

① 张聿静：《恢复我国国债期货市场可行性分析》，《市场研究》2011 年第 11 期。

② 安毅、常清：《期货投资基金与期货市场发展探讨》，《证券市场导报》2011 年第 10 期。

③ 周秋玲：《碳排放权期货市场流动性特征分析及启示》，《上海金融》2011 年第 9 期。

境培育提高市场透明度，实现信息公平。①

赵广文和王国顺认为，期货市场的供求关系表现为多头持仓与可交割商品的关系。期货商品的供给受到交割地点和时间等期货制度的制约，表现出小于现货商品供给的有限性特点；期货商品的投机性需求则表现出无限性。用增加交割商品的供给和严格持仓限制来平衡交割商品的供求矛盾，对于控制交割风险具有重要意义。②

吴直榜和于佳认为，风险管控和市场公正彰显了期货市场的本源性价值，是构建期货市场法律监管体系的基石。我国现行《期货交易管理条例》统领下的监管内容已逐步演变为期货市场持续发展的制度性障碍，破解障碍的唯一办法只能是寻求制度上的变革。重构现行期货市场的法律监管，制定《期货法》以回应现实需求，将是我国期货市场法治建设的必然选择。③

此外，鉴于中国期货市场监管的制度基础还存在不足，部分专家提出完善相关法制建设的迫切需要。如原全国人大财经委副主任、中国证监会前主席周正庆在2011 年12 月举行的第七届中国（深圳）国际期货业大会上表示，目前推出《期货法》的时机已经逐渐成熟，通过出台《期货法》可以进一步解决基本性、制度性的一些问题。

（四）期货市场的子市场发展

吴忠群认为，电力期货市场被视为降低电力市场风险的重要机制，但是电力期货市场本身却存在着意想不到的无效甚至失败。对此至今没有形成一致性的理论解释。他将电力的不可储存性和电力期货

① 邢楠：《从跨市场风险监管论股指期货市场的回归范式》，《中国证券期货》2011 年第4 期。

② 赵广文、王国顺：《期货市场投机性需求与实物交割的关系》，《金融与经济》2011 年第3 期。

③ 吴直榜、于佳：《现行中国期货市场法律监管之完善》，《中南财经政法大学研究生学报》2011 年第4 期。

交易的过程结合起来考虑，分析电力期货市场的波动性。运用不确定性下的最优决策原理，证明了电力的不可存储性对电力期货交易的影响，论述了其形成机制，分析了其运行结果。他认为，在常规的金融期货交易规则下，电力期货市场对现货市场的价格发现功能将因投机者退出而丧失。①

刁劭譞和丁玲认为，目前我国还尚未建立水产品期货市场，水产企业及渔民缺乏从事期货交易的环境和经营机制。我国水产品市场具有建立期货市场的内在需求，同时也具备开展期货市场交易的条件。因此，为促进水产市场的稳定发展，健全水产市场体系，完善水产品价格机制，我国有必要培育和发展水产期货市场。他们还提出了完善水产品现货市场、培育期货市场套期保值交易主体、建立健全期货市场监督管理机制等进一步促进水产品期货市场发展的措施建议。②

王克强等认为，矿产资源期货市场在形成有序矿产品价格体系、减小国际价格波动影响等方面具有不可忽视的作用。他们结合我国矿产资源期货市场的具体情况，通过对我国各个矿产资源期货品种市场发展的梳理，系统分析了我国矿产资源期货市场存在的问题，并且提出相关对策建议。③

（五）期货市场与其他金融市场的关联

王薇对外汇、期货与股票三大金融市场的相关性进行了研究，以解析外汇市场与期货市场、期货市场与股票市场之间存在的相关关系，她同时运用格兰杰因果检验深入地了解这三大金融市场之间的相关互动关系，从而为管理者和投资者提供一些参考。她的实证研究结

---

① 吴忠群：《电力不可存储与电力期货市场失败：成因与机制》，《财贸经济》2011年第10期。

② 刁劭譞、丁玲：《发展水产品期货市场的几点思考》，《中国渔业经济》2011年第4期。

③ 王克强、左娜、刘红梅：《我国矿产资源期货市场发展问题及对策研究》，《上海财经大学学报》2011年第2期。

果表明：外汇市场对商品期货市场影响显著，而商品期货市场对外汇市场影响不显著；商品期货市场的走势对我国股票市场的整体走势影响不显著，对有色金属板块的影响比较显著，因此投资者可以通过观察和预测商品期货市场的走势，来预测股票市场上有色金属和农林牧渔板块的走势。跨市套利基金的出现，将使商品期货市场和股票市场的相关性进一步加强。①

（六）基于期货市场的计量和实证分析

杨晨辉等基于 VAR 模型，选取铜、铝、白糖和玉米期货作为研究样本对我国期货市场定价效率进行实证研究。其研究结果显示：选取样本的期货价格和现货价格之间具有长期均衡关系；铜、铝和玉米具有期货价格引导现货价格的单向引导关系，而白糖具有期货、现货价格相互引导的双向引导关系；脉冲响应函数分析发现除了白糖以外，期货市场对现货价格的冲击大于现货市场对期货价格的冲击；方差分解发现铜、铝和玉米的定价能力较强，白糖的定价能力较弱。②

陆珩瑱和徐立平认为，期货市场处在涨跌不断交替的变化中，这种变化似乎隐含了某种周期性规律。他们利用时间序列分析法来判别证券市场是否存在周期性，通过运用谱分析和极大熵谱分析对大豆期货和铜期货的周期进行了分析，发现大豆期货前三个主周期分量分别为 12 个月、16 个月和 9 个月，铜期货三个主周期分量是 13 个月、10 个月和 7 个月。③

王郎等针对羊群行为所作的研究，采用中国期货市场的高频数据

① 王薇：《外汇市场、期货市场及股票市场相关性研究》，《金融与经济》2011 年第 12 期。

② 杨晨辉等：《基于 VAR 模型的我国期货市场定价效率的实证研究》，《数理统计与管理》2011 年第 2 期。

③ 陆珩瑱、徐立平：《基于时间序列频域分析的期货市场周期研究》，《统计与决策》2011 年第 6 期。

进行了实证检验。与以往的研究不同，他们使用中国三大期货交易所上市交易的所有期货连续合约日内每笔交易数据，通过羊群行为强度统计检验与交易时间间隔检验两种方法进行对比研究。其研究发现中国期货市场上存在着一定程度的羊群行为，并且在期货价格下跌时表现得尤为明显，但并没有证据显示有大规模羊群行为的存在。而所发现的一定程度的羊群行为可以帮助基本面信息迅速进入期货价格中，从而使得中国期货市场运行更为有效。①

① 王郞、张宗成、华仁海：《投资者跟随其他人吗？——来自中国期货市场的证据》，《上海金融》2011 年第 3 期。

B.11

分报告 10 外汇市场运行

一 外汇储备与外汇储备管理政策

（一）外汇储备总体状况

截至2011年第三季度，剔除汇率、价格等非交易价值变动的影响，中国新增国际储备资产3754亿美元，按可比口径计算较上年同期多增894亿美元。其中，外汇储备增长3731亿美元，在国际货币基金组织储备头寸和特别提款权合计增加23亿美元（见表1）。

表1 2011年前3季度新增国际储备资产

单位：亿美元

新增储备资产	3754	在基金组织的储备头寸	27
货币黄金	0	外汇	3731
特别提款权	-4	其他债权	0

资料来源：国家外汇管理局。

2011年，中国外汇储备增长出现短期的震荡下行。自2010年5月出现负增长以来，2011年9月再次出现2%的负增长；接着，2011年11月、12月接连出现2%和1%的负增长。在中国外汇储备长期持续增长的格局下，这一现象值得关注。

（二）外汇储备短期下降

长期以来，中国外汇储备的高速增长是多种因素造成的：国际收

支平衡表显示，经常项目中的商品贸易顺差（主要来源于美国）与资本金融项目中的直接投资流入是推动中国外汇储备增长的主要成因；此外，基于人民币升值预期的国际投机资本非法流入和国内居民资产调整，对中国外汇储备增长也构成了不容忽视的影响。

2011 年 10 月以后，中国外汇储备增长出现了值得关注的下降现象。官方数据表明：2011 年 11 月，中国外汇储备余额为 32209 亿美元，比 10 月减少 529 亿美元；2011 年 12 月，中国外汇储备余额则进一步减少到 31811 亿美元。与此相对应的是，中国人民银行的外汇占款连续 3 个月出现负增长，2011 年 12 月比 2011 年 11 月减少 1003.3 亿元。我们认为，出现外汇储备的短期下降主要有以下几方面原因：

第一，国际环境不确定导致资金外流。自金融危机爆发以来，全球经济发展一直处于不稳定态势，全球投资资金谨慎避险动机加强。IMF 最新发布的《世界经济展望最新预测》指出，全球经济复苏形势严峻，金融状况恶化，增长前景黯淡，下行风险加剧。这种不确定性会对包括中国在内的各国的资本流动产生影响，主要表现为：其一，全球经济复苏形势的困难直接影响中国经济的未来表现，国际投资资本出于避险要求纷纷出现回流；其二，美国经济复苏出现积极征兆，加之欧洲主权债务危机的持续影响，国际资本出于增值或是流动性需要而返回欧美发达经济体市场。

第二，中国贸易顺差下降。国家外汇管理局 2011 年上半年的《国际收支报告》指出，全球经济增长放缓会抑制外贸增长及与贸易相关的融资活动。在这一背景下，中国经常项目收支状况进一步恢复平衡。上半年经常项目顺差 878 亿美元，与同期 GDP 之比为 2.8%，较 2010 年同期下降 1.2 个百分点；其中，货物贸易顺差收窄，服务贸易逆差扩大，货物和服务贸易顺差 679 亿美元，与同期 GDP 之比为 2.2%，较 2010 年同期下降 0.8 个百分点。

第三，人民币汇率走弱。国际清算银行（BIS）的数据表明：2011年前4个月人民币名义有效汇率持续走弱，此后2个月小幅回升，上半年累计贬值1.5%；扣除通货膨胀因素的人民币实际有效汇率也在走弱，上半年累计贬值3.0%。有专家称，人民币贬值预期和利率整体下行的趋势，导致套利资金集中退潮。在操作层面上，央行在外汇市场卖美元、买人民币的操作导致外汇储备下降；在商业银行层面上，由于居民和企业选择持有外汇资产，因而银行系统向央行系统转移的美元资产也有所减少。①

（三）外汇储备增长趋势

目前，业界对于外汇储备增长趋势的判断不尽相同。一种观点认为，中国外汇储备在2012年还会有所上升，但是增长的步伐肯定会比过去放缓一些。例如，摩根大通认为：欧元区应该能遏制住金融危机，且美国经济有望实现稳健增长，加之中国不太可能出现“硬着陆”，人民币汇率将继续稳步升值，这些均暗示中国不会面临持续的资本流出；由于中国经济正在进行从出口导向型向内需拉动型的转变，因此外汇储备增长速度将放缓，这是个“逐渐”的过程。另一种观点认为，中国外汇储备规模有可能继续减少，即外汇储备规模下降的格局已经确立。这一判断源于以下两点认识。一是认为在当前的国际经济形势条件下，中国出口顺差很难继续扩大。二是认为人民币汇率不可能再维持过去一年升值5%～6%那样的趋势，而是会保持相对稳定，即使升值也可能是小幅的升值；在这种情况下，投机资本对人民币升值的预期就会削弱，中国对投机资本的吸引力就会大大降低，而已从人民币升值获得收益的投机资本也会相应流出中国。

我们认为，从中国的经济特点和国际经济环境看，中国外汇储备

① 《外汇占款外汇储备两降　资本双向流动初见端倪》，2012年1月14日《金融时报》。

持续增长的局面在相当长的时期内还将延续。一方面，中国目前拥有稳定的政治环境、廉价高效的劳动力和广阔的市场前景，并且这些决定国际直接投资流入的主导因素在短期内不易发生重大变化；另一方面，中国经常项目持续顺差是全球经济失衡格局的重要组成部分。东亚（包括中国）与美国在储蓄率和贸易重组步调方面的差异是全球经济失衡的主要背景，而储蓄率和贸易重组步调在短期内难以有大的改变，由此可以判断，在汇率水平不做大幅调整的情况下，中国贸易顺差将会长期存在。基于这样的总体判断，我们认为：中国外汇储备在 2012 年会依然维持总体增长势头；考虑到人民币汇率相对稳定、全球经济上行风险增大的影响，中国外汇储备的增长幅度可能将逐渐呈现放缓趋势，甚至会出现阶段性的回调。

（四）外汇储备管理政策

21 世纪以来，中国庞大的外汇储备规模以及储备货币的单一化对外汇储备管理提出了挑战。截至 2011 年 9 月末，中国外汇储备余额为 32017 亿美元。其中，2/3 投资于美元计价资产，约 1/5 投资于欧元资产。为了确保实现国家外汇储备的总体安全和保值增值，中国外汇储备管理政策一直处于不断改革、优化和调整过程中。

在过去的一年中，中国减持美国国债颇受市场关注。美国财政部数据显示，截至 2011 年 12 月底，中国持有的美国国债规模为 1.15 万亿美元，仍是美国国债的全球最大单一持有国。此外，2011 年中国累计减持 82 亿美元美国国债，这是自美国财政部 2001 年开始统计相关数据以来中国首次年度减持美国国债。对此，各种评论的观点不尽相同。有专家认为：过去几个月国际避险情绪上升，使得美国国债收益率持续降低，美国国债价格升高；中国在一个相对较好的价格上变现是合理的，外汇储备的投资也是高效的。也有人认为：从近期情况看，由于对于美国主权债务风险加剧的担忧，国际市场主要央行都

竞相减持美国国债，中国的减持调整应该基于对美国国债持有的风险与收益的关系权衡。还有专家认为，现在没有任何迹象表明中国在系统地、持续地减持美国国债。从多方信息来看，中国减持美国国债不是孤立事件。根据韩国金融监督院公布的数据，2010 年中国持有韩国国债增长了 111%，达 3.99 万亿韩元（约为 34 亿美元）；与此同时，中国近年来也在不断涉及日本国债。各种迹象表明：尽管美元资产仍不失为安全资产，但中国对于外汇储备资产过度依赖美元的局面显然感到不安，中国外汇储备管理当局正致力于以渐进方式实现币种结构的多元化。

各方信息表明，中国外储管理当局目前正在加快实现外汇储备资产的多元化。中投公布的 2010 年年报显示：2010 年，中投公司减少了投资组合中的现金占比，加大了直接投资力度，增加了长期资产投资，投资组合进一步多元化；现金在总组合中的占比从年初的 32% 降到了年末的 4%；新增投资 357 亿美元，按照战略资产配置方案加大了在基础设施、私募股权等领域的投资。据悉，为了加快外汇储备投资的多元化以及提高外汇投资收益，央行即将试水两只海外投资基金，新设立的外汇投资机构或在中央外汇业务中心辖下，初始规模在 3000 亿美元左右，投资目标为美洲市场和欧洲市场。

二　外汇市场走势

（一）外汇市场的建设和改革

为了完善人民币汇率的形成机制，中国一直积极致力于外汇市场的建设与改革。在 2005 年 7 月 21 日汇率改革以前，积极发展外汇市场的改革举措包括：改外汇单向交易为双向交易，积极试行小币种“做市商”制度；扩大远期结售汇业务的银行范围，批准中国外汇交

易中心开办外币对外币的买卖。7 月 21 日，改革人民币汇率形成机制，实行以市场供求为基础、参考一篮子货币进行调节、有管理的浮动汇率制度。配合这次改革，在人民银行的统一领导和部署下，外汇管理部门及时出台一系列政策促进外汇市场发展，这些措施包括：增加交易主体，允许符合条件的非金融企业和非银行金融机构进入即期银行间外汇市场；引进美元"做市商"制度，在银行间市场引进询价交易机制；将银行对客户远期结售汇业务扩大到所有银行，引进人民币对外币掉期业务；增加银行间市场交易品种，开办远期和掉期外汇交易；实行银行结售汇综合头寸管理，增加银行体系的总限额；调整银行汇价管理办法，扩大银行间市场非美元货币波幅，取消银行对客户非美元货币挂牌汇率浮动区间限制，扩大美元现汇与现钞买卖差价，允许一日多价等。

截至 2011 年底，外汇市场交易主体、交易币种、交易方式以及交易规模均比 2005 年改革之前明显扩大。

在做市商方面，人民币外汇即期做市商为 26 家，其中中资银行 16 家，外资银行 10 家；人民币外汇远期掉期做市商 20 家，其中中资银行 13 家，外资银行 7 家。2010 年 8 月修订发布新的《银行间外汇市场做市商指引》，推出银行间外汇市场尝试做市业务，降低非做市商开展做市竞争准入门槛；建立做市商分层制度，提高远期掉期等衍生市场流动性和交易效率；完善做市商优胜劣汰考核机制，增强做市商做市积极性。同时，改进优秀做市商评优制度，进一步引导做市商完善做市服务，建立诚信、积极的市场环境。2010 年 11 月，即期询价交易净额清算业务参与主体扩大至全部 26 家做市商银行，进一步降低了外汇市场的运行成本和清算风险，夯实对系统性风险的防范能力。

在交易主体方面，非银行金融机构和非金融公司可以申请成为银行间市场的会员，人民币外汇即期会员交易规模呈现稳步增大趋势（见表 2）。截至 2012 年 3 月 1 日，银行间市场人民币外汇即期会员有321家，其中中资银行234家，外资银行87家；银行间市场的人民币外汇远期会员、外汇掉期会员、外汇货币掉期会员、人民币外汇期权会员分别有72家、70家、37家和27家。

表2　银行间外汇市场交易主体的规模

单位：家数

年份	人民币外汇即期会员	人民币外汇远期会员	外汇掉期会员
2006	262	77	62
2008	268	75	75
2011	321	72	70

资料来源：外汇管理局，中国货币网。

在交易币种方面，为促进中国与马来西亚、俄罗斯之间的双边贸易，便利跨境贸易人民币结算业务的开展，满足经济主体降低汇兑成本的需要，银行间外汇市场于2010年8月19日和11月22日相继开办人民币对马来西亚林吉特和俄罗斯卢布的交易，也发展了这两个币种的做市商机构。从2011年11月28日起，中国人民银行每日公布的人民币汇率中间价中，又新添了澳大利亚元和加拿大元对人民币的汇率报价。至此，中国银行间市场人民币可交易的外币已升至9种。交易币种的扩大，是中国与其他国家双边贸易规模不断增加的要求，另一方面也反映了人民币在国际外汇市场交易的参与程度正在不断加深。

在交易产品方面，2005年8月15日，银行间市场正式推出远期人民币外汇交易业务。2006年4月24日，银行间外汇市场推出人民币与外币掉期业务。2007年8月，人民银行推出了货币掉期交易。2007年12月10日，人民币外汇货币掉期交易正式在银行间市场上线。2011年上半年，人民币外汇衍生产品市场建设取得新进展。3月1日，银行对客户市场推出人民币外汇货币掉期业务；4月1日，银

行对客户市场和银行间市场同步推出人民币外汇期权业务。期权交易的主要内容包括：一是产品类型方面，明确为普通欧式期权。二是交易原则方面，规定客户办理期权业务应符合实需原则；只能买入期权和对买入的期权进行反向平仓，不得卖出期权；除特定范围的交易外，期权到期行权应采取全额交割。三是市场准入方面，外汇局对银行开办期权业务实行备案管理，不设置非市场化的准入条件。四是结售汇头寸管理方面，将银行期权交易的 Delta 头寸纳入结售汇综合头寸统一管理。至此，国内外汇市场初步形成即期、远期、外汇和货币掉期、期权等人民币外汇交易品种体系，有利于进一步满足企业、银行等市场主体的汇率避险保值需求。外汇管理局表示，推出的期权交易仅是国内期权市场发展的起步，外汇局将会同有关部门，根据市场运行状况和市场条件，培育市场主体并发挥其在产品创新中的主导作用，稳步推进期权市场发展。随着人民币汇率弹性的增强，企业、银行等市场主体运用衍生产品进行避险保值的需求日益上升，这是推动人民币外汇衍生产品市场发展的内在要求。

（二）外汇市场的交易

外汇管理局《国际收支报告》指出，2011 年上半年，人民币外汇市场累计成交6.67 万亿美元（日均成交560 亿美元），其中银行对客户市场和银行间外汇市场分别成交 1.35 万亿美元和 5.32 万亿美元，各类品种交易量继续保持增长。

第一，即期外汇市场。2011 年上半年，银行对客户即期结售汇累计 11589 亿美元，其中结汇和售汇分别为 7065 亿美元和 4524 亿美元，较上年同期分别增长 24.8%、30.1%、17.3%。上半年，银行间即期外汇市场累计成交 17507 亿美元，日均成交 147 亿美元，较2010 年日均增 16.9%。

第二，远期外汇市场。2011 年上半年，银行对客户远期结售汇累计签约 1805 亿美元，其中结汇和售汇分别 961 亿美元和 844 亿美元，较上年同期分别增长 31.8%、23.8%、42.2%。上半年，银行间远期外汇市场交易活跃，累计成交 1159 亿美元，日均成交 9.74 亿美元，较 2010 年日均增长 6.2 倍。

第三，外汇掉期市场。2011 年上半年，银行对客户外汇掉期（含货币掉期）累计签约 73 亿美元，同比增长 189.4%。其中近端结汇/远端售汇和近端售汇/远端结汇的交易量分别为 11 亿美元和 62 亿美元，分别增长 5.4% 和 315.4%。上半年，银行间外汇掉期市场累计成交 7926 亿美元，日均成交 66.61 亿美元，较 2010 年日均增长 25.6%。

中国外汇衍生品交易规模迅速扩大的事实，反映了中国人民币汇率弹性正在增强；而人民币利率市场化稳步推进，为银行的资金管理和产品定价提供了条件。中国企业和银行等市场主体对衍生产品的认识正在趋于成熟，并能够运用交易产品达到避险的目的。需要指出的是，尽管中国外汇市场交易规模正在不断扩大，但在全球外汇交易市场中的地位和影响力还较有限。BIS《2010 年全球外汇市场情况报告》指出：2010 年，人民币交易量在全球外汇市场成交量中占比为 0.6%，排名全球第 21 位。

B.12
分报告 11
国际收支分析

一　国际收支的总体情况

2011 年以来，世界经济延续复苏态势，但复苏步伐明显放缓。国际金融危机的深层次矛盾尚未有效解决，一些固有矛盾又有新发展，不确定、不稳定因素增多，世界经济复苏进程既不平衡，又很脆弱，经济下行风险有所抬头。得益于新兴经济体经济的强劲增长，第一季度，世界经济延续了上年的复苏态势，增长率达到 4.3%，全球货物出口额同比增长 22%。然而，进入第二季度以来，世界经济遭受一系列突发事件困扰：日本大地震和海啸严重打击日本经济，导致国际产业供应链受损；中东北非社会动荡使国际金融市场和石油市场风险加剧；美欧等经济复苏乏力；受主权债务危机不断恶化等因素影响，全球货物贸易大幅放缓。由于发达国家经济增长减速，亚太国家和地区的出口受到波及。

2011 年上半年，中国实施积极的财政政策和稳健的货币政策，经济运行态势总体良好，货币信贷增速回落，对外贸易趋于平衡。2011 年上半年，中国涉外经济活动继续保持较快增长，国际收支交易规模与同期国内生产总值（GDP）之比为 103%，较 2010 年同期上升 3 个百分点（见图 1）。贸易、投资等主要项目的交易量均较快增长。2011 年下半年，全球经济增长势头趋缓，下行风险明显加大，主要发达经济体继续维持超低利率的货币政策。中国经济将保持平稳增长，国际收支继续呈现净流入。由于国内外货币状况的差异，企业提前结汇和境外融资意愿依然较强。但全球经济增长放缓抑制了外贸增长及贸易相关的融资活动，发达经济体债务危机进一步加剧了全球金融市场动荡，短期内中国跨境资本流动的不确定性上升。

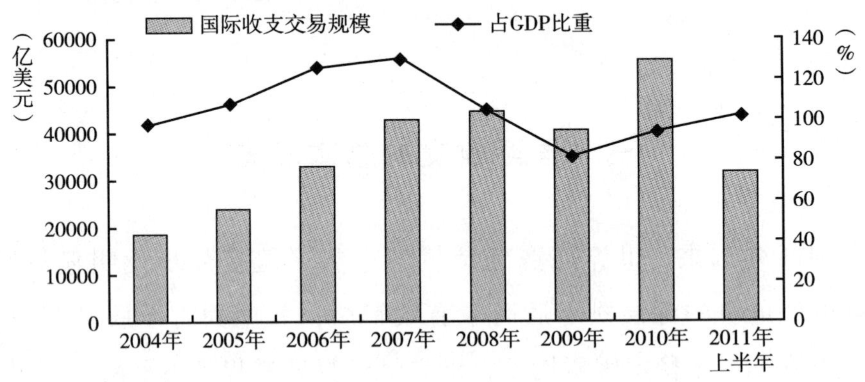

图 1　中国国际收支交易规模及其占 GDP 比重

资料来源：国家外汇管理局。

2011 年上半年，中国国际收支总顺差 2717 亿美元，较上年同期增加 771 亿美元，同比增长 40%。其中，经常项目顺差 878 亿美元，同比下降 13%，与同期 GDP 之比为 2.8%；资本和金融项目顺差 1839 亿美元，同比增长 98%，与同期 GDP 之比为 5.9%，达到近 10 年来的最高水平（见表 1）。由于国际收支继续呈现双顺差，中国交易引起的外汇储备增加 2810 亿美元，同比多增 1040 亿美元。

主要的顺差来源渠道包括：第一，货物贸易净出口和直接投资顺差。根据国际收支平衡表数据，上半年货物贸易进出口顺差 876 亿美元，直接投资顺差 927 亿美元（见表 1）。第二，境内机构境外债务融资。在人民币汇率升值预期和本外币正向利差的环境下，境外融资可以规避汇率风险、降低筹资成本、套取汇差和利差收益。同时，随着境内宏观调控的趋紧，境外相对宽松的流动性为境内机构提供了资

表1　2005 年至 2011 年上半年中国国际收支顺差结构

单位：亿美元，%

项　　目	2005 年	2006 年	2007 年	2008 年	2009 年	2010 年	2011 年上半年
国际收支总差额	2351	2854	4491	4587	4420	5314	2717
经常项目差额	1341	2327	3540	4124	2611	3054	878
与 GDP 之比	5. 9	8. 6	10. 1	9. 1	5. 2	5. 2	2. 8
资本和金融项目差额	1010	526	951	463	1808	2260	1839
与 GDP 之比	4. 5	1. 9	2. 7	1. 0	3. 6	3. 8	5. 9

资料来源：国家外汇管理局，国家统计局。

金融通便利。从形式上看，一方面表现为企业贸易融资，主要是指进口企业利用境内银行远期信用证、海外代付等工具，从境外金融机构融入资金支付交易对手；另一方面表现为境内银行借入外债，如果用于发放外汇贷款，则减少企业直接购汇。上述两方面资金在国际收支平衡表上主要体现为贷款项下负债净增加 643 亿美元。另外，境内机构对外支付人民币。上半年中国人民币跨境贸易结算得到进一步发展，境内机构对外支付的人民币规模高于收入额，人民币资金流到境外，减少了相应的外汇流出。上半年人民币净支付近 500 亿美元。此外，上半年职工报酬、经常转移、证券投资等项目均为资金净流入，而服务贸易、投资收益、中国境外贷款和存款等项目为资金净流出，总体表现为小幅净流出。总体来看，中国国际收支不平衡的矛盾依然突出，“减顺差、促平衡”的任务依然艰巨。

二　经常项目变动情况

2011 年上半年，世界经济仍处于复苏进程之中，但复苏势头有所放缓。主要发达国家维持宽松货币政策，国际大宗商品价格攀升。中国经济保持平稳较快发展，进口增速快于出口。上半年经常项目顺差878亿美元，同比下降13%，与同期GDP之比为2.8%，较2010年同期下降1.2个百分点。

（一）货物贸易

2011年以来，面对复杂多变的国际形势和国内经济运行出现的新情况、新问题，中国对外贸易着力于“稳增长、调结构、促平衡”，外贸政策保持基本稳定，进出口平稳较快发展，贸易结构继续优化，外贸发展更趋平衡，转变外贸发展方式取得新进展。2011年全年，全国进出口总值为36421亿美元，同比增长23%，其中，出口18986亿美元，增长20%；进口17435亿美元，增长31%（见表2）。

表2　2003～2011年中国进出口总体情况

单位：亿美元，%

年份	进出口		出　口		进　口		差额
	总额	增速	总额	增速	总额	增速	
2003	8512	37	4384	35	4128	40	255
2004	11548	36	5934	35	5614	36	319
2005	14221	23	7620	28	6601	18	1019
2006	17607	24	9691	27	7916	20	1775
2007	21738	24	12180	26	9558	21	2622
2008	25616	18	14285	17	11331	19	2955
2009	21581	-16	12038	-16	9543	-11	2495
2010	29086	35	15814	31	13272	39	2542
2011	36421	23	18986	20	17435	31	1551

资料来源：商务部。

根据商务部综合司发表的《2011年前三季度中国对外贸易发展情况》，2011年前三季度的中国外贸运行呈现以下主要特点：

第一，进出口呈高开低走态势，贸易平衡状况继续改善。1～9月，全国进出口26774.4亿美元，同比增长24.6%。其中，出口

13922.7 亿美元，增长 22.7%；进口 12851.7 亿美元，增长 26.7%，进口增速高于出口增速 4 个百分点。进出口增速呈高开低走态势，单月出口增速从 1 月的 37.6% 回落到 9 月的 17.1%，进口增速从 51.6% 回落到 20.9%。剔除价格因素后，9 月实际出口、进口分别仅增长 7.5% 和 6.1%。贸易顺差延续 2008 年以来逐年递减的态势，2010 年前三季度缩小到 1071 亿美元，同比下降 10.6%，与国内生产总值之比也从 2008 年的 6.5% 降至 2.2%，处在国际公认的合理区间。

第二，轻纺产品出口强于机电产品，出口价格增长拉动效应增强。前三季度，中国机电产品出口 7893.3 亿美元，增长 18.2%，低于整体增幅 4.5 个百分点，其中自动数据处理设备、集成电路出口增速分别低于整体增幅 13.1 个和 13.4 个百分点。传统大宗商品出口平稳增长，纺织服装、鞋类、家具、箱包、塑料制品、玩具合计出口 2865 亿美元，增长 22.8%。此外，“两高一资”产品出口得到进一步控制，煤炭、钢坯、成品油出口数量分别下降 19.7%、96.5% 和 6.0%。前三季度，外贸增长呈现由价格和数量协调拉动的积极变化。在调结构等政策措施的引导下，企业加快转型升级步伐，通过培育自主品牌、增加附加值等方式提高价格，消化成本能力增强，议价能力得到提高。前三季度，中国出口商品价格平均上涨 9.9%，高于上年同期 8.3 个百分点。

第三，民营企业表现抢眼，一般贸易比重上升。从经营主体看，尽管内外部环境趋紧、企业经营困难加大，但中国民营企业经营机制灵活、转型加快，根据国内外形势变化及时调整外贸策略，企业竞争力、开拓市场及抗风险能力日益增强，进出口增速明显快于其他主体。前三季度，民营企业出口 4627.9 亿美元、进口 2765.9 亿美元，分别增长 34.8% 和 45.8%，高于整体增幅 12.1 个和 19.1 个百分点。国有企业出口增长 16.3%，进口增长 28.4%。外资企业进出口增速低于总体水平。外资企业进出口 13689.1 亿美元，增长 18.4%，占进出口总额的比重为51.1%，同比降低2.7个百分点，其中出口、进口占比分别降低2.1个和3.2个百分点。在民营企业进出口增速加快的带动下，一般贸易增长也快于加工贸易。1~9月，一般贸易进出口14157.5亿美元，增长31.7%，高于加工贸易16.9个百分点；占进出口的比重达到52.9%，比上年底提高2.8个百分点。一般贸易出口6740.9亿美元，占出口的比重为48.4%；加工贸易出口6127.6亿美元，占出口比重44%。一般贸易出口比重近年来首次超过加工贸易。

第四，市场多元化战略积极推进，新兴市场份额稳步提升。2011年以来，中国与传统市场贸易增速有所放缓，与新兴市场贸易快速发展。1~9月，中国对欧盟、美国、日本三大市场出口合计增长17.5%，进口合计增长21.3%，分别低于整体增幅5.2个和5.4个百分点。与新兴市场和发展中国家的贸易继续显示较大增长潜力。近年来，中国与新兴市场和发展中国家不断加强沟通交流，化解分歧，建立多个贸易促进平台，扩大贸易互补性，妥善处理贸易摩擦，缓解了贸易结构不平衡的压力，为中国企业开拓新市场创造了良好环境。前三季度，中国与巴西、俄罗斯、印度和南非合计贸易额2074.1亿美元，同比增长39.7%，高于整体增幅15.1个百分点，占外贸的比重为7.7%，同比提高0.8个百分点。中国与东盟贸易额同比增长26.4%，高于整体增幅1.8个百分点，占外贸的比重为10%，略高于上年同期。自4月起，东盟超过日本成为中国的第三大贸易伙伴。

第五，中西部外贸发展动力增强，增速明显加快。随着内陆和沿边开放型经济的快速推进，中西部地区承接沿海产业转移和引进外商直接投资的步伐加快，加工贸易由东南沿海向中西部呈抱团转移趋势，有的龙头企业带动配套产业“集群式”赴中西部安家落户。前三季度，中部和西部出口分别增长43.9%和46.5%，进口分别增长34.2%和38.7%，对整体外贸增长的贡献率分别为6.1%和7.4%，同比提高1.6个和2.6个百分点。全国进出口增速前十强省份均来自

中西部，增速均超过40%。东部地区外贸稳步增长，1～9月出口12344.4亿美元，进口11438.1亿美元，分别增长20.6%和24.8%，低于全国增幅2.1个和1.9个百分点。

第六，进口支持力度加大，商品结构进一步优化。近年来，中国在稳定出口的同时更加注重扩大进口，不断提高进口便利化水平，加大进口促进政策力度，切实发挥进口对宏观经济平衡和结构调整的积极作用。随着促进进口各项政策措施的稳步落实，以及国内需求的稳定增长和国际大宗商品价格上涨等因素的共同影响，前三季度进口原油、铁矿砂、废铜、纸浆、天然橡胶、原木、肥料等产品的数量都不同程度增长，缓解了国内能源资源紧缺的状况。此外，汽车、先进技术设备、关键零部件及国内有需求的消费品进口也不断增加。前三季度，中国进口商品平均价格上涨14.8%，高于出口价格增速4.9个百分点，原油、铁矿砂、天然橡胶和食用植物油进口价格同比分别上涨37.7%、35.4%、61.9%和38.8%。

（二）服务贸易

2011年上半年，中国服务贸易总体规模保持增长势头，但由于支出增速快于收入增速，逆差扩大。2011年上半年，服务贸易收支总额2005亿美元，同比增长20%；服务贸易收入904亿美元，同比增长17%；服务贸易支出1101亿美元，增长23%；逆差197亿美元，接近2010年全年水平，增长60%。

2011年上半年，中国服务贸易呈现以下主要特点：

第一，服务贸易逆差大幅上升。其中，运输、旅游、保险及专有权利使用费和特许费是逆差的主要贡献者，逆差分别为209亿美元、102亿美元、77亿美元和68亿美元。呈现顺差的主要项目是其他商业服务、建筑及咨询，顺差分别为124亿美元、49亿美元和44亿美元。

第二，旅游逆差迅速上升。旅游收入226亿美元，增长3%；旅游支出327亿美元，增长31%；逆差102亿美元，增长2.2倍。在旅游收入方面，2011年上半年，中国入境旅游6627万人次，同比增长1%，带动住宿、餐饮购物等旅游收入微增。在旅游支出方面，居民收入水平的进一步提高促使其消费结构继续呈现多元化发展，中国内地居民出境3221万人次，同比增长20%。从分国别和地区的情况看，中国对美国、澳大利亚和中国香港地区均呈较大规模的逆差。

第三，运输项目逆差大幅增长。2011年上半年，运输项目收支总额占服务贸易总规模的27%，其中，收入169亿美元，增长11%；支出378亿美元，增长29%；逆差209亿美元，增长49%。中国运输服务以国际货运为主，上半年中国货物贸易进出口总量增加，境内企业对国际货运服务的需求上升，带动运输服务支出更快增长。

第四，其他商业服务仍保持顺差。2011年上半年，其他商业服务收入207亿美元，增长29%；支出83亿美元，下降3%；顺差124亿美元，增长66%。该项目的重要组成部分是转口贸易，上半年中国转口贸易增长迅速，带动了其他商业服务总收入增加。

第五，地区分布不均衡、主要伙伴国家和地区集中度高的特点仍在延续。北京、上海、广东及江浙等经济发达地区服务贸易规模大，中西部地区规模偏小。中国主要服务贸易伙伴集中在美国、日本、韩国以及中国香港等国家和地区。服务贸易收支前十名伙伴国家和地区占全部服务贸易收支的60%。

当前，世界经济格局深度调整和变革，但以服务经济为主的全球产业结构没有改变，经济全球化和贸易投资自由化的趋势没有改变，以服务贸易快速发展为重要特征的世界贸易发展前景没有改变。当前，全球服务领域正在经历深刻变化，世界服务贸易呈现出新态势：一是制造业服务化。越来越多的制造企业正转变为服务企业，制造业呈现服务化新趋向。企业的经营重心逐渐从加工制造转向流程控制、

产品研发、市场营销、客户管理等生产性服务，向价值链“微笑曲线”的两端延伸。二是服务业信息化。以云计算、物联网为代表的新一轮信息技术革新催生了新的服务业态，为高附加值服务贸易和高附加值服务外包快速发展提供了新的发展空间。三是服务业国际化。以世界贸易组织为核心的多边贸易体制以及区域经济合作共同推动的贸易自由化进程，为服务贸易的发展创造了一个稳定的、具有可预见性的自由贸易框架。四是消费结构优化。联合国认定，2008 年为世界城市人口超过农村人口的第一年。随着人均收入水平的增加和全球城市化进程的加快，需求结构升级，服务消费成为消费需求的重要内容。

大力发展服务贸易是转变中国外贸发展方式的重要内容，也是推动中国经济结构战略性调整的必然要求。必须承认，服务贸易在中国进出口贸易中一直是一块“短板”，但同时也面临巨大发展机会。经济发展方式加快转变，经济结构调整加速推进，社会保障体系日益健全，将为服务贸易大发展创造巨大的国内需求。“十二五”时期，扩大内需战略将更多地聚焦于服务消费需求，特别是在教育培训、养老服务、医疗保健等生活服务方面的需求潜力将得到充分发掘。同时，中国服务领域对外开放、吸引外资的潜在空间还很大。服务贸易正在成为参与国际经济合作的新平台。中国将扩大金融、物流等服务业对外开放，稳步开放教育、医疗、体育等领域，引进优质资源，提高服务业国际化水平。目前，中国服务出口多集中于运输、旅游等传统服务业，而在金融、保险和专利使用等技术含量高的现代服务领域比例则偏低，许多行业出口远小于进口。此外，服务企业“走出去”发展前景广阔，中国通过境外商业存在方式实现服务输出的增长空间还很大。保险、分销、运输等领域更多的服务企业将跟随制造业企业“走出去”，在境外设立分支机构。可以预见，在全球视野和全产业链概念下，充分利用国内国外两个市场、两种资源，重点服务领域必将在贸易体量、新型业态、发展模式等方面取得突破性进展。

（三）收益

收益项目反映了生产要素流动引起的生产要素报酬的收支，包括职工报酬和投资收益两部分。由于职工报酬的规模相对较小，因此收益项目的平衡主要由投资收益所决定。2010 年，职工报酬流入的规模大约是投资收益流入的 1/10，职工报酬差额的规模则为投资收益差额的 2/3。总体来看，收益项目顺差仍然主要由投资收益项目决定。不过近几年来，由于职工报酬流入的迅速增长，职工报酬在收益项目顺差中的重要性正在不断上升。2011 年上半年，中国海外务工人员的劳务收入继续增加，职工报酬净流入为 71 亿美元，同比增长 40%；投资收益逆差 53 亿美元，高于上年同期 4 亿美元的逆差规模，主要是由于境内外资企业经营收益增多。

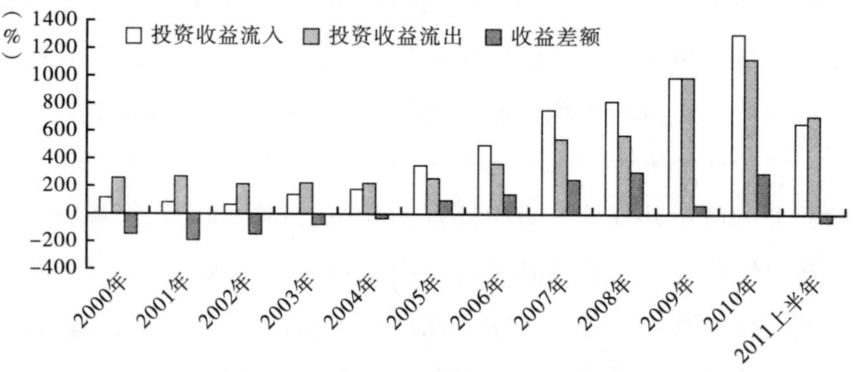

图 2　中国投资收益状况与收益差额

资料来源：国家外汇管理局。

（四）经常转移

2011 年上半年，经常转移项目顺差 181 亿美元。经常转移包括侨汇、无偿捐赠和赔偿等项目。在国际收支平衡表中，经常转移包括发生在政府部门和其他部门两部分。在中国的国际收支状况中，经常

转移收入远远大于支出，因此经常转移项目的顺差主要取决于其收入状况。经常转移收入的增加与中国对外开放的不断扩大紧密相连。随着中国劳务输出、境外就业、侨居国外人员的不断增加，这些人员对境内汇款成为经常转移项目收入的主要来源。此外，受人民币汇率预期的影响，以及对国内投资机会的看法，个人通过经常转移项目流入的资金也将有所增加。

三　资本和金融项目变动情况

2011 年上半年，国际金融市场较平静，投融资活动相对活跃。境内企业、个人等非银行部门通过各种财务运作手段，尽早尽快地实现跨境收入并结成人民币，同时尽量延迟或替代购汇支付，形成了一定规模的资金净流入。2011 年下半年，美国和欧洲主权债务问题交织在一起且不断恶化，国际金融市场大幅震荡，市场避险情绪随之增强。8 月、9 月，受欧洲的银行等机构抽回资金、收紧信贷的影响，伦敦银行间同业拆借市场的美元利率开始走高。第四季度，新兴市场国家普遍出现货币贬值和资金流出。中国境内外人民币汇率走势和预期也开始分化，自 9 月下旬起，中国香港人民币兑美元即期汇率相对内地由强转弱，与在岸市场形成倒挂，同时呈现一定幅度的贬值预期。外部市场环境转变后，境内企业、个人等也开始了主动或被动调整原有财务运作行为，如将尽快结汇转为增加外汇存款，将大量借用外汇贷款转为“少借多还”，将依靠境外融资转为加快去杠杆化，将人民币净支付（境外购汇增多）转为净收入（境外结汇增多），将远期结汇签约转为远期售汇等，减缓了资金净流入甚至导致部分渠道资金净流出。同时，前期减顺差、促平衡的调控和监管政策开始发挥作用。在稳出口、扩进口的政策作用下，2011 年中国进口增速高于出口 5 个百分点，货物贸易顺差较 2010 年下降 15%。为防范跨境资金流动风险，外汇局在防热钱、控流入方面采取了一系列政策措施，加大了外汇查处力度，一定程度上遏制了违规资金的流入。

在上述背景下，2011 年，中国国际通行口径的跨境资本流动呈现以下特点：跨境资本流动总量继续增加。前三季度，总规模达 1.92 万亿美元，同比增长 34%。与同期 GDP 之比为 39%，较 2010 年全年上升 5 个百分点，但低于 2007 年的峰值 12 个百分点。资本和金融项目依然呈现净流入。前三季度，净流入 2500 亿美元，相当于同期外汇储备增量的 67%，较 2010 年全年比例高 19 个百分点。据初步统计，全年净流入（含误差和遗漏）1867 亿美元，相当于外汇储备增量的一半左右。然而，据初步统计，第四季度资本和金融项目（含误差和遗漏）净流出 474 亿美元。资本净流入由前三季度同比增长 1.3 倍，转为全年（含误差和遗漏）较 2010 年下降 12 %。

其中，直接投资基本稳定但其他形式的资本流动波动较大。前三季度，直接投资净流入 1214 亿美元，较 2010 年同期增长 41%，占资本和金融项目净流入的 49%；证券投资和其他投资合计净流入 1244 亿美元，较 2010 年同期增长近 6 倍，其中主要是其他投资增长较快。初步统计，第四季度，直接投资净流入 491 亿美元，证券投资和其他投资转为净流出。全年直接投资净流入 1705 亿美元，较 2010 年增长 36%，占资本和金融项目（含误差和遗漏）净流入的 91%。

（一）直接投资

2011 年上半年，直接投资顺差 927 亿美元，同比增长 51%，保持了增长势头。其中，中国在外直接投资净流出 183 亿美元，下降 6%；外国在华直接投资净流入 1110 亿美元，增长 37%。

1. 中国对外直接投资

据商务部统计，2011 年中国境内投资者共对全球 132 个国家和

地区的 3391 家境外企业进行了非金融类对外直接投资，累计实现直接投资 600.7 亿美元，同比增长 1.8%。其中股本投资和其他投资 456.7 亿美元，占 76%；利润再投资 144 亿美元，占 24%。

2011 年上半年中国对外直接投资流出 262 亿美元，较 2010 年上半年增长 17%；对外直接投资撤资清算及收回股东贷款等流入 79 亿美元，增长 163%；净流出 183 亿美元，减少 6%。金融和非金融部门对外直接投资呈不同的态势。金融部门对外直接投资 23 亿美元，同比下降 50%；非金融部门对外直接投资 239 亿美元，增长 34%。

2011 年上半年中国对外直接投资呈现以下主要特点：

第一，从投资目的地看，中国非金融部门对外直接投资去向依次为亚洲、拉丁美洲、大洋洲、欧洲、非洲和北美。其中对亚洲地区的投资占 71%，对拉丁美洲、大洋洲、欧洲、非洲和北美的投资分别占 12.6%、6.8%、4.2%、3.4% 和 2.4%。金融部门对外投资主要集中在亚洲的中国香港和欧洲一些金融市场较为发达的地区。

第二，从投资行业分布看，2011 年上半年非金融部门对外直接投资范围涉及商务服务业、批发和零售业、采矿业、制造业、交通运输业、建筑业、电力煤气及水的生产业和房地产等众多领域。其中商务服务业、批发零售业和采矿业是对外直接投资的主要行业，分别占非金融部门对外直接投资总额的 29%、25% 和 20%。

2. 外国在华直接投资

据外资快报统计，2011 年 1～12 月，全国新批设立外商投资企业 27712 家，同比增长 1.12%；实际使用外资金额 1160.11 亿美元，同比增长 9.72%。亚洲十国/地区（日本、菲律宾、泰国、马来西亚、新加坡、印度尼西亚、韩国、中国香港、中国澳门、中国台湾）对中国内地投资新设立企业 22302 家，同比增长 1.11%，实际投入外资金额 1005.17 亿美元，同比增长 13.99%。美国对华投资新设立企业 1497 家，同比下降 5.01%，实际投入外资金额 29.95 亿美元，

同比下降26.07%。欧盟27国对华投资新设立企业1743家，同比增长3.26%，实际投入外资金额63.48亿美元，同比下降3.65%。1～12月，对中国内地投资前十位国家/地区（以实际投入外资金额计）依次为：中国香港（770.11亿美元）、中国台湾（67.27亿美元）、日本（63.48亿美元）、新加坡（63.28亿美元）、美国（29.95亿美元）、韩国（25.51亿美元）、英国（16.1亿美元）、德国（11.36亿美元）、法国（8.02亿美元）和荷兰（7.67亿美元），前十位国家/地区实际投入外资金额占全国实际使用外资金额的91.61%。[①]

按国际收支统计口径，2011年上半年外国在华直接投资流入1226亿美元，同比增长34%[②]；撤资清算及偿还股东贷款等流出116亿美元，增长10%；净流入1110亿美元，增长37%。金融部门和非金融部门吸收外国在华直接投资呈不同态势。金融部门吸收外国在华直接投资18亿美元，同比减少47%；非金融部门吸收外国在华直接投资1208亿美元，增长37%。

总体上看，2011年上半年境外在华直接投资呈现以下主要特点：

第一，从投资来源地看，非金融部门外国在华直接投资的资金来源地较为集中。2011年上半年境外在中国内地直接投资资本金流入量排名前十位的国家或地区依次为：中国香港446亿美元、日本39亿美元、新加坡37亿美元、中国台湾30亿美元、美国25亿美元、英属维尔京群岛18亿美元、韩国15亿美元、瑞士9亿美元、开曼群岛7亿美元、德国6亿美元。金融部门吸收的境外在华直接投资资本金的主要来源地有：中国香港2.5亿美元、日本1.4亿美元、中国台

① 包括这些国家/地区通过英属维尔京群岛、开曼群岛、萨摩亚、毛里求斯和巴巴多斯等自由港对华进行的投资。

② 本口径与商务部公布的数据主要差异在于，国际收支统计中还包括了外商投资企业的未分配利润、已分配未汇出利润、盈余公积、股东贷款、金融机构吸收外资、非居民购买不动产等内容。

湾 1.4 亿美元和法国 0.6 亿美元。

第二，从投资行业分布看，2011 年上半年中国非金融部门吸收外国在华直接投资资本金最多的三个行业是制造业（258 亿美元）、房地产业（162 亿美元）、租赁和商务服务业（55 亿美元）；金融部门外国在华直接投资资本金流入主要集中于保险业，银行业次之，占比分别是 52% 和 44%。

第三，从投资流向看，东部沿海地区和直辖市是非金融部门外国在华直接投资资本金的主要目的地。江苏省是 2011 年上半年全国吸收在华直接投资资本金最多的省份，占比为 17%，增长 16%。排名第二至第五的是上海、广东、辽宁和北京，占比分别是 16%、12%、9% 和 8%。其中，上海吸收的外国在华直接投资资本金较上年同期增长 77%，在五省市中增幅最大。西部的西藏、青海、贵州等地区吸收在华直接投资资本金的增速较快，尤其是西藏，上半年吸收在华直接投资资本金超过 1.1 亿美元，较上年同期增长了 48 倍。金融部门外国在华直接投资资本金主要流向上海、天津、北京、江苏等地区，投资额占比分别为 32%、26%、21% 和 14%。

（二）证券投资

2011 年上半年，中国证券投资净流入 84 亿美元，上年同期为净流出 73 亿美元。其中，中国对外证券投资净回流 5 亿美元，上年同期为净流出 72 亿美元；境外对中国证券投资净流入 79 亿美元，上年同期为净流出 0.5 亿美元。

第一，中国对外证券投资呈现净回流。2011 年上半年，中国对外证券投资净回流 5 亿美元，其中，中国对外证券投资回流 116 亿美元，流出为 110 亿美元。从证券投资部门来看，银行部门对外证券投资流出和回流基本相抵；合格境内机构投资者（QDII）对外证券投资为净流出 10 亿美元，除 QDII 以外的其他机构对外证券投资为净回

流15亿美元。

第二，境外对中国证券投资净流入增加。2011年上半年，境外对中国证券投资净流入79亿美元。其中，境外对中国证券投资流入为90亿美元，流出为11亿美元。境外对中国证券投资净流入主要是中国企业（包括平安保险、上海医药等）香港H股筹资以及合格境外机构投资者对中国的证券投资，上半年这两项分别为61亿美元和10亿美元。

（三）其他投资

从国际收支统计看，2011年上半年中国其他投资项目呈现顺差，达到798亿美元。其中贷款资产减少33亿美元，贷款负债增加1577亿美元，贷款项下的资金净流入为1544亿美元；贸易信贷资产减少254亿美元，贸易信贷负债增加285亿美元，贸易信贷项下资金净流入31亿美元；货币和存款及其他项下资金净流入159亿美元。

（四）外债

截至2011年6月末，中国外债余额为6425亿美元，较上年末增长17%。其中，登记外债余额为4028亿美元，较上年末增长19%；贸易信贷余额为2397亿美元，较上年末增长13%。按期限结构划分，中长期外债（剩余期限）余额为1804亿美元，占外债余额的28%；短期外债（剩余期限）余额为4621亿美元，占外债余额的72%。

2011年上半年中国外债变动呈以下特点：

第一，外债余额增长较快，主要源于中资金融机构和贸易信贷外债余额快速增长。2011年上半年，中资金融机构外债余额和贸易信贷余额分别较上年末增长35%和13%，对外债总额增长的贡献率分别为51%和30%。中资金融机构外债增长主要来自为进出口企业提

供贸易融资（远期信用证、海外代付等）和吸收非居民存款项下对外债务增加。

第二，中长期外债项下资金净流入有所增加。2011 年上半年，中国中长期外债项下流入资金 196 亿美元，较上年同期略有下降；流出资金 125 亿美元，同比减少 13 亿美元，下降 9%；净流入资金 71 亿美元，同比增加 11 亿美元，增长 19%。

第三，从债务类型看，登记外债余额中，国际商业贷款余额为 3346 亿美元，占 83%，所占比重较上年末上升 3 个百分点；外国政府贷款和国际金融组织贷款余额为 682 亿美元，占 17%。

第四，从债务主体看，以中资金融机构和外商投资企业为主。在 2011 年 6 月末的登记外债余额中，中资金融机构和外商投资企业债务余额分别为 1829 亿美元和 1224 亿美元，分别占 45% 和 30%。

第五，从币种结构看，以美元债务为主。在 2011 年 6 月末的登记外债余额中，美元债务占 78%，较上年末上升 7.9 个百分点；其次是日元债务，占 8%，较上年末下降 0.6 个百分点。

第六，中长期债务主要投向制造业及交通运输、仓储和邮政业等基础设施建设。按照国民经济行业分类，在登记的中长期外债（签约期限）余额中，投向制造业的为 503 亿美元，占 24%；投向交通运输、仓储和邮政业的为 265 亿美元，占 13%。

2011 年上半年，剔除汇率、价格等非交易价值变动的影响，中国新增国际储备资产 2837 亿美元，按可比较口径较上年同期多增 1057 亿美元。其中，外汇储备交易变动 2810 亿美元，在国际货币基金组织的储备头寸和特别提款权合计增加 27 亿美元。

（五）净误差与遗漏

2011 年上半年，中国国际收支误差与遗漏项为贷方 120 亿美元，这相当于国际收支统计口径下货物贸易进出口总额的0.7%，在国际公认的5%的合理范围以内。

四 国际收支形势展望和外汇管理政策取向

（一）国际收支形势展望

2012年，世界经济有望延续复苏态势，中国外贸保持平稳发展具有一定的基础和有利条件，但国际金融危机的深层次影响还在不断显露，旧疾未愈，又添新伤，更加凸显了复苏的长期性、艰巨性和复杂性。世界经济复苏放缓和下行风险增加，势必对中国外贸稳定发展带来诸多风险和挑战。

第一，世界经济复苏步伐放缓，补库存效应减弱，外需有可能继续萎缩。美国经济复苏乏力，失业率居高不下，房地产市场持续低迷，消费者对未来经济前景的悲观情绪持续加重。美国消费者信心指数下跌。欧盟迫于主权债务危机，各成员国不得不紧缩财政，既制约经济复苏，又将不可避免地影响社保、养老等福利支出，削弱消费者支出意愿。新兴经济体经济增速放缓也将抑制需求增长，制约中国企业进一步开拓新市场。

第二，融资难度增大加剧外需萎缩风险。欧洲银行系统受主权债务危机牵累陷入困境，各家银行纷纷收缩业务范围、降低风险忍耐度，造成信贷银根紧张、融资输血功能受阻，贸易融资深受影响，加大外需萎缩风险。美国银行业也远没有从金融危机的阴影中走出，经济增速放缓减少了贷款需求，低利率降低了投资回报，市场波动加剧增加了投资风险，加强监管抬高了经营成本，经营压力越来越大。金融系统不稳定将是影响未来国际贸易发展的新变数。

第三，经贸摩擦形势更加严峻。尽管2011年以来针对中国的贸

易救济案件数量和案值有所下降，但摩擦强度不减，反倾销、反补贴等贸易救济措施屡遭滥用，政策性和体制性摩擦更加突出。2012 年是美国和法国等国家的“大选年”，贸易争端和摩擦事件可能上升，地缘政治变化也可能引起石油、铁矿石等大宗商品价格波动，此外，汇率问题也会显得比较突出。因此，中国外贸进出口将面临多方压力。

第四，从国内看，保持中国外贸平稳发展既具备一定基础和有利条件，也面临成本上升等压力。当前中国经济发展仍处于重要战略机遇期，各方面的有利条件、内在优势和长期向好趋势没有改变，经济将继续保持平稳较快增长态势，必将对中国外贸发展形成强有力的支撑。同时，中国外贸传统比较优势依然存在，新的竞争优势逐步形成，市场多元化战略稳步推进，企业在激烈的竞争中不断成长，特别是经过国际金融危机的磨炼和洗礼，抵御风险、拓展市场和创新发展的能力明显增强。但是，国内一些制约外贸发展的长期矛盾和短期问题叠加，外贸企业经营压力明显增加。劳动力工资、原材料价格、人民币汇率、贷款利息、厂房租金等生产经营成本上升，在一定程度上削弱了外贸企业的价格优势，挤占了企业利润，致使外贸企业尤其是小微型外贸企业不堪重负。

第五，综合考虑各种因素，面对复杂严峻的国内外环境，2012 年中国对外贸易将继续保持增长态势，但增速比 2011 年可能有所回落。在国内能源资源需求不断增加、扩大进口政策支持和国际大宗商品价格高位震荡等因素的共同作用下，进口增长可能继续快于出口，贸易平衡状况将进一步改善。同时，进出口产品结构、市场结构和地区结构将进一步得到调整。

（二）跨境资金流动及管理展望

总体来看，支持中国国际收支顺差的基本面因素依然存在。一是现阶段国内储蓄依然大于投资，在现有国际分工格局下，中国经常项目尤其是贸易顺差局面不会改变。二是中国经济持续平稳较快发展，国内市场前景广阔，有望继续吸引国际长期资本流入。三是中国国内市场广阔、回旋余地较大，近年来中国经济对外需的依赖程度有所降低，外汇储备更加充裕，抵御外部冲击和资本逆转的能力增强。此外，由于国际经济金融环境空前复杂和严峻，各种长期性、结构性以及突发性问题交织在一起，全球金融市场将持续反复动荡，有可能抑制外部需求和套利资本流动，未来几年中国跨境资金净流入规模可能将减少，波动加大。

“十二五”规划明确将“国际收支趋向基本平衡”作为“十二五”时期经济社会发展的主要目标之一。面对复杂多变的国际政治经济环境和国内经济运行新情况、新变化，必须继续抓住科学发展这个主题和加快转变经济发展方式这条主线，加快“调结构、扩内需、减顺差、促平衡”，进一步夯实中国抵御跨境资金流动冲击的经济基础。下一阶段，外汇管理部门将着力提高外汇管理的有效性，密切监测跨境资金异常流动。一方面，坚守风险底线，构建防范跨境资金流动冲击的体制机制，完善应对跨境资金双向流动的政策预案，着力构建防范跨境资金流动冲击的政策传导机制，保持对异常外汇资金的密切监测和高压态势；另一方面，抓住当前有利时机，加快推进外汇管理重点领域和关键环节的改革，扎实做好进出口核销改革试点和推广，稳步推进资本项目可兑换，加快培育外汇市场，使外汇管理工作更好地服务于实体经济。

（三）进一步完善外汇管理政策

2011 年上半年，剔除汇率、价格等非交易价值变动影响，中国新增国际储备资产 2837 亿美元，按可比口径较上年同期多增 1057 亿美元。其中，外汇储备交易变动 2810 亿美元，在国际货币基金组织的储备头寸和特别提款权合计增加 27 亿美元。

下一阶段，外汇管理工作将根据国家宏观调控的需要，结合国内外形势的新变化，在严格把握贸易投资真实性，坚决打击违规资金跨境流动的同时，不断改进管理方式，简化外汇业务办理手续和流程，将积极促进贸易投资便利化作为工作的出发点和落脚点，努力为企业和个人营造宽松便利的用汇环境。具体表现为：

第一，转变方式，提高效率，切实满足经常项下用汇。积极推进货物贸易外汇管理改革；允许出口收入存放境外，积极支持企业“走出去”；便利服务贸易收付，积极支持经济结构调整；取消限额管理，增强企业用汇自主性和便利性。

第二，稳扎稳打，有序推进，有力支持跨境投融资活动。简化外商直接投资外汇管理手续，利用科技手段提高服务水平；大力改革境外投资外汇管理，加强境外投资企业融资支持体系；完善外债政策，支持实体经济发展。

第三，依托技术，提升手段，不断优化外汇信息服务。对外汇管理领域信息系统与数据进行全面整合；建立了面向外汇局、银行和企业的三大应用门户，实现“一门户入网、一次登录认证和一站式服务”；大力推动与海关、税务等部门信息共享与综合利用，建立联合监管与服务机制。

2012年，外汇局将深入贯彻落实中央经济工作会议和全国金融工作会议精神，把握好“稳中求进”的工作总基调，大力推进贸易投资便利化，在风险可控的前提下，积极提升外汇管理服务经济发展的水平。择机在全国推广货物贸易外汇管理改革；推进服务贸易、保险机构外汇管理改革；依托技术手段，在外商直接投资项下继续简政放权、优化流程；逐步整合优化投资、外债等资本项目外汇管理业务办理流程；建立完善跨境资金流动监测分析平台，在提升跨境资金流动监管有效性的同时，为贸易投资活动提供更多便利。

附表1　2010年中国国际收支平衡表

单位：亿美元

项　目	差　额	贷方	借方
一、经常项目	3054	19468	16414
A. 货物和服务	2321	17526	15206
1. 货物	2542	15814	13272
2. 服务	-221	1712	1933
B. 收益	304	1446	1142
1. 职工报酬	122	136	15
2. 投资收益	182	1310	1128
C. 经常转移	429	495	66
1. 各级政府	-3	0	3
2. 其他部门	432	495	63
二、资本和金融项目	2260	11080	8820
A. 资本项目	46	48	2
B. 金融项目	2214	11032	8818
1. 直接投资	1249	2144	894
1.1 中国在外直接投资	-602	76	678
1.2 外国在华直接投资	1851	2068	217
2. 证券投资	240	636	395
2.1 资产	-76	268	345
2.2 负债	317	368	51
3. 其他投资	724	8253	7528
3.1 资产	-1163	750	1912
3.2 负债	-1887	7503	5616
三、储备资产	-4717	0	4717
1. 货币黄金	0	0	0
2. 特别提款权	-1	0	1
3. 在基金组织的储备头寸	-21	0	21

续表

项　目	差　额	贷方	借方
4. 外汇	-4696	0	4696
5. 其他债权	0	0	0
四、净误差与遗漏	-597	0	597

注：中国国际收支平衡表按国际货币基金组织《国际收支手册》第五版规定的各项原则编制，采用复式记账原则记录。

所有发生在中国大陆居民（不包括港、澳、台地区）与非居民之间的经济交易。本表计数采用四舍五入原则。

从 2010 年第三季度开始，按照国际标准，将外商投资企业归属外方的未分配利润和已分配未汇出利润同时计入国际收支平衡表中经常账户收益项目的借方和金融账户直接投资的贷方。2010 年各季度以及 2005～2009 年年度数据也按此方法进行了追溯调整。

资料来源：国家外汇管理局。

附表 2　2011 年上半年中国国际收支平衡表

单位：亿美元

项　目	差额	贷方	借方
一、经常项目	878	10685	9807
A. 货物和服务	679	9667	8987
1. 货物	876	8763	7886
2. 服务	-197	904	1101
B. 收益	18	741	723
1. 职工报酬	71	79	8
2. 投资收益	-53	662	715
C. 经常转移	181	278	97
1. 各级政府	-9	0	9
2. 其他部门	190	277	87
二、资本和金融项目	1839	6817	4978
A. 资本项目	29	30	1
B. 金融项目	1810	6788	4978
1. 直接投资	927	1306	378
1.1 中国在外直接投资	-183	79	262
1.2 外国在华直接投资	1110	1226	116

续表

项　目	差额	贷方	借方
2. 证券投资	84	205	121
2.1 资产	5	116	110
2.2 负债	79	90	11
3. 其他投资	798	5277	4479
3.1 资产	-778	366	1145
3.2 负债	1577	4911	3334
三、储备资产	-2837	5	2843
1. 货币黄金	0	0	0
2. 特别提款权	3	3	29
3. 在基金组织的储备头寸	-30	2	32
4. 外汇	-2810	0	2810
5. 其他债权	0	0	0
四、净误差与遗漏	120	120	0

注：中国国际收支平衡表按国际货币基金组织《国际收支手册》第五版规定的各项原则编制，采用复式记账原则记录。

所有发生在中国大陆居民（不包括港、澳、台地区）与非居民之间的经济交易。本表计数采用四舍五入原则。

资料来源：国家外汇管理局。

中国皮书网

发布皮书研创资讯，传播皮书精彩内容
引领皮书出版潮流，打造皮书服务平台

栏目设置：

- □ 资讯：皮书动态、皮书观点、皮书数据、 皮书报道、 皮书新书发布会、电子期刊
- □ 标准：皮书评价、皮书研究、皮书规范、皮书专家、编撰团队
- □ 服务：最新皮书、皮书书目、重点推荐、在线购书
- □ 链接：皮书数据库、皮书博客、皮书微博、出版社首页、在线书城
- □ 搜索：资讯、图书、研究动态
- □ 互动：皮书论坛

www.pishu.cn

中国皮书网依托皮书系列“权威、前沿、原创”的优质内容资源，通过文字、图片、音频、视频等多种元素，在皮书研创者、使用者之间搭建了一个成果展示、资源共享的互动平台。

自2005年12月正式上线以来，中国皮书网的IP访问量、PV浏览量与日俱增，受到海内外研究者、公务人员、商务人士以及专业读者的广泛关注。

2008年10月，中国皮书网获得“最具商业价值网站”称号。

社会科学文献出版社

皮书系列

"皮书"起源于十七八世纪的英国，主要指官方或社会组织正式发表的重要文件或报告，并多以白皮书命名。在中国，"皮书"这一概念被社会广泛接受，并被成功运作、发展成为一种全新的出版形态，则源于中国社会科学院社会科学文献出版社。

皮书是对中国与世界发展状况和热点问题进行年度监测，以专家和学术的视角，针对某一领域或区域现状与发展态势展开分析和预测，具备权威性、前沿性、原创性、实证性、时效性等特点的连续性公开出版物，由一系列权威研究报告组成。皮书系列是社会科学文献出版社编辑出版的蓝皮书、绿皮书、黄皮书等的统称。

皮书系列的作者以中国社会科学院、著名高校、地方社会科学院的研究人员为主，多为国内一流研究机构的权威专家学者，他们的看法和观点代表了学界对中国与世界的现实和未来最高水平的解读与分析。

自20世纪90年代末推出以经济蓝皮书为开端的皮书系列以来，至今已出版皮书近800部，内容涵盖经济、社会、政法、文化传媒、行业、地方发展、国际形势等领域。皮书系列已成为社会科学文献出版社的著名图书品牌和中国社会科学院的知名学术品牌。

皮书系列在数字出版和国际出版方面也是成就斐然。皮书数据库被评为"2008～2009年度数字出版知名品牌"；经济蓝皮书、社会蓝皮书等十几种皮书每年还由国外知名学术出版机构出版英文版、俄文版、韩文版和日文版，面向全球发行。

法律声明

“皮书系列”（含蓝皮书、绿皮书、黄皮书）由社会科学文献出版社最早使用并对外推广，现已成为中国图书市场上流行的品牌，是社会科学文献出版社的品牌图书。社会科学文献出版社拥有该系列图书的专有出版权和网络传播权，其 LOGO（ ）与“经济蓝皮书”、“社会蓝皮书”等皮书名称已在中华人民共和国工商行政管理总局商标局登记注册，社会科学文献出版社合法拥有其商标专用权。

未经社会科学文献出版社的授权和许可，任何复制、模仿或以其他方式侵害“皮书系列”和（ ）、“经济蓝皮书”、“社会蓝皮书”等皮书名称商标专用权的行为均属于侵权行为，社会科学文献出版社将采取法律手段追究其法律责任，维护合法权益。

欢迎社会各界人士对侵犯社会科学文献出版社上述权利的违法行为进行举报。电话：010－59367121，电子邮箱：fawubu@ssap.cn。

社会科学文献出版社